ガイドライン・判例から読み解く

同一労働同一賃金

Q&A

高仲幸雄
弁護士

［第3版］

経団連出版

第3版 はしがき

　働き方改革関連法によって、非正規社員の均衡待遇・均等待遇（同一労働同一賃金）に関する法改正が行われました。また、改正前の労働契約法20条をめぐる裁判についても、2020年10月に5件の最高裁判決が出ており、裁判所の判断枠組みもみえてきました。

　今後、企業においては、判例・裁判例や「同一労働同一賃金ガイドライン」を踏まえて、非正規社員の待遇の見直しや待遇差に関する説明義務への準備等の対応が必要になります。もっとも、このような作業を行うにあたっては、改正法令の理解に加え、近時の最高裁判決等も踏まえる必要があり、自力では相当の時間と労力を要します。

　そこで、本書では、Q&Aの形式で必要な情報や実務上の留意点を説明するとともに、これまでの判例・裁判例を収集・整理しました。人事労務に携わる皆様に本書が少しでもお役に立てば幸いです。

　今回の改訂にあたっても、経団連労働法制本部の皆様から多大な支援をいただき、また経団連出版の皆様にも大変お世話になりました。この場を借りて厚く御礼申し上げます。

2020年11月
弁護士　高仲幸雄

凡例［略語一覧］

パート・有期法　短時間労働者及び有期雇用労働者の雇用管理の改善等に関する法律

パート労働法　短時間労働者の雇用管理の改善等に関する法律

派遣法　労働者派遣事業の適正な運営の確保及び派遣労働者の保護等に関する法律

高年齢者雇用安定法　高年齢者等の雇用の安定等に関する法律

同一労働同一賃金ガイドライン　短時間・有期雇用労働者及び派遣労働者に対する不合理な待遇の禁止等に関する指針

パート・有期法施行規則　短時間労働者及び有期雇用労働者の雇用管理の改善等に関する法律施行規則

パート・有期指針　事業主が講ずべき短時間労働者及び有期雇用労働者の雇用管理の改善等に関する措置等についての指針

パート・有期法施行通達　短時間労働者及び有期雇用労働者の雇用管理の改善等に関する法律の施行について

派遣法施行規則　労働者派遣事業の適正な運営の確保及び派遣労働者の保護等に関する法律施行規則

派遣元指針　派遣元事業主が講ずべき措置に関する指針

派遣先指針　派遣先が講ずべき措置に関する指針

有期特措法　専門的知識等を有する有期雇用労働者等に関する特別措置法

業務取扱要領　労働者派遣事業関係業務取扱要領

文中であげた判例・裁判例で、日付・登載誌がないものは、本書Ⅱの資料6にある**判例・裁判例リスト**を参照ください。

目次

2　均衡待遇・均等待遇の規制（パート・有期法 8 条、 9 条）

3　待遇ごとの検討

る待遇差を検討する場合は、どのような点に注意すべきですか？　同一労働同一賃金ガイドラインや判例・裁判例では、どうなっていますか？

役職手当に関する待遇差を検討する場合は、どのような点に注意すべきですか？　同一労働同一賃金ガイドラインや判例・裁判例では、どうなっていますか？

特定の勤務時間・勤務日に支給される特殊勤務手当や精皆勤手当に関する待遇差を検討する場合は、どのような点に注意すべきですか？　同一労働同一賃金ガイドラインや判例・裁判例では、どうなっていますか？

時間外・深夜・休日の割増賃金に関する待遇差を検討する場合は、どのような点に注意すべきですか？　また、年末年始手当や勤務時間外の呼出・待機手当等については、どうですか？

単身赴任手当や地域手当などの手当について待遇差を検討する場合は、どのような点に注意すべきですか？　また、住宅手当や通勤手当については、どうですか？

配偶者手当や扶養手当などの家族手当について待遇差を検討する場合は、どのような点に注意すべきですか？　同一労働同一賃金ガイドラインや判例・裁判例はどうなっていますか？

食事手当のような食費補助について待遇差を検討する場合は、どのような点に注意すべきですか？　同一労働同一賃金ガイドラインや判例・裁判例はどうなっていますか？

休暇や健康診断に関する待遇差を検討する場合は、どのような点に注意すべきですか？　同一労働同一賃金ガイドラインや判例・裁判例はどうなっていますか？

休職に関する待遇差を検討する場合は、どのような点に注意すべきですか？　同一労働同一賃金ガイドラインや判例・裁判例はどうなっていますか？

福利厚生施設の利用や教育訓練等についての待遇差を検討する場合は、ど

のような点に注意すべきですか？　同一労働同一賃金ガイドラインや判例・裁判例はどうなっていますか？

4　待遇差の説明義務（パート・有期法14条2項）

5　派遣労働者の待遇

均等・均衡方式」と「労使協定方式」）を検討するにあたって、どのような点に注意する必要がありますか？

Ⅱ 参考資料編

表紙カバーデザイン――矢部竜二

I　Q&A 編

1 総論

Q1. 働き方改革関連法の概要

働き方改革関連法の成立によって、非正規社員の均衡待遇・均等待遇（同一労働同一賃金）について改正があったとのことですが、具体的には、どのような法律が改正されたのですか？

　2018年6月29日に成立した働き方改革関連法（働き方改革を推進するための関係法律の整備に関する法律）は、雇用対策法、労働基準法、労働安全衛生法等を改正するもので、いわゆる「同一労働同一賃金」についても法改正が行われました。

　まず、「短時間労働者の雇用管理の改善等に関する法律」（パート労働法）の対象に有期雇用労働者も含めることとし、同法の名称も「短時間労働者及び有期雇用労働者の雇用管理の改善等に関する法律」（パート・有期法）に変更され、有期雇用労働者の均衡待遇を規定していた労働契約法20条は削除されました。また、派遣法も改正され、派遣先労働者との待遇差を規制する制度が設けられました。

　上記の法改正を受けて施行規則や指針等の改正も行われています。また、2016年12月に公表された「同一労働同一賃金ガイドライン案」は一部が修正・追記されて、派遣法47条の11及びパート・有期法15条1項の規定に基づく指針（同一労働同一賃金ガイドライン）となりました。

　パート・有期法の施行日は、2020年4月1日（中小事業主は2021年4月1日）、改正派遣法は2020年4月1日であり、同一労働同一賃金ガイドラインは、改正法の施行時期にあわせて適用されます。

関連知識［雇用対策法］

　雇用対策法は、働き方改革関連法により「労働施策の総合的な推進並びに労働者の雇用の安定及び職業生活の充実等に関する法律」（労働施策総合推進法）となりました（同法は2018年7月6日に施行）。

　同法で新設された3条では、基本的理念として「労働者は、職務の内容及び職務に必要な能力、経験その他の職務遂行上必要な事項（以下、この項において「能力等」という。）の内容が明らかにされ、並びにこれらに即した評価方法により能力等を公正に評価され、当該評価に基づく処遇を受けることその他の適切な処遇を確保するための措置が効果的に実施されることにより、その職業の安定が図られるように配慮されるものとする。」と規定しています。

図表1	同一労働同一賃金に関する法改正
法律 〈資料1〉 〈資料2〉	・短時間労働者及び有期雇用労働者の雇用管理の改善等に関する法律（パート・有期法） 　➡法律の名称が「短時間労働者の雇用管理の改善等に関する法律」から変更 　➡労働契約法20条は削除 ・労働者派遣事業の適正な運営の確保及び派遣労働者の保護等に関する法律（派遣法）
施行規則 〈資料3〉 〈資料4〉	・短時間労働者及び有期雇用労働者の雇用管理の改善等に関する法律施行規則（パート・有期法施行規則） ・労働者派遣事業の適正な運営の確保及び派遣労働者の保護等に関する法律施行規則（派遣法施行規則）
同一労働同一賃金ガイドライン 〈資料5〉	・短時間・有期雇用労働者及び派遣労働者に対する不合理な待遇の禁止等に関する指針
その他	・事業主が講ずべき短時間労働者及び有期雇用労働者の雇用管理の改善等に関する措置等についての指針（パート・有期指針） ・派遣元事業主が講ずべき措置に関する指針（派遣元指針） ・派遣先が講ずべき措置に関する指針（派遣先指針） ・短時間労働者及び有期雇用労働者の雇用管理の改善等に関する法律の施行について（パート・有期法施行通達） ・労働者派遣事業関係業務取扱要領（業務取扱要領） ・派遣先均等・均衡方式に関するQ&A、労使協定方式に関するQ&A、同Q&A【第2集】、同Q&A【第3集】

注：〈　〉内は本書Ⅱの資料番号

Q2. 均衡待遇・均等待遇（同一労働同一賃金）に関する法規制

非正規社員の均衡待遇・均等待遇（同一労働同一賃金）は、正社員と同じ仕事をしていれば、賃金を同一にしなければならないという制度ですか？賃金以外の待遇も問題になるのですか？

　労働契約をどのような内容（労働条件）にするかは、基本的には契約自由の原則（私的自治）によって契約当事者である使用者（雇用主）と労働者の合意で自由に定められるものです。

　しかし、今回の均衡待遇・均等待遇（同一労働同一賃金）に関する法改正は、労使間で合意した労働条件（契約内容）であっても、正社員（無期雇用フルタイム労働者）と非正規社員（短時間労働者、有期雇用労働者、派遣労働者）の間の待遇差について規制を設けています。主な内容は以下のとおりです。

①正社員と非正規社員の間の不合理な待遇差を禁止し、裁判の際に判断基準となる「均衡待遇」と「均等待遇」の規定を整備

②待遇に関する説明義務を強化し、正社員との待遇差の内容や理由等について説明義務を創設

③行政による事業主への助言・指導等や行政ADR（裁判外紛争解決手続）の規定を整備

「同一労働同一賃金」という言葉からは、同じ労働には同じ対価（賃金）を支払うようにする法規制という印象をもたれるかもしれません。しかし、今回の法改正は、同一事業主に雇用される正社員と非正規社員との不合理な待遇差を禁止するもので、企業における賃金制度を職務給に統一させたり（職務給については**図表2**の「職務給」の説明参照）、企業横断的に「同一の労働には同一の対価（賃金）を支払う原則」を強制するものではありません。

均衡待遇・均等待遇の規制対象となる待遇は、賃金に限られません。パート・有期法8条と9条、派遣法30条の3第1項及び第2項でいう「待遇」は、賃金以外にも休暇や福利厚生施設の利用、教育訓練等を含みます。同一労働同一賃金ガイドラインにおいても、賃金以外の福利厚生施設や病気休職、教育訓練等について説明しています。

図表2　賃金の体系及び種類の例

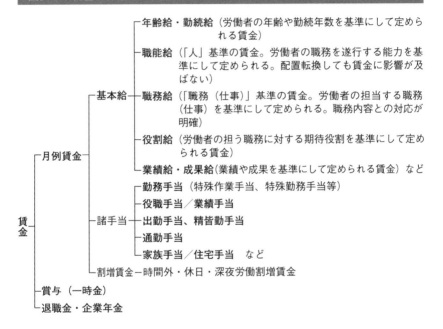

出所：厚生労働省HP（筆者が一部加工）

Q3. 均衡待遇・均等待遇（同一労働同一賃金）に関する改正概要

均衡待遇・均等待遇（同一労働同一賃金）に関する法改正の概要を教えてください。

1．パート・有期法

(1) 均衡待遇・均等待遇

改正前のパート労働法8条と9条は短時間労働者に「均衡待遇」と「均等待遇」、有期雇用労働者には労働契約法20条で「均衡待遇」に関する規定がそれぞれ設けられていました。

改正法（パート・有期法）では、有期雇用労働者も「均等待遇」の対象とし（同法9条）、労働契約法20条の「均衡待遇」の規制はパート・有期法8条に移行しました（これに伴って労働契約法20条は削除）。

(2) 待遇差の説明義務

パート労働法14条では、短時間労働者に関して事業主が講ずる措置の説明義務を規定していました。パート・有期法では、有期雇用労働者も上記説明義務の対象に含めたうえで、短時間労働者や有期雇用労働者から求めがあった場合に正社員との待遇差の内容・理由等の説明を義務化（同法14条2項）し、説明を求めたことを理由とする不利益取扱いを禁止しました（同条3項）。

(3) 行政による履行確保措置・行政ADR

短時間労働者に適用されていた行政による履行確保措置や裁判外紛争解決手続（行政ADR）の規定は、有期雇用労働者にも適用されることになりました（パート・有期法「第4章　紛争の解決」22〜26条）。

図表3　改正前の規制と改正法による追加

[改正前の規制]	パート労働法	労働契約法	派遣法
均衡待遇 （不合理な待遇差の禁止）	8条	20条	なし※
均等待遇 （正社員よりも不利な取扱い・差別を禁止）	9条	なし	なし
待遇差に関する説明義務	なし	なし	なし

法改正により追加

※改正前派遣法30条の3は、派遣先労働者との均衡を考慮した待遇確保の配慮義務

①パート労働法の規制対象に有期雇用労働者も含め、同法の名称も変更
②「均衡待遇規定」と「均等待遇規定」を整備
③待遇に関する説明義務を統一的に整備し、待遇差の内容・理由等の説明義務や説明を求めた場合の不利益取扱い禁止
④行政による助言・指導等や行政ADRの規定を整備

[改正後の規制]	パート・有期法	派遣法	
均衡待遇 （不合理な待遇差の禁止）	8条	30条の3第1項	30条の4第1項
均等待遇 （正社員よりも不利な取扱い・差別を禁止）	9条	30条の3第2項	30条の4第1項
正社員との待遇差に関する説明義務	14条2項	31条の2第4項	

2．改正派遣法

(1)　2種類の待遇決定方式

　改正派遣法は、派遣元に対し、①派遣先の通常の労働者との「均等待遇」「均衡待遇」の規制（派遣先均等・均衡方式）を課しつつ（派遣法30条の3第1項は「派遣先均衡」、第2項は「派遣先均等」）、②派遣元が法令で定める要件を満たした「労使協定」を締結する方式（労使協定方式）を選択した場合に「派遣先均等・均衡方式」が一部適用されないことを認めています（同法30条の4第1項）。

　また、派遣労働者が短時間労働者や有期雇用労働者に該当する場合には、

同じ派遣元（派遣会社）に雇用される正社員との待遇差にはパート・有期法8条と9条の「均衡待遇」「均等待遇」の規制が適用されます。

(2)　説明義務

改正派遣法においても、待遇差に関する説明義務が規定されており、派遣労働者から求めがあったときは、派遣労働者と比較する派遣先の労働者（比較対象労働者）との待遇差等について派遣元が説明義務を負うこととし（派遣法31条の2第4項）、説明を求めたことを理由とした不利益取扱いを禁止しています（同条5項）。

(3)　行政による履行確保措置・行政 ADR

派遣労働者についても、行政による履行確保措置や裁判外紛争解決手続（行政 ADR）の規定が整備されました（派遣法「第4章　紛争の解決」47条の4〜9）。

Q4. 均衡待遇・均等待遇の内容

パート・有期法や改正派遣法でいう「均衡待遇」や「均等待遇」は、どのような規制ですか？　非正規社員の手当額等で、正社員よりも有利な労働条件（待遇）を設定することも法違反になるのですか？

1．均衡待遇について

　「均衡」に関する規制であるパート・有期法8条と改正派遣法30条の3第1項は「不合理と認められる相違を設けてはならない」と規定しています。

　非正規社員の中には特別の技能・資格のゆえに正社員よりも高い特別待遇（報酬）を受ける人もいます。有期雇用労働者では、契約期間が限定されている分、賃金が高く設定されている場合もあるでしょう。このような非正規社員に有利な労働条件は「均衡規制」でいう「不合理と認められる相違」には該当せず、短時間・有期雇用労働者や派遣労働者に有利な取扱いをすることは禁止されません。

2．均等待遇について

⑴　パート・有期法9条

　「均等」に関する規制であるパート・有期法9条は、「通常の労働者と同視すべき短時間・有期雇用労働者」について「短時間・有期雇用労働者であることを理由として…差別的取扱いをしてはならない」と規定していますが、短時間労働者や有期雇用労働者のほうが通常の労働者よりも有利な待遇とすることが「差別的取扱い」として「均等待遇」の規制に抵触するか否かについては、条文上は明らかではありません。

　非正規社員が「通常の労働者と同視すべき」場合には通常の労働者よりも有利にも不利にも異なる取扱いをすることを禁止する規制（労働基準法3条、4条の「差別的取扱い禁止」の規定参照）と解釈すれば、通常の労働者

よりも有利な取扱いは「均等待遇」違反ということになります。

　しかし、短時間労働者や有期雇用労働者の不合理な待遇差の是正をはかろうとするパート・有期法の趣旨（同法1条参照）からすれば、同法9条の「均等待遇」に関する規制は、短時間・有期雇用労働者に有利な規定は禁止していないと解すべきでしょう。この点、改正前のパート労働法（当時は8条）のコンメンタールでは「『短時間労働者の雇用管理の改善』のために通常の労働者との差別的取扱いの禁止を規定しているという立法趣旨を踏まえると、通常の労働者の待遇がより低い場合にそれに合わせるべきこととしたのではその趣旨に逆行することとなり、適当ではありません。したがって、この差別的取扱いの禁止は、短時間労働者が通常の労働者よりも低い待遇となっている場合に限って適用されるべきものです。」（髙﨑真一（厚生労働省雇用均等・児童家庭局短時間・在宅労働課長）著『コンメンタール パートタイム労働法』（労働調査会）229頁。下線は筆者）と解説されています。

　(2)　改正派遣法30条の3第2項（派遣先均等）

　派遣先における通常の労働者との「均等」を定める改正派遣法30条の3第2項は「通常の労働者の待遇に比して不利なものとしてはならない」と規定しています。パート・有期法9条のように「差別的取扱い」という表現が使われていないのは、派遣元（派遣会社）は派遣先に雇用される通常の労働者の待遇を決定する立場にはないためです（業務取扱要領）。

　改正派遣法30条の3第2項の「不利なものとしてはならない」との文言や、派遣労働者の場合は派遣先の通常の労働者よりも高い給与が設定されている場合も少なくないことからすれば、派遣労働者に対する有利な待遇は「均等（派遣先均等）」の規制で禁止されるものではないと解されます。

Q5. 施行時期

同一労働同一賃金に関する法改正は、いつから施行されるのですか？　経過措置は設けられていますか？

1．施行日・経過措置

パート・有期法の施行日は2020年4月1日ですが（働き方改革関連法附則1条2号）、事業主が中小事業主（中小事業主の定義は**Q6**参照）に該当する場合は1年後の2021年4月1日からの適用になります（同法附則11条1項）。

改正派遣法の施行日は2020年4月1日で（同法附則1条2号）、中小事業主の特例（経過措置）が設けられていません。もっとも、派遣元への情報提供や派遣先への通知については経過措置が設けられています（同法附則7条、8条）。

また、施行日以前に現に紛争調整委員会で係属しているあっせんについては経過措置が設けられています（同法附則9条、11条2項及び3項）。

2．施行日前の準備・対応

上記1の施行日前においても、すでに短時間労働者や有期雇用労働者については、私法上の効力を有する法規制（労働契約法20条及びパート労働法8条、9条）があり、本書Ⅱの資料6にあるように判例・裁判例が集積しています。

同一労働同一賃金に関する法改正を踏まえた非正規社員の待遇の見直しや、非正規社員から待遇差の内容・理由について説明を求められた場合の対応など、企業が検討・準備すべき点は多岐にわたりますから、早めの対応が必要です。

Q6. 中小事業主の経過措置

パート・有期法の施行において、適用が1年猶予される中小事業主は、どのような企業ですか？

　働き方改革関連法附則11条1項により、パート・有期法における経過措置が適用される中小事業主は、以下のように、事業の種類ごとに「資本金額」と「常時使用する労働者数」が規定されています（同法附則3条）。

[中小事業主] 以下の(1)又は(2)のいずれかに該当する事業主（法人単位）

主たる事業	(1)資本金額	(2)常時使用労働者数
小売業	5000万円以下	50人
サービス業	5000万円以下	100人
卸売業	1億円以下	100人
その他	3億円以下	300人

　中小事業主においては、正社員と非正規社員で職務内容や人材活用の仕組みが明確に区別されていないことも多く、同一労働同一賃金に関する改正法への対応には相当の労力と時間を要することが想定されます。また、経過措置期間中においても、労働契約法20条等の改正前の規制は適用されるので、中小事業主においても早めに対応が必要です。

　なお、グループ会社で福利厚生施設を共用している場合において、各社が中小事業主に該当するか否かで上記施設の利用開始時期に差異を設けるのが不都合なケースでは、事前に会社間で対応時期の協議をしておくべきです。

Q7. パート・有期法や改正派遣法の適用範囲

均衡待遇・均等待遇（同一労働同一賃金）の規制が適用されるのは、どのような社員ですか？ 定年後の再雇用社員や労働契約法18条による無期転換社員、勤務地や職務が限定された正社員（限定正社員）にも適用されますか？

1．パート・有期法及び改正派遣法の規制対象

　パート・有期法は、①短時間労働者（同法2条1項）、②有期雇用労働者（同条2項）、③短時間・有期雇用労働者（同条3項）に適用されます。また、④派遣労働者には、派遣法が適用されます。

　均衡待遇・均等待遇の規定は、①〜④に該当する非正規社員と正社員との待遇差を規制するものです。そのため、定年退職後の再雇用社員や限定正社員が上記①〜④に該当すれば、均衡待遇・均等待遇の規制が適用されます。労働契約法18条により無期契約に転換した社員（無期転換社員）が上記①又は④に該当する場合も同様です。

　他方、正社員（無期雇用フルタイム労働者）同士の待遇差は均衡待遇・均等待遇の規制対象にはなっていません。限定正社員や無期転換社員がフルタイム勤務の労働者である場合にも、他の正社員との間の待遇差は規制の対象外になります。

2．無期転換後の労働条件

（1）　無期転換時に労働条件がアップする場合

　無期転換社員と正社員との待遇差は上記1で述べたとおりですが、無期転換社員と有期雇用労働者との待遇差には注意が必要です。無期転換後の労働条件（待遇）について、労働契約法18条1項の「別段の定め」を設け、無期転換前よりも労働条件（待遇）をアップさせた場合、無期転換前の有期雇用労働者との間での待遇差が、契約期間の有無に関連して生じた待遇差ととら

えられるからです。

　そこで無期転換後の労働条件（待遇）をアップする場合は、これに応じた職務内容や配転範囲の変更等を行い、無期転換していない有期雇用労働者との待遇差の理由を説明できるようにしてください（**図表4**参照）。

　⑵　無期転換前の労働条件を承継する場合

　無期転換によって労働条件を変更せず、有期労働契約時（無期転換前）の労働条件を承継する場合でも、無期転換前の労働条件で正社員との不合理な待遇差がある場合、無期転換社員用の就業規則の合理性（労働契約法7条）が問題とされる可能性があります（資料6「Ⅱ⑸」参照）。また、有期雇用労働者と無期転換社員の就業規則が別個に作成されている場合、有期雇用労働者用の就業規則だけ待遇改善を行って無期転換社員用の就業規則は変更しないでいると、無期転換によって待遇がダウンすることになってしまいます。有期雇用労働者用の就業規則の変更を行う場合は、無期転換社員用の就業規則もチェックしておく必要があります。

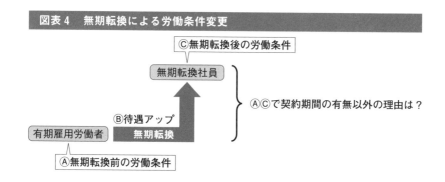

図表4　無期転換による労働条件変更

© 無期転換後の労働条件

無期転換社員

Ⓐ© で契約期間の有無以外の理由は？

Ⓑ待遇アップ

無期転換

有期雇用労働者

Ⓐ無期転換前の労働条件

労働契約法18条による無期転換後の労働条件については、就業規則や個別労働契約で「別段の定め」を設けない限り、契約期間以外は無期転換前と同一の労働条件になります。

他方、「別段の定め」（労働契約法18条1項）を設けることにより、無期転換前の労働条件を変更することができます。

（有期労働契約の期間の定めのない労働契約への転換）

第18条　同一の使用者との間で締結された二以上の有期労働契約（契約期間の始期の到来前のものを除く。以下この条において同じ。）の契約期間を通算した期間（次項において「通算契約期間」という。）が5年を超える労働者が、当該使用者に対し、現に締結している有期労働契約の契約期間が満了する日までの間に、当該満了する日の翌日から労務が提供される期間の定めのない労働契約の締結の申込みをしたときは、使用者は当該申込みを承諾したものとみなす。この場合において、当該申込みに係る期間の定めのない労働契約の内容である労働条件は、<u>現に締結している有期労働契約の内容である労働条件（契約期間を除く。）</u>と同一の労働条件（当該労働条件（契約期間を除く。）について別段の定めがある部分を除く。）とする。

2　（略）　　　　　　　　　　　　　　　　　　　　　　　　　　　　（下線は筆者）

なお、実務では、有期雇用労働者用の就業規則や労働契約書における契約更新の条項に「会社が契約更新時に提示する労働条件（契約期間、賃金、勤務日等）は、更新前の内容とは異なることがある」のように、契約更新時における労働条件の定期的変更・見直しの根拠規定を設けることがあります。この場合、無期転換社員用の就業規則等でも上記の「別段の定め」として、無期転換後も定期的な労働条件の変更を行うことができる規定を設けてください。

（労働契約法施行通達「第5の4(2)ク」）

「有期労働契約の更新時に、所定労働日や始業終業時刻等の労働条件の定期的変更が行われていた場合に、<u>無期労働契約への転換後も従前と同様に定期的にこれらの労働条件の変更を行うことができる旨の別段の定めをすることは差し支えないと解されること。</u>」（下線は筆者）

Q8. 待遇差に関する説明義務

法改正によって、待遇に関する説明義務が強化されたとのことですが、どのような点が改正されたのですか？

1．パート・有期法における説明義務

(1) 雇入れ時＝雇用管理上の措置の内容

事業主は、短時間労働者及び有期雇用労働者（以下、「短時間・有期雇用労働者」という）を雇い入れたときは、事業主が講ずる措置の内容（賃金、教育訓練、福利厚生施設の利用、正社員転換の措置等）を説明しなければなりません（パート・有期法14条1項）。同一労働同一賃金に関する法改正で、雇入れ時の説明義務は、有期雇用労働者も対象になり、均衡待遇（同法8条）に関する事項も追加されました。

(2) 求めがあった場合＝待遇決定に際しての考慮事項

事業主は、短時間・有期雇用労働者から求めがあったときは、待遇決定に際しての考慮事項について、説明しなければなりません（パート・有期法14条2項）。この説明義務も有期雇用労働者も対象になり、均衡待遇（同法8条）に関する事項も追加されました。

(3) 求めがあった場合＝待遇差の説明義務

パート・有期法14条2項により、事業主は短時間・有期雇用労働者から求めがあった場合は「通常の労働者との間の待遇の相違の内容及び理由」の説明が義務化されました。この説明義務について、パート・有期指針（事業主が講ずべき短時間労働者及び有期雇用労働者の雇用管理の改善等に関する措置等についての指針）の「第3の2（待遇の相違の内容及び理由の説明)」で説明されています（**図表5**参照）。

⑷ 不利益取扱いの禁止

説明を求めたことを理由とする不利益取扱い禁止は、かつては指針に記載されていましたが、改正によって法律に格上げされました（同法14条3項）。

2．改正派遣法における説明義務

⑴ 雇入れ時

派遣元は、派遣労働者の雇入れ時には、あらかじめ労働条件に関する事項を明示することに加え、「不合理な待遇差を解消するために講ずることとしている措置の内容」を説明する必要があります（派遣法31条の2第2項）。具体的には、派遣法30条の3（派遣先均等・均衡方式）、30条の4第1項（労使協定方式）及び30条の5（職務の内容等を勘案した賃金決定の努力義務）により措置を講ずべきこととされている事項です。

図表5　パート・有期指針「第3の2　待遇の相違の内容及び理由の説明」	
⑴比較の対象となる通常の労働者	事業主は、職務の内容、職務の内容及び配置の変更の範囲等が、短時間・有期雇用労働者の職務の内容、職務の内容及び配置の変更の範囲等に最も近いと事業主が判断する通常の労働者との間の待遇の相違の内容及び理由について説明するものとする。
⑵待遇の相違の内容	事業主は、待遇の相違の内容として、次のイ及びロに掲げる事項を説明するものとする。 イ　通常の労働者と短時間・有期雇用労働者との間の待遇に関する基準の相違の有無 ロ　次の(イ)又は(ロ)に掲げる事項 　(イ)　通常の労働者及び短時間・有期雇用労働者の待遇の個別具体的な内容 　(ロ)　個別の労働者及び短時間・有期雇用労働者の待遇に関する基準
⑶待遇の相違の理由	事業主は、通常の労働者及び短時間・有期雇用労働者の職務の内容、職務の内容及び配置の変更の範囲その他の事情のうち、待遇の性質及び待遇を行う目的に照らして適切と認められるものに基づき、待遇の相違の理由を説明するものとする。
⑷説明の方法	事業主は、短時間・有期雇用労働者がその内容を理解することができるよう、資料を活用し、口頭により説明することを基本とするものとする。ただし、説明すべき事項を全て記載した短時間・有期雇用労働者が容易に理解できる内容の資料を用いる場合には、当該資料を交付する等の方法でも差し支えない。

(2) 派遣時

　派遣元は、労働者派遣をしようとするときは、派遣労働者に一定事項の明示をするとともに「不合理な待遇差を解消するために講ずることとしている措置の内容」を説明する必要があります。具体的には、派遣法の30条の3（派遣先均等・均衡方式）及び30条の5（職務の内容等を勘案した賃金決定の努力義務）により措置を講ずべきこととされている事項です。もっとも、労使協定方式をとっている場合は、労使協定の対象となる待遇は上記明示や説明の対象事項から除外されます（同法31条の2第3項）。

(3) 求めがあった場合

　派遣元は、派遣労働者から求めがあったときは、派遣労働者に対し、「比較対象労働者との間の待遇の相違の内容及び理由並びに第30条の3から第30条の6までの規定により措置を講ずべきこととされている事項に関する決定をするに当たって考慮した事項」を説明する必要があります（派遣法31条の2第4項）。

　派遣法31条の2第4項の規定による説明内容や説明方法等は「派遣元事業主が講ずべき措置に関する指針」（派遣元指針）の「第2の9（派遣労働者の待遇に関する説明等）」に規定されています（**図表6**参照）。派遣元指針の検討にあたっては「派遣先均等・均衡方式」と「労使協定方式」との違いに留意してください。

　派遣先についても、派遣元が上記説明のために求めがあった際に、説明の根拠資料の提供等の配慮義務が同法40条5項で規定されました。

(4) 不利益取扱いの禁止

　説明を求めたことを理由とする不利益取扱いの禁止は、かつては派遣元指針に記載されていましたが、改正によって法律に格上げされました（派遣法31条の2第5項）。

図表 6　派遣元指針「第 2 の 9　派遣労働者の待遇に関する説明等」

派遣元事業主は、その雇用する派遣労働者に対し、労働者派遣法第31条の 2 第 4 項の規定による説明を行うに当たっては、次の事項に留意すること。

(1)派遣労働者に対する説明の内容 ※協定対象派遣労働者を除く	イ　派遣元事業主は、労働者派遣法第26条第 7 項及び第10項並びに第40条第 5 項の規定により提供を受けた情報に基づき、派遣労働者と比較対象労働者（労働者派遣法第26条第 8 項に規定する比較対象労働者をいう。）との間の待遇の相違の内容及び理由について説明すること。 ロ　派遣元事業主は、派遣労働者と比較対象労働者との間の待遇の相違の内容として、次の(イ)及び(ロ)に掲げる事項を説明すること。 　(イ)　派遣労働者及び比較対象労働者の待遇のそれぞれを決定するに当たって考慮した事項の相違の有無 　(ロ)　次の(i)又は(ii)に掲げる事項 　　(i)　派遣労働者及び比較対象労働者の待遇の個別具体的な内容 　　(ii)　派遣労働者及び比較対象労働者の待遇に関する基準 ハ　派遣元事業主は、派遣労働者及び比較対象労働者の職務の内容、職務の内容及び配置の変更の範囲その他の事情のうち、待遇の性質及び待遇を行う目的に照らして適切と認められるものに基づき、待遇の相違の理由を説明すること。
(2)協定対象派遣労働者に対する説明の内容	イ　派遣元事業主は、協定対象派遣労働者の賃金が労働者派遣法第30条の 4 第 1 項第 2 号に掲げる事項であって同項の協定で定めたもの及び同項第 3 号に関する当該協定の定めによる公正な評価に基づき決定されていることについて説明すること。 ロ　派遣元事業主は、協定対象派遣労働者の待遇（賃金、労働者派遣法第40条第 2 項の教育訓練及び労働者派遣事業の適正な運営の確保及び派遣労働者の保護等に関する法律施行規則第32条の 3 各号に掲げる福利厚生施設を除く。）が労働者派遣法第30条の 4 第 1 項第 4 号に基づき決定されていること等について、派遣労働者に対する説明の内容に準じて説明すること。
(3)派遣労働者に対する説明の方法	派遣元事業主は、派遣労働者が説明の内容を理解することができるよう、資料を活用し、口頭により説明することを基本とすること。ただし、説明すべき事項を全て記載した派遣労働者が容易に理解できる内容の資料を用いる場合には、当該資料を交付する等の方法でも差し支えないこと。
(4)比較対象労働者との間の待遇の相違の内容等に変更があったときの情報提供	派遣元事業主は、派遣労働者から求めがない場合でも、当該派遣労働者に対し、比較対象労働者との間の待遇の相違の内容及び理由並びに労働者派遣法第30条の 3 から第30条の 6 までの規定により措置を講ずべきこととされている事項に関する決定をするに当たって考慮した事項に変更があったときは、その内容を情報提供することが望ましいこと。

Q9. 均衡待遇・均等待遇（同一労働同一賃金）の規制違反の効果

均衡待遇・均等待遇に関する法規制に違反した場合は、どうなりますか？

1. 規制違反の効果

均衡待遇や均等待遇の規制には罰則はありませんが、私法上の効力を有する規定です。そこで、これらの規制に違反する非正規社員の待遇は無効となり、雇用主に故意・過失があれば不法行為を構成し、実際の裁判でも待遇差（賃金差額）相当額の損害賠償請求を認めたものがあります。

また、今回の法改正で整備された行政による助言・指導等や裁判外紛争解決手続（行政 ADR）により、均衡待遇・均等待遇に関する法違反があった場合、行政による履行確保措置に基づく報告徴収・助言・指導等を受けたり、労働者側が行政ADRにおいて救済を求めることも考えられます（**Q10**参照）。

2. 補充的（直律的）効力について

パート・有期法8条違反の効力について、パート・有期法施行通達では、次のように説明しています（「第3の3(7)」）。

①「法第8条については、私法上の効力を有する規定であり、短時間・有期雇用労働者に係る労働契約のうち、同条に違反する待遇の相違を設ける部分は無効となり、故意・過失による権利侵害、すなわち不法行為として損害賠償が認められ得ると解されるものであること。」

②「短時間・有期雇用労働者と通常の労働者との待遇の相違が法第8条に違反する場合であっても、同条の効力により、当該短時間・有期雇用労働者の待遇が比較の対象である通常の労働者の待遇と同一のものとなるものではないと解されるものであること。」

③「個々の事案に応じて、就業規則の合理的な解釈により、通常の労働者の待遇と同一の待遇が認められる場合もあり得ると考えられるものであること。」

上記②は、均衡待遇の規制違反となり、非正規社員の待遇で無効となった部分が正社員の就業規則によって自動的に代替されるという補充的（直律的）効力に関する説明です。パート・有期法施行通達は、補充的（直律的）効力を否定しています。

改正前の労働契約法20条における最高裁の判断（本書Ⅱの資料6「Ⅰ(1)」参照）でも、同条の補充的（直律的）効力は否定されています。

関連知識 ［労働契約法20条の補充的（直律的）効力］

労働契約法20条違反の場合に補充的（直律的）効力が認められるか否かについては、学説上争いがあり、労働契約法施行通達（平成24年8月10日基発0810第2号）では「法20条により、無効とされた労働条件については、基本的には、無期契約労働者と同じ労働条件が認められると解される」とし、補充的（直律的）効力を認めるような説明がありました。

Q9の「2」で述べたとおり、最高裁及びパート・有期法施行通達では法規則違反を理由とする補充的（直律的）効力は否定されました。しかし、非正規社員用の就業規則や労働契約書で正社員用の就業規則を適用・準用していると、この適用・準用の効力として正社員と同様の待遇になるケースも考えられます。均衡待遇・均等待遇の検討にあたっては、判例や通達だけでなく、自社における正社員・非正規社員の就業規則や労働契約書の適用関係も確認する必要があります。

Q10. 行政による履行確保・裁判外紛争解決手続（行政ADR）

今回の法改正で、行政による助言・指導等や行政ADRの規定が整備されたとのことですが、どのような内容ですか？

　非正規社員が正社員との間に不合理な待遇差があると考えた場合でも、訴訟を提起して均衡待遇・均等待遇の違反を主張して、不法行為に基づく損害賠償請求等を行うことは相当の負担になります。

　同一労働同一賃金に関する法改正では、短時間労働者、有期雇用労働者及び派遣労働者が救済を受けやすくなるように行政による履行確保（報告徴収・助言・指導等）の規定を整備するとともに、事業主と労働者との間の紛争について、裁判をせずに解決する行政ADR（裁判外紛争解決手続）の規定が整備されました。

　具体的には、短時間労働者に加えて、有期雇用労働者についても行政による履行確保の対象とし、行政ADRも利用可能としました（パート・有期法「第4章　紛争の解決」22～26条）。また、改正前のパート労働法では、均衡待遇は行政ADRの対象外でしたが、パート・有期法では対象に追加されました。

　派遣労働者については、改正前の派遣法では、派遣元及び派遣先の双方に対して行政による助言・指導等の規定はあったものの、行政ADRの規定が設けられていませんでしたが、改正派遣法では行政ADRが利用可能になりました（派遣法「第4章　紛争の解決」47条の4～9参照）。

2　均衡待遇・均等待遇の規制（パート・有期法8条、9条）

Q11.　均衡待遇の規制内容

パート・有期法 8 条の「均衡待遇」は、どのような規制ですか？　同条で禁止される「不合理な待遇差」は、どのように判断されるのですか？

1．均衡待遇の規制内容

　パート・有期法 8 条の均衡待遇の規制は、正社員（通常の労働者）と短時間労働者や有期雇用労働者との間の待遇差について、①職務内容、②職務内容・配置の変更範囲（人材活用の仕組み）、③その他の事情、という 3 つの要素を考慮して不合理な待遇差を禁止する制度です。

　正社員との間に待遇差があっても、直ちに均衡待遇違反（不合理な待遇差）となるわけではなく、基本給、賞与その他の待遇のそれぞれについて、上記①②③の要素のうち、当該待遇の性質や目的に照らして適切と認められるものを考慮して待遇差が不合理と判断された場合に同法 8 条違反となります。

　改正前の均衡待遇の規定（労働契約法20条、パート労働法 8 条）では、個々の待遇の相違と考慮要素の関係性が明確ではありませんでしたが、パート・有期法 8 条では、待遇差が不合理と認められるか否かは、個々の待遇ごとに待遇の性質・目的に対応する考慮要素で判断される点を明確化しています。

2．不合理性の判断方法

　個々の待遇ごとに、それぞれ待遇の性質・目的から待遇差の不合理性を検討します。これは、均衡（バランス）のとれた待遇といえるか（待遇差が合

理的範囲内といえるか）という観点からの判断であり、①職務内容等の違いに応じた待遇差として不合理ではないと判断される場合もあれば、②正社員と同一水準の待遇でなければ不合理とされる場合もあります。

　労働契約法20条の均衡待遇規定では、労働条件の相違について「期間の定めがあることにより」と規定しており、この規定を判例は「期間の定めの有無に関連して生じたものであること」と解釈していました（本書Ⅱの資料6「Ⅰ(2)」）。パート・有期法8条では、上記のような規定を明文では設けていませんが、パート・有期法施行通達は、次のように説明しており、待遇差の理由や関連性として「短時間・有期雇用労働者であること」が不要とされたわけではない点に注意してください。

［パート・有期法施行通達（第3の3(2)）］

　法第8条の不合理性の判断の対象となるのは、待遇の「相違」であり、この待遇の相違は、「短時間・有期雇用労働者であることに関連して生じた待遇の相違」であるが、法は短時間・有期雇用労働者について通常の労働者との均衡のとれた待遇の確保等を図ろうとするものであり、法第8条の不合理性の判断の対象となる待遇の相違は、「短時間・有期雇用労働者であることに関連して生じた」待遇の相違であることが自明であることから、その旨が条文上は明記されていないことに留意すること。

3．その他

　現状における非正規社員の待遇差をめぐる裁判の多くは労働契約法20条の均衡待遇に関するものです。労働契約法20条における不合理性の判断枠組みは、パート・有期法8条でも承継されるので、労働契約法20条をめぐる裁判には今後も注視が必要です。

Q12. 均等待遇の規制内容

パート・有期法9条の「均等待遇」は、どのような内容の規制ですか？ 同条で禁止される「差別的取扱い」は、どのように判断されるのですか？

1．均等待遇の規制内容

　パート・有期法9条の均等待遇の規制は、正社員（通常の労働者）と同視すべき短時間労働者及び有期雇用労働者（以下、「短時間・有期雇用労働者」という）については、短時間・有期雇用労働者であることを理由とした差別的取扱いを禁止するという制度です。

　「通常の労働者と同視」できるのは、①職務内容と、②職務内容・配置の変更範囲、が同一の場合です。

　②でいう職務内容・配置の変更範囲の同一性は、「当該事業所における慣行その他の事情からみて、当該事業主との雇用関係が終了するまでの全期間において、その職務の内容及び配置が当該通常の労働者の職務の内容及び配置の変更の範囲と同一の範囲で変更されることが見込まれるもの」をいい、パート・有期法施行通達の内容（「第3の4(5)～(8)」）を整理すると**図表7**のとおりです。

　上記①②であげた均等待遇の要件は厳格であり、改正前のパート労働法において上記要件を満たすとして均等待遇違反（差別的取扱い）が認められた裁判例はわずかです（ニヤクコーポレーション事件、京都市立浴場運営財団ほか事件参照）。改正法（パート・有期法）でも、均衡待遇（8条）と均等待遇（9条）は明確に区別して規定されており、均等待遇の要件該当性は厳格に行うべきでしょう。

2．均等待遇違反となるケース

上記1の①②であげた要件を満たしても、正社員との待遇差がすべて均等待遇違反（差別的取扱い）となるわけではありません。査定や業績評価等によって個々の労働者の賃金水準が異なっても差別的取扱いにはなりませんし、短時間労働者の労働時間が短いことに比例して賃金が少なくなっても合理的な差異として許容されます。

短時間・有期雇用労働者のほうが通常の労働者よりも待遇がよい場合は、形式的には「差別的取扱い」といえますが、パート・有期法9条の均等待遇の規定は、短時間・有期雇用労働者側の待遇引下げや正社員側の待遇引上げをして同一待遇にすることまでは要求していないと解されます（**Q4**の2参照）。

図表7　パート・有期法施行通達の内容（「第3の4(5)～(8)」）		
当該事業所における慣行その他の事情からみて、当該事業主との雇用関係が終了するまでの全期間において、その職務の内容及び配置が当該通常の労働者の職務の内容及び配置の変更の範囲と同一の範囲で変更されることが見込まれるものであること		
「当該事業所における慣行」 →当該事業所で繰り返し行われることによって定着している人事異動等の態様 「その他の事情」 →人事規程等により明文化されたもの、当該事業所以外に複数事業所がある場合の他の事業所における慣行等を含む	「当該事業主との雇用関係が終了するまでの全期間」 →短時間・有期雇用労働者が通常の労働者と職務の内容が同一となり、かつ、職務の内容及び配置の変更の範囲（人材活用の仕組み、運用等）が通常の労働者と同一となってから雇用関係が終了するまでの間 →雇入れ後、均等待遇の要件を満たすまでの間に通常の労働者と職務の内容が異なり、また、職務の内容及び配置の変更の範囲（人材活用の仕組み、運用等）が通常の労働者と異なっていた期間があっても、その期間まで「全期間」に含めるものではなく、同一となった時点から将来に向かって判断する	「見込まれる」 →将来の見込みも含めて判断される →有期雇用労働者の場合にあっては、労働契約が更新されることが未定の段階であっても、更新をした場合にはどのような扱いがされるかということを含めて判断される

3．均衡待遇と均等待遇の関係

　均等待遇では1の①②であげた要件を満たせば同一の待遇とすることが原則となりますが、均衡待遇では3要素を考慮して不合理でない範囲で均衡（バランス）のとれた待遇とすることが求められます（**図表8**参照）。

　均等待遇と**Q11**で述べた均衡待遇では、規定が設けられた経過や規制内容が異なります。判例で均衡待遇違反（労働契約法20条違反）とならなかった待遇（賞与、退職金等）でも、今後は均等待遇違反として問題となるリスクがあります。そのため、短時間・有期雇用労働者の待遇差について、片方の検討だけでは不十分であり、均衡待遇と均等待遇の両規制の検討が必要になります。

図表8　均衡待遇と均等待遇の規制内容

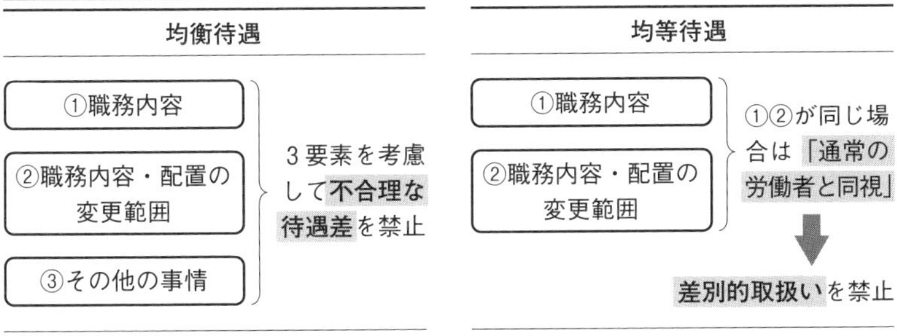

均衡待遇		均等待遇	
①職務内容	3要素を考慮して**不合理な待遇差**を禁止	①職務内容	①②が同じ場合は「**通常の労働者と同視**」
②職務内容・配置の変更範囲		②職務内容・配置の変更範囲	↓
③その他の事情			**差別的取扱い**を禁止

Q13. 「職務の内容」の判断方法

パート・有期法8条や9条で規定されている「職務の内容」は、どのような内容ですか？　また、その同一性は、どのように判断するのですか？

　「職務の内容」とは、「業務の内容」及び当該業務に伴う「責任の程度」をいいます。

　ここでいう「業務」は職業上継続して行う仕事、「責任の程度」は業務に伴って行使するものとして付与されている権限の範囲・程度等です。

　「責任の程度」は、具体的には、授権されている権限の範囲、業務の成果について求められる役割、トラブル発生時や臨時・緊急時に求められる対応の程度、ノルマ等の成果への期待の程度等を指します。短時間・有期雇用労働者の「業務」については、労働契約書や労働条件通知書に記載された業務内容が重要になります。ドライバーのように業務内容を正社員（通常の労働者）と区別することが困難な場合には、社内規程等で「責任」の違いを明確化してください。

　パート・有期法施行通達では、「職務の内容」の同一性の判断手順について、「業務の内容」と「責任の程度」の双方について、通常の労働者と短時間・有期雇用労働者とが同一であると判断された場合に「職務の内容が同一」といえるとし、その判断手順を説明しています（「第1の4(2)ロ(ロ)」）。

　図表9は、その内容をもとにチャート化したものです。

図表9　職務内容の同一性の判断手順

業務の内容が「実質的に同一」であることの判断に先立って、「業務の種類」が同一であるかどうかをチェックする。
- → 『厚生労働省編職業分類』の細分類を目安として比較し、この時点で異なっていれば、「職務内容が同一でない」と判断する

 業務の種類が同一であると判断された場合

比較対象となる通常の労働者及び短時間・有期雇用労働者の職務を業務分担表、職務記述書等により個々の業務に分割し、その中から「中核的業務」といえるものをそれぞれ抽出する。
- → 「中核的業務」とは、ある労働者に与えられた職務に伴う個々の業務のうち、当該職務を代表する中核的なものを指し、以下の基準に従って総合的に判断する
  - ①与えられた職務に本質的又は不可欠な要素である業務
  - ②その成果が事業に対して大きな影響を与える業務
  - ③労働者本人の職務全体に占める時間的割合・頻度が大きい業務
- → 「中核的業務」を比較し、同じであれば、業務の内容は「実質的に同一」と判断し、明らかに異なっていれば、業務の内容は「異なる」と判断する
- →抽出した「中核的業務」が一見すると異なっている場合には、当該業務に必要とされる知識や技能の水準等も含めて比較したうえで、「実質的に同一」といえるかどうかを判断する

 業務の内容が「実質的に同一」と判断された場合

最後に、両者の職務に伴う責任の程度が「著しく異なって」いないかどうかをチェックする
- →チェックにあたっては、「責任の程度」の内容に当たる以下のような事項について比較を行うこと。
  - ①授権されている権限の範囲（単独で契約締結可能な金額の範囲、管理する部下の数、決裁権限の範囲等）
  - ②業務の成果について求められる役割
  - ③トラブル発生時や臨時・緊急時に求められる対応の程度
  - ④ノルマ等の成果への期待の程度
  - ⑤上記の事項の補助的指標として所定外労働の有無及び頻度
- →比較においては、たとえば管理する部下の数が一人でも違えば、責任の程度が異なる、といった判断をするのではなく、責任の程度の差異が「著しい」といえるものであるかどうかをみる
- →役職名等外見的なものだけで判断せず、実態をみて比較することが必要

Q14. 「職務の内容及び配置の変更の範囲」の判断方法

パート・有期法8条や9条で規定されている「職務の内容及び配置の変更の範囲」とはどのようなものですか？　また、その同一性はどのように判断するのですか？

　パート・有期法8条や9条で規定されている「職務の内容及び配置の変更の範囲」は、「人材活用の仕組み」ということもあります。

　「職務の内容の変更」は、配置の変更や業務命令によるものかを問わず、職務の内容が変更される場合をいいます。他方、「配置の変更」は、人事異動等によるポスト間の移動を指し、職務の内容の変更を伴う場合もあれば、伴わない場合もあります。そのため、「職務の内容の変更」と「配置の変更」は重複して行われることもあります。これらの変更の「範囲」は、変更により経験する職務の内容又は配置の広がりをいい、変更が及びうると予定されている範囲で同一性を判断します。

　短時間・有期雇用労働者に、正社員（通常の労働者）と同じような役割の付与（昇進）が行われていたり、出向や転籍を命じる規定が設けられているケースでは、「人材活用の仕組み」が実質的に同一と判断されるリスクがあるので注意してください。

　パート・有期法施行通達では「職務の内容及び配置の変更の範囲」（人材活用の仕組み）の同一性の判断手順を説明しており、**図表10**はその内容をチャート化したものです（「第1の4(2)ハ(ロ)」）。

　パート・有期法8条や9条で「職務の内容及び配置の変更の範囲」が規定されている理由について、パート・有期法施行通達（「第1の4⑵ハ」）は次のように説明しています。

　「現在の我が国の雇用システムにおいては、長期的な人材育成を前提として待遇に係る制度が構築されていることが多く、このような人材活用の仕組み、運用等に応じて待遇の違いが生じることも合理的であると考えられている。法は、このような実態を前提として、人材活用の仕組み、運用等を、均衡待遇を推進する上での考慮要素又は適用要件の一つとして位置付けている。人材活用の仕組み、運用等については、ある労働者が、ある事業主に雇用されている間にどのような職務経験を積むこととなっているかを見るものであり、転勤、昇進を含むいわゆる人事異動や本人の役割の変化等（以下『人事異動等』という。）の有無や範囲を総合判断するものであるが、これを法律上の考慮要素又は適用要件としては『職務の内容及び配置の変更の範囲』と規定したものであること。」

図表10　「職務の内容及び配置の変更の範囲」の同一性の判断手順

通常の労働者と短時間・有期雇用労働者について、配置の変更に関して、転勤の有無が同じかどうかを比較
　　→異なっていれば、「職務の内容及び配置が通常の労働者の職務の内容及び配置の変更の範囲と同一の範囲内で変更されることが見込まれない」と判断

転勤が双方とも「ある」と判断された場合 　　**転勤が双方とも「ない」場合**

全国転勤の可能性があるのか、エリア限定なのかといった転勤により移動が予定されている範囲を比較
　　→異なっていれば、「職務の内容及び配置が通常の労働者の職務の内容及び配置の変更の範囲と同一の範囲内で変更されることが見込まれない」と判断

転勤が双方とも「ある」で、その範囲が「実質的に同一」と判断された場合

【事業所内における職務の内容の変更の態様を比較】
①まずは、職務の内容の変更（事業所内における配置の変更の有無を問わない）の有無を比較
　　→異なっていれば、「職務の内容及び配置が通常の労働者の職務の内容及び配置の変更の範囲と同一の範囲内で変更されることが見込まれない」と判断
②職務の内容の変更の有無が同じであれば、職務の内容の変更により経験する可能性のある範囲も比較し、異同を判断

Q15. 「その他の事情」の判断方法

パート・有期法8条で考慮要素としてあげられている「その他の事情」には、どのようなものが該当するのですか？

1．パート・有期法8条の「その他の事情」とは

パート・有期法8条は、均衡待遇の考慮要素として「その他の事情」を規定しています。

パート・有期法施行通達（「第3の3(5)」）では、①「職務の内容」及び「職務の内容及び配置の変更の範囲（人材活用の仕組み）」に関連する事情に限定されないこと、②具体例としては、職務の成果、能力、経験、合理的な労使の慣行、事業主と労働組合との間の交渉といった労使交渉の経緯などの諸事情が想定されること、③考慮すべき「その他の事情」があるときに考慮すべきものであること、を説明しています。

①は、労働契約法20条の「その他の事情」に関する判例の解釈も同様です（本書Ⅱの資料6「Ⅰ(5)〜(7)」参照）。なお、待遇差の不合理性判断の考慮要素のうち、「職務内容」や「職務の内容及び配置の変更の範囲」と「その他の事情」の関係について、パート・有期法8条の条文構造やパート・有期法施行通達で3要素の軽重を規定していないことからすれば、同条の解釈として「その他の事情」よりも他の考慮要素（「職務内容」や「職務の内容及び配置の変更の範囲」）が重視されるとはいえないでしょう。

②でいう「職務の成果」「能力」「経験」は、パート・有期法10条で賃金決定の際に勘案を求めている要素としてもあげられています。

③は、待遇に関する一切の事情を「その他の事情」として考慮するわけではなく、待遇差の不合理性の判断で考慮すべき事情を「その他の事情」とし

て考慮する点を述べたものです。

２．具体的な事情について

(1) 定年退職後の再雇用

長澤運輸事件の最高裁は、定年退職後の再雇用者であることは、労働契約法20条の「その他の事情」に該当するとし、同一労働同一賃金ガイドラインも「有期雇用労働者が定年に達した後に継続雇用された者であることは、通常の労働者と当該有期雇用労働者との間の待遇の相違が不合理と認められるか否かを判断するに当たり、短時間・有期雇用労働法第８条のその他の事情として考慮される事情に当たりうる。」（同資料６「Ⅰ(6)」参照）としています（定年後再雇用については **Q19**、**Q20** も参照）。

(2) 正社員登用制度

学校法人大阪医科薬科大学事件及びメトロコマース事件の最高裁判決は、正社員へ段階的に職種を変更するための試験による登用制度（正社員登用制度）が設けられていたことを労働契約法20条の「その他の事情」として考慮するのが相当としています（同資料６「Ⅰ(7)」参照）。また、井関松山製造所事件及び井関松山ファクトリー事件は、中途採用制度により有期契約労働者に人事政策上の配慮がなされている点を、待遇差の不合理性を否定する事情としてあげています（同資料６「Ⅵ(1)」参照）。

上記の労働契約法20条の裁判では、正社員登用制度は会社側の任意の制度でした。もっとも、現在のパート・有期法13条では、「通常の労働者への転換」の措置を有期契約労働者にも講じる必要があります。同措置として実施される正社員登用制度が同法８条の「その他事情」として考慮されるのはどのような待遇なのか、どの程度の措置・実績が必要なのかについては、今後の判例・裁判例の集積を待つ必要があるでしょう。

(3) 比較対象とされた正社員側の事情

短時間・有期雇用労働者が待遇差の不合理性を争う場合、自己の比較対象として選択した正社員（通常の労働者）側に特別な事情があるケースはどうなるでしょうか。

たとえば、メトロコマース事件では比較対象とされた売店業務に従事する正社員には、他の多数の正社員と職務の内容や変更の範囲が異なっていましたが、これには組織再編等によって他部署へ配転することが困難な事情がありました。また、学校法人大阪医科薬科大学事件で比較対象とされた教室事務員である正職員も、他の大多数の正職員と職務の内容及び変更の範囲が異なっていましたが、これは教育事務員の業務内容や大学側が行ってきた人員配置の見直し等に起因する事情がありました。

　両事件において最高裁は、上記のような比較対象とされた正社員側の事情は「その他の事情」として考慮するのが相当としています（同資料6「Ⅰ⑺」参照）。

　⑷　待遇差の説明義務

　パート・有期法14条2項の待遇差の内容及び理由に関する説明について、パート・有期法施行通達（「第3の3⑸」）では以下のように説明しています（下線は筆者）。

> 　「法第14条2項の待遇差の内容及び理由に関する説明については<u>労使交渉の前提となりうるものであり、事業主が十分な説明をせず、その後の労使交渉においても十分な話し合いがなされず、労使間で紛争となる場合があると考えられる。『その他の事情』に労使交渉の経緯が含まれると解されることを考えると</u>、このように待遇の相違の内容等について十分な説明をしなかったと認められる場合には、その事実も『その他の事情』に含まれ、不合理性を基礎付ける事情として考慮されうると考えられるものであること。」

　下線部分のような説明が設けられているのは、「その他の事情」として考慮されるのが、待遇差に関する労使交渉の過程で不十分な説明がなされ、それが労使間の紛争に発展した場面を想定しているためと解されます。パート・有期法8条の均衡待遇規定と同法14条2項に基づく待遇差の説明では、比較対象とされる「通常の労働者」の概念も異なっており（**Q16**参照）、事業主が行った待遇差の説明に不十分な点があったとしても、それが直ちに具体的な待遇差の不合理性（均衡違反）を裏づける要素（その他の事情）にな

ると解すべきではないでしょう。

　パート・有期法9条でも「その他の事情」が規定されています。しかし、同条でいう「その他の事情」は、職務の内容及び配置の変更の範囲（人材活用の仕組み、運用等）を判断するにあたって、当該事業所における「慣行」と同じと考えられるべきものを指すもので、パート・有期法8条の「その他の事情」とは異なります。

Q16. 比較対象となる「通常の労働者」

パート・有期法8条や9条の均衡待遇・均等待遇の規制で、待遇差の比較対象となる「通常の労働者」は、どのような社員をいうのですか？

1．パート・有期法8条、9条の「通常の労働者」

　パート・有期法8条の均衡待遇規定と同法9条の均等待遇規定でいう「通常の労働者」とは、同一の事業主（法人）で雇用されるすべての正社員（無期雇用フルタイム労働者）をいいます。

　改正前のパート労働法では同一の「事業所」で雇用される通常の労働者とし、労働契約法20条では同一の「使用者」としていましたが、近年は、非正規社員が店長などの事業所の長であり、同一事業所内に正社員がおらず、比較対象となる「通常の労働者」がいないケースもあることから、パート・有期法では「事業主」を単位（基準）としています（図表11参照）。

　同一の事業主に雇用される正社員の中でも、総合職や一般職、地域限定正社員などのさまざまな雇用管理区分がありますが、均衡待遇・均等待遇の規制では、それらのすべての正社員（通常の労働者）との間での待遇差が問題となります。

2．裁判で比較対象とされる労働者

　待遇差の不合理性が争われた裁判では、どの範囲の正社員を比較対象とするかが争点になることがあり、最高裁は待遇差を問題とする原告（有期雇用労働者）側が選択できるとしつつ、選択された通常の労働者（正社員）の特別な事情をパート・有期法8条の「その他の事情」として考慮することを認めています。（**Q15**の2(3)参照）。会社側としては、原告側が選択した通常の労働者（正社員）に対応した反論が必要になるので、勤務地限定正社員な

ど正社員の中で「職務の内容」や「人材活用の仕組み」が異なるグループがある場合には、それらについても待遇差の理由を整理しておく必要があります。

3．待遇差の説明で比較対象とする労働者

　パート・有期法14条2項では、待遇差の内容・理由等の説明義務が課されました。この待遇差の説明にあたって比較対象とする労働者は、事業主が職務の内容、職務の内容及び配置の変更の範囲等がもっとも近いと判断する「通常の労働者」です（パート・有期指針「第3の2(1)」）。

　パート・有期法8条、9条と同法14条2項では、ともに「通常の労働者」という用語が用いられていますが、比較対象となる労働者の考え方が異なるので注意してください。

図表11　改正前後の比較

	改正前		改正後
「均等待遇」に係る法律の根拠	パートタイム労働法第9条	〈規定なし〉	パートタイム・有期雇用労働法第9条
「均衡待遇」に係る法律の根拠	パートタイム労働法第8条	労働契約法第20条	パートタイム・有期雇用労働法第8条
対象	短時間労働者	有期雇用労働者	短時間・有期雇用労働者
比較対象	同一の事業所に雇用される通常の労働者	同一の事業主に雇用される無期契約労働者	同一の事業主に雇用される通常の労働者（「正規型」の労働者及び事業主と期間の定めのない労働契約を締結しているフルタイム労働者）

出所：厚生労働省「不合理な待遇差解消のための点検・検討マニュアル～パートタイム・有期雇用労働法への対応～」（業界共通編）

定年後再雇用者が正社員との待遇差を裁判で争った場合、①定年退職前に正社員であった自己と比較するのか、②再雇用時における業務内容等が共通する正社員と比較するのか、という問題があります（**図表12**参照）。

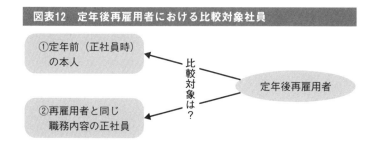

図表12　定年後再雇用者における比較対象社員

①定年前（正社員時）の本人

②再雇用者と同じ職務内容の正社員

比較対象は？

定年後再雇用者

この点について、日本ビューホテル事件は、以下のような判断をしており、五島育英会事件においても同様の判断がなされています（いずれの事件も定年後再雇用の事案です）。

「労働契約法20条は、無期契約労働者と有期契約労働者との間の労働条件の相違が『不合理と認められるものであってはならない』と定めるのみで、有期契約労働者と比較対照すべき無期契約労働者を限定しておらず（短時間労働者の雇用管理の改善等に関する法律9条参照）、不合理性の有無の判断においては、業務の内容及びこれに伴う責任の程度（職務の内容）、当該職務の内容及び配置の変更の範囲の異同のみならず差異の程度をも広く考慮し、その他の事情に特段の制限を設けず、諸事情を幅広く総合的に考慮して、労働条件の相違が当該企業の経営・人事制度上の施策として不合理なものと評価されるか否かを判断すべきことが予定されていることからすれば、不合理性の有無の判断に当たっては、まずは、原告が措定する、有期契約労働者と無期契約労働者とを比較対照することとし、被告が主張するような他の正社員の業務内容や賃金額等は、その他の事情として、これらも含めて労働契約法20条所定の考慮要素に係る諸事情を幅広く総合的に考慮し、当該労働条件の相違が当該企業の経営・人事制度上の施策として不合理なものと評価されるか否かを判断するのが相当である。」（下線は筆者）

もっとも、待遇差の説明義務（パート・有期法14条2項）の場面では、比較対象となる「通常の労働者」は事業主が選定することになります。

定年後再雇用時の労働条件を提示する段階から、「だれを基準に待遇差を判断するのか（**図表12**でいう①か②か）？」を意識しておく必要があります。

Q17. 同一労働同一賃金ガイドライン

同一労働同一賃金ガイドラインは、どのようなもので、いつから適用されるのですか？　どのような社員や待遇が対象なのですか？

1．同一労働同一賃金ガイドラインの全体像

　2016年12月に公表された「同一労働同一賃金ガイドライン案」（以下、「ガイドライン案」という）は、パート・有期法15条1項及び改正派遣法47条の11に基づく指針（短時間・有期雇用労働者及び派遣労働者に対する不合理な待遇の禁止等に関する指針）となりました。この指針が「同一労働同一賃金ガイドライン」（以下、「ガイドライン」という）であり、改正法の施行時期にあわせて適用されます。

　全体的な構成や「ガイドライン案」からの修正点は、**図表13**のとおりです。「第1　目的」と「第2　基本的な考え方」では総論的な事項が述べられています。

　ガイドラインの「第3　短時間・有期雇用労働者」、「第4　派遣労働者」及び「第5　協定対象派遣労働者」では、同一企業・団体における正社員と非正規労働者との間で待遇差がある場合、いかなる待遇差が不合理なものであり、いかなる待遇差が不合理なものでないかが示されており、典型的な事例は（問題となる例）（問題とならない例）という形式で具体例が示されています。

2．対象となる社員・待遇

　ガイドラインの「第2　基本的な考え方」では、「この指針は、通常の労働者と短時間・有期雇用労働者及び派遣労働者との間に待遇の相違がある場合に、いかなる待遇の相違が不合理と認められるものであり、いかなる待遇

図表13　同一労働同一賃金ガイドライン

| 第1 | 目的 | ← | ガイドライン案の「1 前文」の（目的）を追加 |

第2　基本的な考え方　← ガイドライン案の「1 前文」の（趣旨）を追加
参議院の附帯決議 32 及び 33 を受け追記

第3　短時間・有期雇用労働者
- 1　基本給 ← 注1は賃金の実施基準・ルールが異なる場合を説明
注2は定年後再雇用（長澤運輸事件）の判例を受け追記
  - 3つの類型に分けた説明
  - 昇給に関する説明
- 2　賞与
- 3　手当
  - ①役職手当
  - ②特殊作業手当
  - ③特殊勤務手当
  - ④精皆勤手当
  - ⑤時間外労働手当
  - ⑥深夜労働・休日労働手当
  - ⑦通勤手当・出張旅費 ← 採用圏限定に関する記載を修正
  - ⑧食事手当
  - ⑨単身赴任手当
  - ⑩地域手当
- 4　福利厚生
  - ①福利厚生施設（給食施設・休憩室・更衣室）
  - ②転勤者用住宅
  - ③慶弔休暇・健康診断に伴う勤務免除や給与保障
  - ④病気休職
  - ⑤勤続期間に応じて認める法定外の休暇（慶弔休暇を除く）
- 5　その他
  - 教育訓練
  - 安全管理の措置・給付

第4　派遣労働者 ← 賃金（基本給・賞与・手当）は派遣先に雇用される
「通常の労働者」を比較対象
- 1　基本給
- 2　賞与
- 3　手当
- 4　福利厚生
- 5　その他

第5　協定対象派遣労働者
- 1　賃金 ← 賃金の決定方法について説明
- 2　福利厚生
- 3　その他

の相違が不合理と認められるものでないのか等の原則となる考え方及び具体例を示したもの」と説明されています。そのため、正社員同士の待遇差や、総合職や限定正社員などの無期雇用フルタイム労働者間の待遇差は、ガイドラインの対象ではありません。

ガイドラインでは、**図表13**にあるように賃金（基本給・賞与・手当）、福利厚生、教育訓練等があげられています。ガイドラインで個別に説明されていない待遇については、「第2 基本的な考え方」で、「この指針に原則となる考え方が示されていない退職手当、住宅手当、家族手当等の待遇や、具体例に該当しない場合についても、不合理と認められる待遇の相違の解消等が求められる」と説明しています。

なお、「第2 基本的な考え方」では、ガイドラインの考え方に反した場合について、「原則となる考え方等に反した場合、<u>当該待遇の相違が不合理と認められる等の可能性がある</u>」（下線は筆者）という含みのある表現になっていることにも注意が必要です。実際、病気休職のようにガイドラインの説明と裁判例の判断が異なる結論になっているものもあり（**Q36**参照）ガイドラインだけに依拠した検討では不十分です。

Q18. ガイドライン案との相違

同一労働同一賃金ガイドラインは、「同一労働同一賃金ガイドライン案」から修正された部分があると聞きました。どのような部分が修正されたのですか？

　同一労働同一賃金ガイドライン（以下、「ガイドライン」という）は、2016年12月に公表された「同一労働同一賃金ガイドライン案」（以下、「ガイドライン案」という）をベースにしたものですが、参議院の附帯決議を受け、①新たに雇用管理区分を設けたり、職務分離をした場合でも不合理な待遇の相違等を解消する必要があること、②不合理な待遇差の解消のために労働条件変更を行う場合の労働契約法の規制（同法9条、10条）や労使合意なく待遇引下げをすることが望ましい対応とはいえないことが「第2　基本的な考え方」の部分に追記されました（**図表14**参照）。

　また、ガイドライン案では、労働者派遣については簡潔な記述しかありませんでしたが、ガイドラインでは「第4　派遣労働者」と「第5　協定対象派遣労働者」で独立した項目が設けられています。

　ガイドライン案にあった待遇の典型例や具体例は表現レベルでの修正にとどまり、大幅な修正はありませんが「第3　短時間・有期雇用労働者」の「1　基本給」の後にある（注）の「2　定年に達した後に継続雇用された有期雇用労働者の取扱い」では、長澤運輸事件の最高裁判決を踏まえた追記が行われています（長澤運輸事件の最高裁判決については、**Q19**参照）。

- 正社員の待遇を不利益に変更する場合は、原則として労使の合意が必要であり、就業規則の変更により合意なく不利益に変更する場合であっても、その変更は合理的なものである必要がある。ただし、正社員と非正規雇用労働者との間の不合理な待遇差を解消するに当たり、基本的に、**労使の合意なく正社員の待遇を引き下げることは望ましい対応とはいえない。**
- 雇用管理区分が複数ある場合（例：総合職、地域限定正社員など）であっても、**すべての雇用管理区分に属する正社員との間で不合理な待遇差の解消が求められる。**
- 正社員と非正規雇用労働者との間で職務の内容等を分離した場合であっても、**正社員との間の不合理な待遇差の解消が求められる。**

〔厚生労働省 HP「同一労働同一賃金ガイドラインの概要」より〕

32　パートタイム労働法、労働契約法、労働者派遣法の三法改正による同一労働同一賃金は、非正規雇用労働者の待遇改善によって実現すべきであり、各社の労使による合意なき通常の労働者の待遇引下げは、基本的に三法改正の趣旨に反するとともに、労働条件の不利益変更法理にも抵触する可能性がある旨を指針等において明らかにし、その内容を労使に対して丁寧に周知・説明を行うことについて、労働政策審議会において検討を行うこと。

33　低処遇の通常の労働者に関する雇用管理区分を新設したり職務分離等を行ったりした場合でも、非正規雇用労働者と通常の労働者との不合理な待遇の禁止規定や差別的取扱いの禁止規定を回避することはできないものである旨を、指針等において明らかにすることについて、労働政策審議会において検討を行うこと。

〔参議院厚生労働委員会附帯決議〈2018年 6 月28日〉より〕

Q19. 定年後再雇用①

定年退職後の再雇用社員でも均衡待遇や均等待遇の規制は適用されるのでしょうか？

1．均衡待遇・均等待遇の規制の適用

　定年退職後の再雇用者の待遇が定年退職前の正社員と違うのは「定年退職とその後の再雇用」であることが理由であり、短時間労働者や有期雇用労働者であることを理由とした待遇差ではないと思われるかもしれません。しかし、長澤運輸事件の最高裁判決は「当該相違は期間の定めの有無に関連して生じたものであるということができる」とし（本書Ⅱの資料6「Ⅰ(6)」参照）、パート・有期法施行通達（「第3の8」）でも以下のように、均衡待遇や均等待遇の適用対象になると説明しています。

> 「継続雇用制度が講じられた事業主においては、再雇用等により定年年齢を境として、短時間・有期雇用労働者となった場合、職務の内容が比較対象となる通常の労働者と同一であったとしても、職務の内容及び配置の変更の範囲（人材活用の仕組み、運用等）が異なっている等の実態があれば、法第9条の要件に該当しないものであるが、法第8条の対象となることに留意が必要であること」

2．待遇差の判断方法と注意点

（1）　長澤運輸事件の判断枠組み

　長澤運輸事件の最高裁判決は「有期契約労働者が定年退職後に再雇用された者であることは、当該有期契約労働者と無期契約労働者との労働条件の相違が不合理と認められるものであるか否かの判断において、労働契約法20条にいう『その他の事情』として考慮されることとなる事情に当たると解するの

が相当である。」とし、一部の手当について待遇差を不合理としました（同資料6「Ⅰ⑹」参照）。もっとも、長澤運輸事件は、再雇用時の年収が定年退職前の約79％と減額幅が小さかった事案であり、同事件の結論部分のみをとらえて、定年後再雇用者の大幅な賃金減額が可能と考えるべきではありません。

また、長澤運輸事件の最高裁判決は、定年後再雇用である点を労働契約法20条の「その他の事情」として考慮する事情に該当すると判断しており、かかる解釈は同じ均衡待遇の規定であるパート・有期法8条の「その他の事情」でも妥当します。他方、均等待遇の規定である同法9条の「その他の事情」は、同法8条の「その他の事情」とは異なるため（**Q15**の関連知識参照）、定年後再雇用者が同法9条の均等待遇の要件を満たした場合には、再雇用時の賃金減額がパート・有期法9条の差別的取扱いに該当すると判断されるリスクがあります。もっとも、均等待遇の要件を満たした場合でも、「定年後再雇用」であることを理由とした待遇については、パート・有期法9条が禁止する短時間・有期雇用労働者であることを理由とした差別的取扱いには該当しないと考えるべきでしょう（菅野和夫「労働法（第12版）」（弘文堂）368頁参照）。

⑵　再雇用時の賃金減額

再雇用者の基本給その他の賃金を定年退職前より減額する場合には、その理由を均衡待遇と均等待遇の双方の観点から整理しておく必要があります。

具体的には、職務内容（**Q13**参照）や人材活用の仕組み（**Q14**参照）のほか、勤務時間の相違も考慮する必要があります。また、正社員と定年後再雇用者の賃金制度の相違も重要です。たとえば、正社員の基本給では、年功的要素が強い賃金であるのか（本書Ⅱの資料6「Ⅱ⑷」の五島育英会事件、日本ビューホテル事件の判旨参照）、職務給的な性格の賃金であるのかによっても変わってきます（同資料6「Ⅱ⑷」の長澤運輸事件の判旨参照）。

また、定年後再雇用者の基本給についても①定年退職前の賃金を基準として、割合的に減額する方法、②職務内容に関係なく定年後再雇用者を一律額で設定する方法、③定年後再雇用者であることを考慮せず、通常の短時間・

有期雇用労働者と同じ方法・金額で設定する方法など、さまざまです。

　そのため、職務内容や人材活用の仕組みの違い、定年前後の賃金制度の違い等を検討せずに、「定年前から何割賃金を下げてよいのか？」を議論する実益は乏しく、定年後再雇用時に賃金減額を行う場合、減額分に見合った「職務内容」や「職務内容・配置の変更範囲（人材活用の仕組み）」の変更が必要であり、これらの相違がないのに大幅な賃金減額をすることは不合理な待遇差と判断されるリスクが高くなります（同資料6「II(4)」の名古屋自動車学校事件参照）。もっとも、これらを変更をした場合でも、待遇・手当の趣旨から待遇差が不合理と判断される場合がある点にも注意してください（同資料6「IV(6)」の長澤運輸事件の精勤手当参照）。

3．その他の注意点

　定年後再雇用者の場合、正社員の待遇内容を熟知しているうえ、定年退職前（正社員時）からの賃金減額について不満を抱きながら再雇用契約を締結しているケースも想定されます。パート・有期法施行後は、上記不満が「待遇差の説明」（同法14条2項）の要求等の具体的行動につながる可能性があります。会社は、再雇用契約後においても、待遇差の説明や均衡待遇・均等待遇をめぐるトラブルを視野に入れた準備が必要です。

　なお、定年退職後に再雇用契約が締結されなかった場合でも、会社が提示した労働条件が高年齢者雇用安定法における継続雇用制度の趣旨に反するとして、定年退職者からの損害賠償請求が認められた裁判例がある点に注意してください（**Q20**参照）。

関連知識 ［北日本放送事件］

　定年後再雇用社員と正社員との間の基本給や賞与・各種手当の相違が労働契約法20条に違反するかが争われた裁判例として北日本放送事件（本書IIの資料6「II(4)」参照）があります。同事件では、再雇用社員と正社員の職務の内容、当該職務の内容及び変更の範囲が異なるケースであり、①約27%の基本給の差、②賞与の不支給、③住宅手当の不支給、④裁量手当の不支給、⑤祝金に関する相違について、いずれも労働契約法20条に違反しないと判断されました。

Q20. 定年後再雇用②

定年退職後の再雇用社員の労働条件については、均衡待遇・均等待遇の規制以外に留意すべき点はありますか？

　高年齢者雇用安定法の継続雇用制度（同法９条１項２号）は、フルタイム、パートタイムなどの労働時間、賃金、待遇などに関して会社と労働者との間で取り決めることを認めており、厚生労働省のQ&Aでも以下のように説明されています。

［厚生労働省の高年齢者雇用安定法Q&A（高年齢者雇用確保措置関係）］
Q1-9：本人と事業主の間で賃金と労働時間の条件が合意できず、継続雇用を拒否した場合も違反になるのですか。
A1-9：高年齢者雇用安定法が求めているのは、継続雇用制度の導入であって、事業主に定年退職者の希望に合致した労働条件での雇用を義務付けるものではなく、事業主の合理的な裁量の範囲の条件を提示していれば、労働者と事業主との間で労働条件等についての合意が得られず、結果的に労働者が継続雇用されることを拒否したとしても、高年齢者雇用安定法違反となるものではありません。

　そのため、会社が提示した再雇用時の労働条件に労働者（定年退職者）が同意せず、結果的に再雇用されなかった場合でも、同法違反にはなりません（東京地判平成22年７月９日・WestlawJapan文献番号2010WLJPCA07098007）。

　もっとも、再雇用時の労働条件として通常想定されないような業務内容を提示したり、勤務形態の変更により大幅な賃金減額を伴うものであったケースでは、高年齢者雇用安定法における継続雇用制度の趣旨に反するとして会社に対する損害賠償請求を認めた裁判例がある点に注意してください（トヨ

タ自動車事件（名古屋高判平成28年9月28日・労経速2300号3頁）、九州惣菜事件（福岡高判平成29年9月7日・労経速2347号3頁）参照）。

　また、再雇用者が有期雇用労働者である場合は、労働契約法18条の無期転換制度や同条の特例（有期特措法）についても検討しておく必要があります。

　定年後再雇用者については、均衡待遇・均等待遇の規制以外にも検討すべき点がありますので、**図表15**を参考に、あらかじめ検討点を整理しておくとよいでしょう。

図表15　チェックリスト（定年後再雇用）

①採用・雇用の形態を確認する

➡定年後再雇用の場合、高年齢者雇用安定法9条の規制内容を確認
➡定年後再雇用の事情はパート・有期法8条の「その他の事情」として考慮される（高年齢者を非正規社員として新規採用するケースと区別すること）

②定年後再雇用に関する社内規定や運用内規を確認する

➡就業規則本体の定年退職、再雇用社員用の規則（別規則）、再雇用者の選定基準が記載された労使協定や労働協約を確認

③再雇用の労働条件を提示する時期・方法を検討する

➡労働者（定年退職者）側からの要望を受けての見直し・変更や検討時間も考慮（余裕をもったスケジュールを設定）

④提示する労働条件の内容や定年退職前との相違を確認する

➡待遇差の内容・理由に関する説明義務（パート・有期法14条2項）も踏まえて準備

⑤契約期間の設定／無期転換制度（労働契約法18条）との関係を確認

➡高年齢者の特例が適用されるためには事業者認定の手続き等が必要（有期特措法参照）

関連知識［定年退職前の担当業務］

　定年後再雇用者でも均衡待遇・均等待遇が問題になることを踏まえれば、定年退職前（正社員時）の担当業務から見直しが必要なケースも出てきます。

　例えば、定年退職前に役職定年となっており、定年退職前の数年間は業務が軽減されている場合、定年後再雇用者について通常の正社員よりも業務負荷や責任を規定上は軽減したとしても、実際に本人が定年退職前（役職定年時）に行っていた業務内容（実態）と比較すると定年前後を通じてほとんど変わっていないというケースが想定されます。

　均衡待遇・均等待遇の問題を離れても、今後想定される労働者人口の急減や65歳を超えた雇用の努力義務化に向けた法改正の動きを踏まえれば、60歳定年の数年前から業務を軽減する取扱いについては見直しが必要になるかもしれません。

3 待遇ごとの検討

Q21. 問題となる待遇差

均衡待遇や均等待遇の規制では、どのような待遇差が問題となるのですか？

1．問題となる待遇差

　均衡待遇や均等待遇の規制対象となる「待遇」は、賃金以外にも、教育訓練の実施、福利厚生施設の利用、休暇、休日、安全衛生、災害補償等、労働者に対する一切の待遇を含みます。

　同一労働同一賃金ガイドラインでも、賃金以外の福利厚生施設や休暇等について説明するとともに、「原則となる考え方が示されていない退職手当、住宅手当、家族手当等の相違や、具体例に該当しない場合についても、不合理と認められる待遇の相違の解消等が求められる。このため、各事業主において、労使により、個別具体の事情に応じて待遇の体系について議論していくことが望まれる」としています。

　待遇を比較する方法は、待遇全体をまとめて比較するのではなく、それぞれの待遇ごとに比較します。改正法（パート・有期法8条、9条、改正派遣法30条の3第1項、同条第2項）でも「基本給、賞与その他の待遇のそれぞれについて」と規定し、待遇ごとに比較する点を明確化しています。もっとも、企業における人事制度や従業員の労働条件には相互に関連性を有しており、形式的に1対1で比較することが適切でないケースもあります。

　長澤運輸事件の最高裁判決では、賃金に関する労働条件の相違の不合理性（労働契約法20条の均衡待遇に違反するか否か）を判断するにあたって労働

条件ごとに個別に判断することを前提としつつ、ある労働条件が他の労働条件を踏まえて決定される場合には、そのような事情も不合理性の判断にあたって考慮されるとしています（本書Ⅱの資料6「Ⅰ⑷①」参照）。

また、日本郵便（佐賀）事件及び日本郵便（東京）事件の最高裁判決では、賃金以外の労働条件の相違についても、個々の労働条件の趣旨を個別に考慮すべきとしています（同資料6「Ⅰ⑷②」参照）。

２．個別の人事措置

解雇や懲戒処分といった人事上の個別措置についても均衡待遇や均等待遇の規制が適用されるのでしょうか。

この点、①正社員と非正規社員の人事措置が定型的に異なっており、それが人事上の基準として労働契約の内容（労働条件）になっている場合、②非正規社員であることを理由として解雇等の不利益措置が一律に実施された場合（パート・有期法施行通達「第3の4⑼」参照）には、均衡待遇や均等待遇の規制が適用されると解されます。

もっとも、解雇や懲戒等の措置は、さまざまな事情を総合考慮して有効性が判断されるため、裁判等の実際の紛争において、均衡待遇規定や均等待遇規定の適用だけで有効性が判断できるのは非常に稀なケースでしょう。

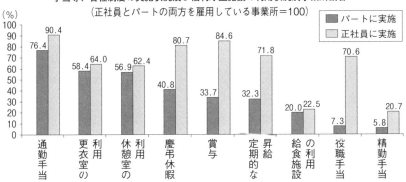

図表16　短時間労働者に対する各種手当等の支給状況

手当等、各種制度の実施状況及び福利厚生施設の利用状況別事業所割合
（正社員とパートの両方を雇用している事業所＝100）

出所：厚生労働省「パートタイム労働者総合実態調査（事業所調査）」（平成28年）（厚生労働省HP）

Q22. 待遇差が問題となる社員

正社員間や労働契約法18条による無期転換社員や限定正社員との間にも均衡待遇や均等待遇の規制は適用されますか？　親会社やグループ会社間の待遇差は問題となりますか？

1．正社員間の待遇差について

　短時間労働者、有期雇用労働者や派遣労働者に該当しない正社員間の待遇差については、改正法（パート・有期法及び改正派遣法）の対象ではありません。

　同一労働同一賃金ガイドラインの「第2　基本的な考え方」でも、「この指針は、<u>通常の労働者と短時間・有期雇用労働者及び派遣労働者との間に待遇の相違がある場合</u>に、いかなる待遇の相違が不合理と認められるものであり、いかなる待遇の相違が不合理と認められるものでないのか等の原則となる考え方及び具体例を示したもの」（下線は筆者）と説明されています。

　勤務地や職種を限定した正社員（限定正社員）や労働契約法18条により無期契約に転換した社員（無期転換社員）は「無期雇用フルタイム労働者」（通常の労働者）として位置づけられます。そのため、限定正社員や無期転換社員と正社員との待遇差は問題とはなりません（ただし、限定正社員や無期転換社員の勤務時間が短く、パート・有期法における短時間労働者に該当する場合は、同法の規制がかかります）。もっとも、限定正社員や無期転換社員を比較対象社員（通常の労働者）として、非正規社員との間の待遇差が問題となることはあります。また、無期転換前の労働条件において不合理な待遇差があった場合は、無期転換社員用の就業規則の合理性が問題とされることもあります（Q7の2参照）。

2．企業（法人）を超えた待遇差について

　パート・有期法における均衡待遇や均等待遇の規制は、企業間や産業間の

待遇差には及ばず、親子会社間やグループ会社間のような雇用主が異なる社員間の待遇差も規制の対象外です。

関連知識［正社員間の待遇差への類推適用］

今回の法改正は、労働法において抽象的・一般的法理として「同一労働同一賃金」なるものが存在し、その論理的帰結として「均衡待遇」と「均等待遇」の法規制として具体化してきたという経過ではなく、非正規社員の待遇改善という政策的目的から企業に非正規社員について制度改革を求めたものと理解すべきでしょう。

したがって、改正法で規制対象外としている正社員間の待遇差について均衡待遇規定や均等待遇規定を類推適用し、企業に対して損害賠償請求や待遇差の説明等を求めることはできないと解されます。

均衡待遇や均等待遇の規制を免れる意図（脱法目的）等で、不当に不利な待遇設定をされた労働者について法的救済をはかる場合でも、公序良俗違反（民法90条）のような私法の一般法理を用いるべきです。

Q23. 同一労働同一賃金ガイドラインや判例等の検討方法

同一労働同一賃金ガイドラインや、均衡待遇・均等待遇に関する判例・裁判例は、どうなっていますか？

1．同一労働同一賃金ガイドラインの読み方

　同一労働同一賃金ガイドライン（以下、「ガイドライン」という）は、正社員（通常の労働者）と短時間・有期雇用労働者及び派遣労働者との間に待遇の相違がある場合に、いかなる待遇の相違が不合理と認められるもので、いかなる待遇の相違が不合理と認められるものでないのか等の原則となる考え方及び具体例を示しており（「第2　基本的な考え方」）、基本給を例にあげると、①労働者の能力・経験に応じて支給しようとする場合、②労働者の業績・成果に応じて支給しようとする場合のように分類して、それぞれについて（問題とならない例）（問題となる例）が例示されています。

　ガイドラインを検討する際に注意を要するのは、正社員と非正規社員が賃金（待遇）の決定基準やルールが共通しているか否かを確認したうえで読む必要があるという点です。たとえば、基本給の①は、正社員と非正規社員が双方とも「能力又は経験に応じて基本給を支給する場合」です。

　しかし、上記のように正社員と非正規社員の基本給の決定基準・ルールが共通している企業は非常に稀でしょう。

　では、基本給の決定基準やルールが共通していない場合、たとえば、正社員の基本給は能力・経験といった職能給的なものとして設計されているが、他方で、非正規社員は地域における同業種の時給相場、つまり職務給的なものとして設計されている場合はどうなるかというと、ガイドラインの（注）の解説が重要になります。

具体的には、短時間・有期雇用労働者については、「第3の1　基本給」の最後の部分にある（注）では、「1　通常の労働者と短時間・有期雇用労働者との間に賃金の決定基準・ルールの相違がある場合の取扱い」として、賃金の決定基準・ルールの相違は、①通常の労働者と短時間・有期雇用労働者の職務の内容、②当該職務の内容及び配置の変更の範囲、③その他の事情のうち、「当該待遇の性質及び当該待遇を行う目的に照らして適切と認められるものの客観的及び具体的な実態に照らして、不合理と認められるものであってはならない」と説明されています（派遣労働者についても「第4」に同様の記載があります）。

　このように、賃金の決定基準やルールが異なる場合は、ガイドラインの本文ではなく、上記（注）であげられた3つの要素を考慮して不合理性を検討することになります。上記3つの要素は均衡待遇規定における考慮要素であり、判断方法も均衡待遇における不合理性判断と同様の判断手法になると解されます。

2．判例・裁判例の読み方

　ガイドラインは、原則となる考え方等に反した場合には「当該待遇の相違が不合理と認められる等の可能性がある」（「第2　基本的な考え方」）とし、直ちに不合理な待遇差として法違反になるとまでは述べていません。そこで、正社員と非正規社員の待遇差を検討するにあたっては、ガイドラインに加え、判例・裁判例の判断方法を整理しておくことが必要になります。

　たとえば、ハマキョウレックス事件と長澤運輸事件の最高裁判決で示された「各種手当」における均衡待遇（不合理な待遇差）の判断枠組みでは、まずはじめに「手当の趣旨」を検討します。次に、手当の趣旨と職務内容や人材活用の仕組みとの関連性をみて、「職務内容や人材活用の仕組みの相違」から手当の相違が合理的に説明できるかを検討します。最後に「不合理性を否定できるその他の事情」があるかを検討する判断枠組みになっています。ハマキョウレックス事件の無事故手当や作業手当の判示（本書Ⅱの資料6「Ⅲ(1)(2)」）を読むと、上記の判断枠組みがイメージできます。

Q24. 基本給

基本給に関する待遇差を検討する場合は、どのような点に注意すべきですか？ 同一労働同一賃金ガイドラインや判例・裁判例では、どうなっていますか？

1. 同一労働同一賃金ガイドラインにおける「基本給」の考え方

　基本給の内容・設計は、企業によってさまざまであり、パート・有期法8条、9条や同一労働同一賃金ガイドライン（以下、「ガイドライン」という）は、社員全体を職務給の賃金体系にすることを強制したり、正社員と非正規社員の賃金の決定基準やルールを統一させることを求めるものではありません。

　実際、ガイドラインでは、基本給の支給パターンについて、「①労働者の能力又は経験に応じて基本給を支給する場合」（職能給・能力給）、「②労働者の業績又は成果に応じて基本給を支給する場合」（業績給・成果給）、「③勤続年数に応じて支給するもの」（勤続給）のように基本給の形態が複数あることを前提にし、それぞれについて以下のように説明しています。

基本給	
能力・経験に応じて支給	能力・経験に応じた部分につき、通常の労働者と能力・経験が同一であれば同一、相違があれば相違に応じた基本給を支給
業績・成果に応じて支給	業績・成果に応じた部分につき、通常の労働者と業績・成果が同一であれば同一、相違があれば相違に応じた基本給を支給
勤続年数に応じて支給	勤続年数に応じた部分につき、通常の労働者と勤続年数が同一であれば同一、相違があれば相違に応じた基本給を支給

　上記の説明は観念的で実際の場面がイメージしがたいかもしれません。これは、そもそも上記説明の前提となる基本給の決定基準やルールが正社員と

非正規社員で共通していないのが通常だからです。実際のケースでは、賃金の決定基準やルールが異なる場合であるガイドラインの（注）であげられた３つの事情を考慮して、不合理な待遇差に該当しないかという観点で検討することになります（**Q23**の１参照）。

２．「基本給」をめぐる待遇差の検討方法

　賃金制度や基本給に関する判例・裁判例は、本書Ⅱの資料６「Ⅱ．賃金制度・基本給」で紹介しており、それらを踏まえてポイントを説明します。

　基本給の検討では、「基本給で考慮されている事由」や「各種手当との関係」に注意してください。基本給でマイナス査定される事由が正社員のみにある場合、非正規社員にかかる不利益を課していないこととの見合いの範囲内であれば待遇差が不合理とはいえないケースもあります。また、非正規社員には「手当」として支給されていなくても、その手当分が非正規社員の基本給設定で考慮されている場合があります。そのため、基本給と各種手当を比較し、①正社員と非正規社員の基本給がどのように設定されているか、②手当分がどのような基準で算定され、それが給与にどうやって反映されているか等を確認する必要があるのです。実際、外勤業務をした正社員には外務業務手当が支給され、同業務をした時給制契約社員には不支給という事案において、時給制契約社員の基本給では、外務業務手当と同趣旨の給与加算が行われているとして均衡違反を否定されたケースがあります（同資料６「Ⅲ(4)」参照）。

　基本給と賞与の関係でも、年俸制の有期雇用労働者で、年俸を①賞与として月額基本給４ヵ月分を含むものとして設定する（年俸16分割分が月額賃金）か、②単純に年俸額を毎月12分割して月額賃金を設定するかを、有期雇用労働者側が選択した場合には、②の基本給には賞与分が含まれていると解釈することができるでしょう。

　なお、基本給の均衡待遇違反を認めた裁判例として学校法人産業医科大学事件がありますが（同資料６「Ⅱ(2)」参照）、職務内容と人材活用の仕組みが正社員と異なるケースであり、同事件で裁判所があげた事情を理由として

基本給の均衡待遇違反を認めた点には疑問があります。また、同事件は、任期1年の臨時職員として雇用された者が、30年以上の長期にわたって雇用継続されていたという特殊なケースであり、裁判所が個別に救済をはかった事例判決として位置づけるべきでしょう。

Q25. 昇給

昇給に関する待遇差を検討する場合は、どのような点に注意すべきですか？　同一労働同一賃金ガイドラインや判例・裁判例では、どうなっていますか？

同一労働同一賃金ガイドラインでは「昇給」について、次のように説明しています。

昇給	
勤続による能力向上に応じて昇給	勤続による能力向上に応じた部分につき、通常の労働者と勤続による能力向上が同一であれば同一、相違があれば相違に応じた昇給を行わなければならない

ハマキョウレックス事件では、皆勤手当の不支給分が契約社員の昇給部分で考慮されているかが争点となり、最高裁は「昇給しないことが原則である以上、皆勤の事実を考慮して昇給が行われたとの事情もうかがわれない」と判断しました。

その後の差戻審では、契約社員の昇給制度を分析・検討し、契約社員である乗務員について、皆勤を奨励する趣旨で翌年の時給の増額がなされうる部分があることをもって、皆勤手当を不支給とする合理的な代償措置と位置づけることはできないとし、皆勤手当の不支給を不合理な待遇差（労働契約法20条違反）と判断しています（本書Ⅱの資料6「Ⅳ(6)」参照）。

裁判所の上記判断枠組みからすれば、手当の不支給分を基本給の増額設定や昇給で考慮していると会社側が主張しても、その反映の確実性や金額からみて、手当不支給の「合理的な代償措置」と評価できるものでなければ、当該手当分の不支給が不合理な待遇差と判断され、（基本給の増額設定や昇給とは別に）当該手当分の金額が不法行為に基づく損害賠償として認められる

リスクがあります。

　基本給の昇給部分で、（非正規社員には不支給としている）手当分を考慮していると整理する場合は、その点を規定上も明確化するとともに、手当の代償分といえる金額設定になっているかも確認してください。

　非正規社員に基本給の増額（昇給）を行うタイミングとしては、①「契約期間中」に実施する方法と②「契約更新時」に実施する方法があります。

　パート・有期法6条の「特定事項」としてあげられている「昇給」（パート・有期法施行規則2条1項）は、「一つの契約期間の中での賃金の増額」を指し（上記①）、有期労働契約の契約更新時の賃金改定（上記②）は含みません（パート・有期法施行通達「第3の1(3)」参照）。

　非正規社員用の労働条件通知書や就業規則を作成する場合には、①と②の概念の違いに注意してください。

Q26. 賞与

賞与に関する待遇差を検討する場合は、どのような点に注意すべきですか？ 同一労働同一賃金ガイドラインや判例・裁判例では、どうなっていますか？

1．同一労働同一賃金ガイドラインにおける考え方

　パート・有期法8条と9条は、正社員との待遇差が問題となる具体例として「賞与」をあげており（派遣労働者については、改正派遣法30条の3第1項及び第2項参照）、同一労働同一賃金ガイドライン（以下、「ガイドライン」という）で「会社の業績等への労働者の貢献に応じて支給する」場合の考え方を説明しています。

賞与	
会社の業績等への労働者の貢献に応じて支給するもの	会社の業績等への貢献に応じた部分につき、通常の労働者と会社の業績等への貢献が同一であれば同一、相違があれば相違に応じた賞与を支給しなければならない

　ガイドラインでは、（問題とならない例）の「ロ」として「責任・待遇上の不利益」に相違があるケースをあげています（下線は筆者）。

> 　A社においては、通常の労働者であるXは、生産効率及び品質の目標値に対する責任を負っており、当該目標値を達成していない場合、<u>待遇上の不利益</u>を課されている。その一方で、通常の労働者であるYや、有期雇用労働者であるZは、生産効率及び品質の目標値に対する責任を負っておらず、当該目標値を達成していない場合にも、<u>待遇上の不利益</u>を課されていない。A社は、Xに対しては、賞与を支給しているが、YやZに対しては、<u>待遇上の不利益を課していないこと</u>との見合いの範囲内で、賞与を支給していない。

　上記の（問題とならない例）でいう「責任」や「待遇上の不利益」「待遇

上の不利益を課していないこととの見合いの範囲内」の具体的内容は不明確です。また、賞与の趣旨が「会社の業績等への労働者の貢献に応じて支給」する場合の説明であり、他の趣旨で賞与が支給されている場合の考え方は示されていません。

2．判例（最高裁）の考え方

定年後再雇用の事案である長澤運輸事件の最高裁判決では、「賞与は、月例賃金とは別に支給される一時金であり、労務の対価の後払い、功労報償、生活費の補助、労働者の意欲向上等といった多様な趣旨を含み得る」と判示したうえで、正社員に支給している賞与（基本給の5か月分）を嘱託乗務員に不支給としていることは不合理な待遇差（労働契約法20条違反）ではないと判断しました。また、その後の最高裁判決である学校法人大阪医科薬科大学事件では、正職員としての職務を遂行しうる人材の確保やその定着をはかるなどの目的から正職員に賞与が支給されたとし、かかる賞与の性質や支給目的や正職員とアルバイト職員との職務内容や配転範囲の違いを考慮すると、アルバイト職員に対して賞与を不支給としたことは、労働契約法20条にいう不合理と認められるものには当たらないと判断されました（本書Ⅱの資料6「Ⅵ(1)」参照）。

3．「賞与」をめぐる待遇差の検討方法

均衡待遇・均等待遇に関する法規制は、正社員との待遇差との関係で問題となります。そのため、賞与に関する待遇差を検討する場合、賞与の法的性格を一般的・抽象的に議論するのではなく、給与規程等にある賞与の条項（規定）に即して、自社の賞与の設計・考慮要素を確認し、自社における「賞与の趣旨」を整理する必要があります。そのうえで、同資料6「Ⅵ(1)」であげた裁判例を参考に、正社員との賞与の待遇差の内容・理由を検討してください。

検討する際の視点・ポイントは、非正規社員の賞与に関する待遇差の理由を自社の人事制度や賃金支給の実態に即して整理することです。

たとえば、賞与の算定で正社員個人の査定が反映されず、一律支給となっ

ていれば、非正規社員との賞与の差異を「従業員個人の業績」が理由である
とはいいがたくなります。

　また、正社員に賞与を支給する理由について「長期雇用を前提とする従業
員の賞与を手厚くすることで有為な人材の獲得・定着をはかる」点をあげる
場合でも、①一定類型の非正規社員に賞与を支給している場合には、上記理
由だけでは合理的とはいいがたいでしょうし、②「長期雇用を前提」という
点のみをあげれば、限定正社員や労働契約法18条により無期転換した社員
（無期転換社員）に賞与を支給しなければ整合しなくなります。

　上記2で述べた最高裁判決で賞与不支給が不合理（労働契約法20条違反）
と判断されなかったからといって安心せず、賞与の趣旨・内容や、正社員と
非正規社員の職務内容や人材活用の仕組みの相違を整理しておくべきです。

4．賞与の算定方法の違い

　非正規社員に「賞与」の名目やそれと同趣旨の賃金（手当）を支給してい
るケースがあります。この場合は、正社員との待遇差は「賞与の支給・不支
給」ではなく、「賞与の計算・支給方法」の差異が問題となります。

　裁判例で、賞与の算定方法の違いを不合理ではないと判断したものとし
て、メトロコマース事件、ヤマト運輸（賞与）事件等があります（同資料6
「Ⅵ(1)-2」参照）。非正規社員に賞与を支給する場合に、評価制度を導入す
るのか、導入する場合に評価項目は正社員と同じにするのかという問題があ
ります。筆者は、正社員と非正規社員で職務内容や人材活用の仕組みが異な
るのであれば、むしろ、評価制度の導入や評価方法に違いを設けておくべき
であると考えています（医療法人A会事件・上記資料6「Ⅵ(1)-2参照」）。

Q27. 退職金

退職金に関する待遇差を検討する場合は、どのような点に注意すべきですか？　同一労働同一賃金ガイドラインや判例・裁判例では、どうなっていますか？

1．同一労働同一賃金ガイドラインにおける考え方

　退職金には、賃金の後払いや功労報償などさまざまな趣旨・要素があり、退職金の原資の拠出・積立て方法もさまざまです。支給形態についても一時金形式もあれば、年金形式もありますし、退職金制度によっては事業主以外から支給されるケースもあります。退職金の算定方法についても、勤続年数以外に退職理由（定年退職、自己都合退職等）や希望退職募集時の割増退職金、懲戒解雇等における不支給・減額などさまざまです。

　同一労働同一賃金ガイドラインの「第2　基本的な考え方」では、「この指針に原則となる考え方が示されていない退職手当、住宅手当、家族手当等の相違や、具体例に該当しない場合についても、不合理と認められる待遇の相違の解消等が求められる。このため、各事業主において、労使により、個別具体の事情に応じて待遇の体系について議論していくことが望まれる」（下線は筆者）と述べています。

2．判例（最高裁）の考え方

　メトロコマース事件の最高裁判決では、契約社員に退職金を支給しないことは均衡待遇違反（労働契約法20条違反）ではないと判断しました。同判決には補足意見や反対意見が付されており、これらは本書Ⅱの資料6「Ⅵ(2)」でポイントとなる部分を掲載したので参考にしてください。

　なお、同資料6「Ⅵ(2)」であげた、ニヤクコーポレーション事件と京都市立浴場運営財団ほか事件では退職金の不支給を法違反と判断しましたが、両

事件とも、パート労働法における均等待遇が問題となった事案であり、職務内容が同じで、雇用されている全期間で人材活用の仕組みが同じという限定されたケースである点に注意してください。

3．「退職金」をめぐる待遇差の検討方法

上記1で述べたとおり、退職金にはさまざまな性質・制度があるので、一義的にどのような差異が不合理かを線引きするのは困難であり、もし、非正規社員にも退職金を支給するという場合には原資の準備方法（引当金・社外積立等）の問題もあります。また、制度設計でも、算定方法（算定基礎額・支給率等）を正社員と同じにするのか、労働契約法18条による無期転換社員との整合性をどうするのかという問題もあります。

そこで、退職金をめぐる紛争が懸念される状況がなければ、各種手当の待遇差の問題を先行して検討し、非正規社員に対する退職金の支給の有無を含めた具体的な制度設計については今後の裁判例や他社事例等の状況をみて対応するのも現実的な対応策といえるでしょう。

4．褒賞をめぐる待遇差

前掲メトロコマース事件の東京高裁判決では、①勤続10年に表彰状と3万円が、②定年退職時に感謝状と記念品（5万円相当）が贈られる褒賞制度が正社員のみに設けられている点も不合理な待遇差と判断しており、その内容が確定しています（同資料6「Ⅵ(3)」参照）。もっとも、長期勤続者に対する褒賞制度は企業によってさまざまで、退職金と類似の待遇とみるか、福利厚生の一つとみるかは、同制度の内容・趣旨ごとに検討する必要があります。

関連知識［パート・有期法10条］

パート・有期法10条では、短時間・有期雇用労働者の賃金について、通常の労働者との均衡を考慮しつつ、職務の内容、職務の成果、意欲、能力又は経験その他の就業の実態に関する事項を勘案して決定するよう努めることを規定しています。今回の法改正により、同条の対象とならない賃金として例示されていた「退職手当」が削除されました。退職手当の性質・目的はさまざまであり、職務の内容、職務の成果等に応じて決定することになじむ場合も一定程度あると考えられることから例示から削除されたものです。

Q28. 業務・作業内容に関連する手当

特殊作業手当や営業手当等のように業務・作業内容に関連する手当に関する待遇差を検討する場合は、どのような点に注意すべきですか？　同一労働同一賃金ガイドラインや判例・裁判例では、どうなっていますか？

1.「特殊作業手当」をめぐる待遇差について

同一労働同一賃金ガイドラインであげられている各種手当のうち、業務・作業内容に関連するものとして「特殊作業手当」があります。

特殊作業手当	
業務の危険度・作業環境に応じて支給	通常の労働者と業務の危険度又は作業環境が同一であれば、同一の特殊作業手当を支給しなければならない

従事する業務や作業に伴う危険性や負荷に対する代償として支給される手当は、業務・作業内容との関連性が強く、非正規社員でも同じ業務・作業をしているのであれば、正社員と同様に支給することが原則になります。

ハマキョウレックス事件において問題となった「無事故手当」や「作業手当」についても、業務・作業内容との関連性が強い手当であり、有期雇用労働者に不支給とした点が不合理（労働契約法20条違反）と判断されています（本書Ⅱの資料6「Ⅲ(1)及び(2)」参照）。

もっとも、業務・作業内容との関連性が強い手当が非正規社員に不支給となっていても、当該手当分が非正規社員の基本給設定や他の手当の一部として考慮（支給）されている場合には不合理な待遇差とはならないことがあります（同資料6「Ⅲ(5)」の「能率手当・業務精通手当」参照）。

2.「営業手当」や「資格手当」をめぐる待遇差について

(1)「営業手当」について

①外勤に伴う衣服・靴や外食等の費用負担、②外勤時間中に「事業場外み

なし制度」（労働基準法38条の２）が適用されることで算定されなくなった時間外手当見合い分の趣旨が考えられます。

　営業手当も、業務内容に関連する手当なので、基本的には上記１と同様の判断枠組みが妥当すると考えられますが、上記②の観点から、営業手当の支給対象者に適用される労働時間制度との関連性も確認する必要があります。

（2）「資格手当」について

　「資格手当」については、有資格者が特定の作業に実際に従事した場合に支給されるものであれば、業務・作業に関連する手当として、上記１と同様の判断枠組みを用いることができるでしょう。

　他方、当該作業に従事しているか否かにかかわらず、所定の資格を取得・保有しているだけで資格手当が支給される場合は、業務上の必要性に加え、企業における社員の人材育成やキャリアアップ支援といった趣旨も含んでいると考えられるので、人材活用の仕組みとの関連性（人材活用の仕組みについては**Q14**参照）を検討する必要があります。

関連知識［基本給との関連性］

　業務・作業内容に関連する手当について、①非正規社員では担当職務が特定されており、②手当分が基本給に組み込まれている、と整理する場合を考えてみましょう。

　①の前提としては、担当職務が特定されていること、②では手当分の基本給の設定で考慮していること、が必要になります。

　そこで、①では非正規社員が担当する仕事と担当しない仕事を明確化し、仮に担当職務ではない別の仕事を追加で依頼する場合には、手当を追加支給したり、基本給の金額設定の見直しをすべきでしょう。次に②では、同じ事業場で担当職務が異なる非正規社員と比較し、手当分が基本給に反映（増額）されているといえる実態があるかを確認してください。

　なお、基本給に手当分を組み込む場合、

　・組み込むことができる手当の種類に制限があるのか

　・どの程度の金額を基本給に組み込む必要があるのか

　・就業規則や労働契約書の記載方法

について明示的に述べた裁判例はなく、現状で定まった見解もないところなので、今後の課題といえるでしょう。

Q29. 役職手当

役職手当に関する待遇差を検討する場合は、どのような点に注意すべきですか？　同一労働同一賃金ガイドラインや判例・裁判例では、どうなっていますか？

1．「役職手当」をめぐる待遇差の問題

　同一労働同一賃金ガイドライン（以下、「ガイドライン」という）では「役職手当」について次のように説明しています。

役職手当	
役職の内容に応じて支給	通常の労働者と役職の内容が同一であれば同一、相違があればその相違に応じた役職手当を支給しなければならない

　長澤運輸事件の最高裁判決は、役付手当について均衡待遇（労働契約法20条）違反を否定しましたが、同事件は、正社員の中から役付者が指定されていた事案です（本書Ⅱの資料6「Ⅲ(3)」参照）。

　役職手当が役職に伴う職責への対価として支給されているのであれば、正社員と同じ役職を非正規社員に付与した場合、正社員と同じ役職手当を支給することが原則といえるでしょう。

　ガイドラインでは、（問題とならない例）の「ロ」として以下のような事案をあげています。

役職手当について、役職の内容に対して支給しているＡ社において、通常の労働者であるＸの役職と同一の役職名であって同一の内容の役職に就く短時間労働者であるＹに、所定労働時間に比例した役職手当（例えば、所定労働時間が通常の労働者の半分の短時間労働者にあっては、通常の労働者の半分の役職手当）を支給している。

しかし、短時間労働者について、時間比例で割合的に役職手当を減額する方法が、社内における役職制度で妥当性・納得性があるかは検討の余地があります。労働基準法上の管理監督者（同法41条2号）としての地位にある役職者の場合には、遅刻等があっても賃金控除やマイナス評価はされないのが通常です。また、正社員の役職者が育児短時間勤務等で短時間勤務をしている場合とのバランスも視野に入れる必要があります。

2．役職付与の留意点

　非正規社員に役職を付与する場合、役職手当分も含めて基本給を設定する方式もあります。しかし、この方法だと降職等の役職変更を行う場合に基本給の減額の根拠や金額をめぐってトラブルになる可能性があります。役職付与の対価を賃金として支給するのであれば「役職手当」として支給するのが適切です。

　また、正社員と非正規社員の役職の内容（権限や責任）が異なっている場合は、その違いを役職手当の相違（金額差）と関連させて整理してください。

　他方、非正規社員に正社員と同一の役職を付与することについては、その妥当性自体から考えてみる必要があります。確かに、非正規社員に正社員と同額の「役職手当」を支給していれば、役職自体に関する待遇差は発生しません。しかし、非正規社員にも正社員と同じ役職を付与することは、企業の役職制度・人事体系の中で、非正規社員と正社員を同一体系として組み込むことになり、「均衡待遇」「均等待遇」の判断要素である「職務内容」や「人材活用の仕組み」について、正社員との相違が不明確になるリスクがあります。筆者は、非正規社員に役職を付与する場合でも、正社員の役職とは権限や責任を区別しておき、正社員と全く同一の役職を付与することは避けたほうがよいと考えています。

Q30. 特殊勤務手当・精皆勤手当

特定の勤務時間・勤務日に支給される特殊勤務手当や精皆勤手当に関する待遇差を検討する場合は、どのような点に注意すべきですか？ 同一労働同一賃金ガイドラインや判例・裁判例では、どうなっていますか？

同一労働同一賃金ガイドライン（以下、「ガイドライン」という）は、勤務時間・勤務日に関する手当として、「特殊勤務手当」「精皆勤手当」「時間外労働手当」及び「深夜労働・休日労働手当」をあげています。ここでは、「特殊勤務手当」「精皆勤手当」を説明します。「時間外労働手当」と「深夜労働・休日労働手当」については **Q31**で説明します。

1.「特殊勤務手当」をめぐる待遇差について

特殊勤務手当	
交替制勤務等の勤務形態に応じて支給	通常の労働者と同一の勤務形態で業務に従事する場合、同一の特殊勤務手当を支給しなければならない

特定の勤務形態で勤務する場合の対価として支給される特殊勤務手当については、当該手当の趣旨である「勤務時間帯」や「勤務日」といった勤務形態との関連性を確認してください。正社員と非正規社員との間で勤務形態に違いがあり、これらの相違が手当に関する待遇差の理由であると整理できないかを確認する必要があるからです。

また、勤務形態が同じでも、手当分が基本給で考慮されている場合もあります。たとえば、正社員に「夜間特別勤務手当」が支給されていて、有期雇用労働者には不支給という場合でも、募集採用段階で勤務時間帯を夜間に特定しており、時給等の基本給設定段階で「夜間特別勤務手当」の相当分を考慮していれば、上記手当の不支給は不合理とはいえないでしょう（本書Ⅱの

資料6「Ⅳ(3)」参照）。

　ガイドラインでも、勤務形態に応じて支給される特殊勤務手当について（問題とならない例）の「ロ」として、特殊勤務手当に相当する負荷分を基本給に盛り込んで設定されている場合をあげています（下線は筆者）。

> A社においては、通常の労働者であるXについては、入社に当たり、交替制勤務に従事することは必ずしも確定しておらず、業務の繁閑等生産の都合に応じて通常勤務又は交替制勤務のいずれにも従事する可能性があり、交替制勤務に従事した場合に限り特殊勤務手当が支給されている。短時間労働者であるYについては、採用に当たり、交替制勤務に従事することを明確にし、かつ、<u>基本給に、通常の労働者に支給される特殊勤務手当と同一の交替制勤務の負荷分を盛り込み、通常勤務のみに従事する短時間労働者に比べ基本給を高く支給している。</u>A社はXには特殊勤務手当を支給しているが、Yには支給していない。

　他方、基本給には盛り込まずに、手当として別途支給する場合には、①あらかじめ非正規社員用の労働条件通知書や就業規則に支給要件や金額を規定する方法や②支給の際に個別同意書を作成し、そこで、手当の趣旨や内容を明確化しておく方法があります。

２．「精皆勤手当」をめぐる待遇差について

　ガイドラインは、「精皆勤手当」について、次のように説明しています。

精皆勤手当
通常の労働者と業務の内容が同一であれば、同一の精皆勤手当を支給しなければならない

　ハマキョウレックス事件は「皆勤手当」について、長澤運輸事件は「精勤手当」について、それぞれの性格・趣旨から正社員のみに上記手当を支給している点の不合理性を肯定しました。また、名古屋自動車学校事件では、定年後再雇用時に皆精勤手当及び敢闘賞（精励手当）を減額支給することは不合理（労働契約法20条違反）と判断しました（同資料6「Ⅳ(6)」参照）。

遅刻・欠勤等をせずに勤務したことを奨励する趣旨で支給される精皆勤手当について、正社員と非正規社員との間の待遇差がある場合は、勤務形態や出退勤に関する欠勤控除・マイナス査定の相違も確認してください。ガイドラインでは、「精皆勤手当」の（問題とならない例）として、欠勤に関するマイナス査定の相違があるケースをあげています。

A社においては、考課上、欠勤についてマイナス査定を行い、かつ、そのことを待遇に反映する通常の労働者であるXには、一定の日数以上出勤した場合に精皆勤手当を支給しているが、考課上、欠勤についてマイナス査定を行っていない有期雇用労働者であるYには、マイナス査定を行っていないこととの見合いの範囲内で、精皆勤手当を支給していない。

　もっとも、欠勤してもマイナス査定をしないという上記の方法が労務管理として適切なのかという問題はあります。従業員の出勤確保や出勤率向上は労務管理や業務指導によってはかられるべきものです。基本給に加えて「手当」を追加給付して出勤率を促進させることが有効な人事施策として機能しているのかは検討の余地があるでしょう。

Q31. 割増賃金・年末年始手当

時間外・深夜・休日の割増賃金に関する待遇差を検討する場合は、どのような点に注意すべきですか？ また、年末年始手当や勤務時間外の呼出・待機手当等については、どうですか？

1.「割増賃金（割増手当）」をめぐる待遇差の問題

　労働基準法は、法定労働時間を超えた労働（時間外労働）、深夜時間帯の労働（深夜労働）や法定休日の労働（休日労働）が行われた場合、労働者に対する割増賃金の支払いを義務づけており、その割増賃金の計算方法についても定めています。

　割増率や割増計算の基礎となる手当等の計算方法について、非正規社員が正社員（通常の労働者）よりも不利な内容になっている場合、割増賃金をめぐる待遇差が問題となります。

　同一労働同一賃金ガイドライン（以下、「ガイドライン」という）では、時間外労働・深夜労働・休日労働の手当について、いずれも通常の労働者と同一の割増率等で支給しなければならないとしています。

時間外労働に対して支給される手当
通常の労働者の所定労働時間を超えて、通常の労働者と同一の時間外労働を行った場合、同一の割増率等で、時間外労働に対して支給される手当を支給しなければならない

深夜労働又は休日労働に対して支給される手当
通常の労働者と同一の深夜労働又は休日労働を行った場合、同一の割増率等で、深夜労働又は休日労働に対して支給される手当を支給しなければならない

　メトロコマース事件の東京高裁判決は、正社員に労働基準法上の割増賃金を上回る割増率を定めていた事案ですが、「時間外労働の抑制という観点から有期契約労働者と無期契約労働者とで割増率に相違を設けるべき理由はな

く、そのことは使用者が法定の割増率を上回る割増率による割増賃金を支払う場合も同様というべきである」とし、割増率の相違を不合理な待遇差（労働契約法20条違反）と判断し、その内容は確定しています（本書Ⅱの資料6「Ⅳ(1)」参照）。

　時間外・深夜・休日に労働することの負担に対する代償という割増賃金の性格・趣旨からすれば、正社員と非正規社員が時間外労働・深夜労働・休日労働を行った場合には、割増賃金の計算方法も同一にするのが原則でしょう。また、割増賃金の算定基礎になる賃金（基準内賃金）で正社員と非正規社員で違いがある以上、それ以外の割増率等の計算方法についてまで違いを設けることの必要性・合理性は乏しいともいえるでしょう。

　もっとも、正社員と非正規社員で職務内容や勤務シフトが異なっていて、時間外労働等による業務遂行の負荷や責任の重さにも相応の違いがある場合には、かかる相違に応じて割増賃金の計算方法に違いを設けることは不合理な待遇差とはいえないでしょう。また、特定の時間帯に勤務する前提で雇用された非正規社員については、割増賃金分が基本給やその他の手当で考慮されているケースも考えられます。

２．「年末年始手当」等をめぐる待遇差の問題

　年末年始等の特定の期間に勤務した場合、当該期間に勤務がある者に対して年末年始手当等の手当が支給されている場合があります。

　年末年始手当等の手当の支給対象期間に就労するために雇用されている非正規社員については、当該手当分は基本給に盛り込まれているといえ、上記手当を支給しなくても不合理な待遇差とはいえないでしょう。

　他方、正社員と同様の勤務シフトで同一の職務内容に継続的に勤務している非正規社員については、正社員のみに上記手当を支給することは不合理な待遇差と判断されるリスクがあるので、１で述べた割増賃金に関する待遇差とあわせて支給要件や金額について再検討してください（同資料6「Ⅳ(4)年末年始勤務手当及び(5)祝日給」参照）。

3.「呼出・待機手当」をめぐる待遇差の問題

　勤務時間外や休日に、突発的に呼び出しを受けた場合やそのための待機をする場合に、呼出後の業務対応や待機の対価として支給される手当として、呼出手当や待機手当があります。

　これらの手当については、ガイドラインでは具体例としてはあげられておらず、裁判例も見当たりませんが、正社員と非正規社員が同一の職務内容で、勤務シフトも同様であれば、当該手当分が基本給に組み込まれているなどの特別の事情がない限り、非正規社員にも同様に支給すべきでしょう。

関連知識［手当と割増賃金との関係］

　パート・有期法施行通達における同法10条（賃金）の部分では、以下の説明があります。

　「手当について職務の内容に密接に関連して支払われるものに該当するかを判断するに当たっては、名称のみならず、支払い方法、支払いの基準等の実態を見て判断する必要があるものであること。

　例えば、通勤手当について、現実に通勤に要する交通費等の費用の有無や金額如何にかかわらず、一律の金額が支払われている場合など、名称は「通勤手当」であるが、実態として基本給などの一部として支払われているものや、家族手当について、名称は「家族手当」であるが、家族の有無にかかわらず、一律に支払われているものについては、職務の内容に密接に関連して支払われるものに該当する可能性があること。」（下線は筆者）

　手当の趣旨・性格は、待遇差の問題（均衡待遇・均等待遇）のほか、割増賃金の基礎単価となるか否かという観点からも検討が必要です。

　待遇差の説明義務（パート・有期法14条2項）への対応で、手当の趣旨・性格を説明する場合、従前の社内における説明や労使交渉の結果を踏まえておかないと割増賃金の計算方法をめぐるトラブルに発展する可能性があるので注意してください。

Q32. 勤務地・通勤・住宅に関する手当

単身赴任手当や地域手当などの手当について待遇差を検討する場合は、どのような点に注意すべきですか？ また、住宅手当や通勤手当については、どうですか？

1.「単身赴任手当」・「地域手当」をめぐる待遇差の問題

　勤務地に関連する手当として、同一労働同一賃金ガイドライン（以下、「ガイドライン」という）は、「単身赴任手当」と「地域手当」をあげています。

単身赴任手当
通常の労働者と同一の支給要件を満たす場合、同一の単身赴任手当を支給しなければならない

地域手当（特定地域で働く労働者に補償として支給）
通常の労働者と同一の地域で働く場合、同一の地域手当を支給しなければならない

　ガイドラインは、「地域手当」の（問題とならない例）として地域の物価が基本給に盛り込まれている場合をあげています。

> 　A社においては、通常の労働者であるXについては、全国一律の基本給の体系を適用し、転勤があることから、地域の物価等を勘案した地域手当を支給しているが、一方で、有期雇用労働者であるYと短時間労働者であるZについては、それぞれの地域で採用し、それぞれの地域で基本給を設定しており、その中で地域の物価が基本給に盛り込まれているため、地域手当を支給していない。

　それぞれの手当の趣旨としては、「単身赴任手当」は単身赴任によって世帯が分かれて二重生活となる負担分の軽減・代償、「地域手当」は特定地域

での勤務に伴う生活費等の費用援助があげられます。

　上記の（問題とならない例）にあるように手当分が基本給に盛り込まれている非正規社員については、正社員のみに上記手当を支給しても不合理な待遇差とはいえないでしょう。他方、かかる事情がない場合は、正社員のみに支給することは不合理な待遇差と判断されるリスクがあるので、支給要件や金額について見直しを検討してください。

2. 「通勤手当」をめぐる待遇差の問題

　ガイドラインでは、通勤手当と出張旅費について、次のように説明しています。

通勤手当・出張旅費

通常の労働者と同一の通勤手当及び出張旅費を支給しなければならない

　ガイドラインでは（問題とならない例）として、①店舗採用で当該店舗の近郊から通勤できる交通費を通勤手当の上限として設定している場合、②所定労働日数が少ない場合、をあげています。

　ハマキョウレックス事件の最高裁判決や他の裁判例でも通勤手当について均衡待遇（労働契約法20条）違反と判断されたものがあります（本書Ⅱの資料6「Ⅴ⑶」参照）。

　非正規社員は通勤距離が短いとか、出張頻度が多くないといった抽象的な理由で、実費額に関係なく正社員よりも一律に低額の通勤手当や出張旅費を設定することは不合理な待遇差と判断されるリスクがあります。正社員と非正規社員で通勤手当や出張旅費の支給要件や金額に差がある場合には、そのような待遇差が設けられている理由を確認してください。

3. 「住宅手当」をめぐる待遇差の問題

　ガイドラインでは住宅手当について具体的な説明はないため、同資料6「Ⅴ⑴」であげた判例・裁判例の理解が重要になり、具体的には転居を伴う配転との関係に着目する必要があります。

　住宅手当が、転居を伴う配転が予定されているため住宅に要する費用が多

額になることから、かかる費用を補助する趣旨で支給されている場合は、転居を伴う配転の有無について、正社員と非正規社員とで差異があるかを確認することになります。正社員のみに転居を伴う配転が予定されているのであれば、非正規社員に住宅手当を支給しなくても不合理な待遇差とはいえません（ハマキョウレックス事件参照）。他方、転居を伴う配転がない正社員にも住宅手当を支給しつつ、非正規社員には支給していないという場合は、住宅に要する費用、補助について待遇差を設けることは、不合理な待遇差と判断されるリスクがあります（同資料6「V⑴」の日本郵便（東京）事件の東京高裁判決、日本郵便（大阪）事件の大阪高裁判決参照）。

　次に、住宅手当が住宅に要する費用の負担状況とは関係なく、扶養家族の有無によって異なる金額で支給されている場合はどうでしょうか。この場合、住宅費を中心とした生活費補助の趣旨で支給されているといえ、生活費補助の必要性という観点から待遇差の不合理性を検討することになります（メトロコマース事件の東京高裁判決参照）。なお、長澤運輸事件の最高裁判決では、住宅手当が家族手当と同様の理屈で不合理な待遇差ではないと判断されましたが、この点に関する検討は **Q33** をご参照ください。

Q33. 家族手当

配偶者手当や扶養手当などの家族手当について待遇差を検討する場合は、どのような点に注意すべきですか？　同一労働同一賃金ガイドラインや判例・裁判例はどうなっていますか？

1．判例（最高裁）の考え方

　同一労働同一賃金ガイドラインでは、配偶者手当や扶養手当のような家族手当について具体的な説明がないため、判例の考え方が重要になります。

　長澤運輸事件において最高裁判決では、住宅手当と家族手当について、「従業員に対する福利厚生及び生活保障の趣旨で支給されるもの」で「正社員には、嘱託乗務員と異なり、幅広い世代の労働者が存在し得るところ、そのような正社員について住宅費及び家族を扶養するための生活費を補助することには相応の理由がある」として、通常の労働者のみに上記手当を支給しても不合理な待遇差ではないと判断しました（本書Ⅱの資料6「Ⅴ⑷」参照）。もっとも、同事件は定年後再雇用の事案であり、定年退職前は正社員として家族手当の支給対象としての地位を有していたという事情があります。そして、日本郵便（大阪）事件の最高裁判決では、正社員のみに扶養手当を支給していた事案において、①契約社員にも扶養親族があり、②相応に継続的な勤務が見込まれるのであれば、扶養手当の支給の趣旨は契約社員にも妥当するとして、契約社員に同手当を不支給とすることは不合理（労働契約法20条違反）と判断されています（同資料6「Ⅴ⑷」参照）。

2．「家族手当」をめぐる待遇差の検討方法

　企業においては、給与規程等にある家族手当の支給要件（扶養家族の有無・人数等）や非正規社員の雇用期間を確認するとともに、当該支給要件を満たす非正規社員の人数や想定される家族手当の総額をシミュレーションし

ておく必要があります。そのうえで、上記事件の最高裁判決に照らして不合理な待遇差となるリスクがある場合は、給与規程等の変更を検討してください。

　この点、更新上限が設けられるなど契約社員の長期雇用が想定されていないケースや、家族手当の支給額に差異があるケース（非正規社員にも一定額の家族手当を支給しているケース）については、今後の判例・裁判例の注視が必要になります。

　なお、均衡待遇・均等待遇の問題とは別に、配偶者手当が女性の社会進出を阻害しているとして配偶者手当の廃止や子供手当への統合を検討する場合には就業規則の不利益変更の問題（労働契約法9条、10条）に注意してください。

Q34. 食事手当

食事手当のような食費補助について待遇差を検討する場合は、どのような点に注意すべきですか？同一労働同一賃金ガイドラインや判例・裁判例はどうなっていますか？

同一労働同一賃金ガイドラインでは、「食事手当」について次のように説明しています。

食事手当	
労働時間の途中に食事のための休憩時間がある労働者に対する食費の補助として支給	通常の労働者と同一の食事手当を支給しなければならない

これは、労働時間の途中に食事のための休憩をとる場合の食費補助の事例ですので、休憩時間を含めた勤務シフトの相違がポイントになり、（問題とならない例）では、休憩時間の有無に相違がある場合があげられています。

> A社においては、その労働時間の途中に昼食のための休憩時間がある通常の労働者であるXに支給している食事手当を、その労働時間の途中に昼食のための休憩時間がない（たとえば、午後2時から午後5時までの勤務）短時間労働者であるYには支給していない。

食事手当が事業所によって食事施設の状況に差異があることの調整の趣旨で特定の事業所で就労する従業員に支給されているケースもあります。

ハマキョウレックス事件において最高裁は、給食手当を正社員にのみ支給している点を不合理な待遇差と判断しています（本書Ⅱの資料6「Ⅴ(2)」参照）。

正社員に支給している食事手当を、同様の勤務形態・勤務場所で就労している非正規社員には不支給としたり、非正規社員の食事手当を正社員より一律に低い金額に設定している場合、不合理な待遇差と判断されるリスクがあります。

Q35. 休暇・健康診断

休暇や健康診断に関する待遇差を検討する場合は、どのような点に注意すべきですか？ 同一労働同一賃金ガイドラインや判例・裁判例はどうなっていますか？

1. 「慶弔休暇」・「健康診断」をめぐる待遇差の問題

同一労働同一賃金ガイドライン（以下、「ガイドライン」という）は「慶弔休暇」や「健康診断に伴う勤務免除・受診時間の有給保障」について、次のように説明しています。

①慶弔休暇
②健康診断に伴う勤務免除・当該健康診断を勤務時間中に受診する場合の受診時間の有給保障
通常の労働者と同一の慶弔休暇の付与、健康診断に伴う勤務免除及び有給の保障を行わなければならない

ガイドラインでは「慶弔休暇」の（問題とならない例）として、以下のとおり、勤務日が週2日の短時間労働者について基本的に勤務日振替で対応する方法をあげています（下線は筆者）。

> A社においては、通常の労働者であるXと同様の出勤日が設定されている短時間労働者であるYに対しては、通常の労働者と同様に慶弔休暇を付与しているが、週2日の勤務の短時間労働者であるZに対しては、勤務日の振替での対応を基本としつつ、振替が困難な場合のみ慶弔休暇を付与している。

正社員は勤務日・勤務時間が就業規則等で一律に決まっているのが一般的であるため、「勤務日の変更・休日の振替」が困難なことがありますし、時間外労働や休日労働が想定される正社員であれば、まとまった休暇を付与する必要性が非正規社員と比べて相対的に高いといえるケースもあるでしょ

92

う。また、転居を伴う配転が想定されている正社員の場合は、非正規社員と比べて住居と職場が離れており、慶弔事由が発生した場合の対応に要する日数が多くなることも想定されます。このような点を考慮して慶弔休暇について正社員に日数を多く付与することは不合理とまではいえないと考えます。

次に、従業員一般に対して行われる健康診断（一般健康診断）は、職務内容にかかわるものではなく、受診時間中の賃金を有給とする趣旨は、これによって受診を促進することが労働者の健康確保や事業の円滑運営に資するためと解されます（昭和47年9月18日基発602号）。かかる観点からすれば、正社員と同様の勤務時間帯（勤務シフト）で就労している非正規社員の健康診断についても、正社員と同一の取扱いが原則といえるでしょう。

2．その他の休暇について

(1) ガイドライン・判例（最高裁）の考え方

ガイドラインは、慶弔休暇以外の休暇について、次のように説明し、（問題とならない例）として所定労働時間に比例して休暇を付与する場合をあげています。

法定外の有給の休暇・その他の法定外の休暇（慶弔休暇を除く）であって、勤続期間に応じて取得を認めているもの

・通常の労働者と勤続期間が同一であれば、同一の休暇を付与しなければならない
・期間の定めのある労働契約を更新している場合、当初の労働契約の開始時から通算して勤続期間を評価することを要する

休暇については、近時の最高裁判決においても、不合理な待遇差（労働契約法20条違反）と判断したものが出ています（本書Ⅱの資料6「Ⅶ(2)特別休暇（夏期・冬期）、及び(3)病気休暇」参照）。

休暇にはさまざまな種類がありますし、休暇の有無だけでなく、付与日数や休暇中の賃金（有給・無給）、休暇付与されないことの代償としての手当の取扱い等も問題になります。

(2) 待遇差の検討方法

非正規社員に正社員と同様の休暇を付与する場合、代替要員確保のための

コストも必要になります。まずは日数が多い休暇から優先的に待遇差の内容・理由を検討し、上記の最高裁判決やその他の裁判例に照らして不合理な待遇差と判断されるものがあれば、早めの見直しが必要です。

　現状では、休暇をめぐる待遇差について明確な判断の基準をあげることは困難ですが、筆者は①非正規社員の契約期間や契約更新の状況、②就業規則等で定められた所定労働日や所定労働時間、③勤務シフト（勤務日・休日）の変更による対応の困難性、④時間外・休日労働の有無や想定頻度、⑤計画年休の適用等についての相違が重要と考えています。④⑤をあげているのは、正社員の休日労働や計画年休の日数が非正規社員よりも多い場合には、正社員が実際に休める日や自由に休める休暇（年休）が減ることから、その代償として一定日数の休暇を付与することには合理性・必要性が認められると解されるからです。

Q36. 休職

休職に関する待遇差を検討する場合は、どのような点に注意すべきですか？　同一労働同一賃金ガイドラインや判例・裁判例はどうなっていますか？

1.「病気休職」をめぐる待遇差の問題

　企業が従業員を就労させることが適切でない場合に、休職制度により就労を一時免除又は禁止することがあります。休職の中でも実務上に使用されることが多い病気休職制度は、従業員にとっては解雇が一定期間猶予され、企業にとっても従業員が傷病等を被った場合の対応が明確になるというメリットがあります（今後の労働契約法制の在り方に関する研究会報告書「第3の6」参照）。

　同一労働同一賃金ガイドライン（以下、「ガイドライン」という）では「病気休職」について、次のように説明しています。

病気休職
・短時間労働者（有期雇用労働者である場合を除く）には、通常の労働者と同一の病気休職の取得を認めなければならない
・有期雇用労働者にも、労働契約が終了するまでの期間を踏まえて、病気休職の取得を認めなければならない

　また、有期雇用労働者における（問題とならない例）としては、労働契約期間の終期を理由とする病気休職の終了日についての差異をあげています。

> A社においては、労働契約の期間が1年である有期雇用労働者であるXについて、病気休職の期間は労働契約の期間が終了する日までとしている。

　他方、日本郵便（休職）事件において裁判所は、「正社員に関しては、

…有為な人材の確保、定着を図るという観点から制度を設けているものであり、合理性を有するものと解されるところ、時給制契約社員については、6か月の契約期間を定めて雇用され、長期間継続した雇用が当然に想定されるものではないのであり、休職制度を設けないことについては、不合理なこととはいえない」とし、正社員と無期転換社員に休職制度を設け、有期雇用労働者に休職制度を設けていなくても、労働契約法20条が禁止する不合理な待遇差とはいえないと判断しています（本書Ⅱの資料6「Ⅶ(5)」参照）。

　病気休職は、療養に専念して復職（雇用継続）するために解雇を猶予する趣旨がありますが、有期雇用労働者の解雇の有効性は、正社員に適用される労働契約法16条ではなく、同法17条1項が適用されるという違いがあります。有期雇用労働者の解雇では「やむを得ない事由」（同法17条1項）が必要とされ、解雇が有効となる要件が厳格であることから、病気等で欠勤が続くことが想定される場合でも、契約期間中の解雇はせずに、任意の退職を促すか、契約期間満了時に不更新（雇止め）とすることがあります（契約不更新（雇止め）の有効性については、労働契約法19条が問題となります）。

　また、非正規社員に休職制度を設けていない企業でも、一定期間で復職が想定される場合は、労使間の個別合意によって休職扱いとすることもあります。

2．休職制度の検討と対応方法

　(1)　制度化にあたっての注意点

　休職制度には、病気休職のほか、出向休職、公務就任休職、組合専従休職や起訴休職などさまざまな種類があり、企業における人材活用の仕組みと密接に関連するものもあります。

　これらの正社員における休職制度との差異をすべて比較・検討し、就業規則等で規定化して制度運用することは相当困難です。

　また、ガイドラインでは、病気休職中の賃金の取扱いについては説明していませんが、病気休職期間中やそれに先立つ病気欠勤中における賃金支給をめぐる正社員との待遇差も問題となります。この点、学校法人大阪医科薬科

大学事件の最高裁判決では、私傷病による欠勤中の賃金の取扱いについて、アルバイト職員は長期雇用を前提とした勤務を予定しているとはいいがたいとし、正職員は有給・アルバイト職員は無給としても不合理（労働契約法20条違反）とはいえないと判断しました（同資料6「Ⅶ(6)」参照）。

そこで、休職に関する待遇差について最高裁の判例等での判断基準が明確になるまでは、非正規社員用の就業規則で休職付与の根拠規定のみを設けておき、非正規社員側が休職を希望する場合に休職の付与や休職中の賃金等の取扱いを個別合意で決めることも現実的な対応策といえるでしょう。

(2)　その他の留意点

有期雇用労働者に休職制度を導入する場合は、労働契約法18条によって無期転換する社員（無期転換社員）の取扱いも視野に入れて制度設計してください（無期転換社員と有期雇用労働者の待遇差の問題については**Q7**の2参照）。

また、非正規社員に賞与や皆勤手当を設ける場合、休職期間中の出勤率算定をどのように行うのかという問題もあります。

関連知識 ［時間・期間をめぐる待遇］

　①所定労働時間・労働日、②休日・休暇、③休職、④時間外・休日労働等の割増賃金、⑤特定の時間帯・期間における手当等、時間や期間に関連する待遇は相互に関連するものがあります。また、業務外における自由時間においても正社員では兼業・副業が原則禁止とされているケースが多く、これは非正規社員との職務内容の違いによるものと位置づけることもでき（本書Ⅱの資料6「Ⅵ(1)-1」の学校法人中央学院（非常勤講師）事件の判旨参照）、兼業・副業に関する拘束度の相違は、待遇差の不合理性を検討する際にも考慮すべき事情といえるでしょう。

Q37. 福利厚生・教育訓練等

福利厚生施設の利用や教育訓練等についての待遇差を検討する場合は、どのような点に注意すべきですか？　同一労働同一賃金ガイドラインや判例・裁判例はどうなっていますか？

1. 福利厚生施設・転勤者用社宅

　パート・有期法12条は、「通常の労働者に対して利用の機会を与える福利厚生施設であって、健康の保持又は業務の円滑な遂行に資するものとして厚生労働省令で定めるもの」について、短時間労働者や有期雇用労働者にも利用機会を与えることを義務化しています（改正前のパート労働法では配慮義務）。

　同条の「福利厚生施設」について、同法施行規則5条は、給食施設、休憩室、更衣室をあげており、同一労働同一賃金ガイドライン（以下、「ガイドライン」という）は、これら3つの福利厚生施設と転勤者用社宅について説明しています。

福利厚生施設（給食施設・休憩室・更衣室）
通常の労働者と同一の事業所で働く場合には、同一の利用を認めなければならない

転勤者用社宅
通常の労働者と同一の支給要件を満たす場合には、同一の利用を認めなければならない

　給食施設や休憩室等の福利厚生施設は、職務の円滑遂行や健康保持のために提供されるものであり、雇用形態の違いによって利用条件に差異を設けるべき理由は乏しいでしょう。

　福利厚生施設には、医療、教養、文化、体育、レクリエーションを目的としたさまざまなものがあり、企業間における格差が大きい分野といえます。

まずは、職務遂行と関連が深い給食施設、休憩室、更衣室から正社員との相違を確認し、不合理な待遇差があれば、早めに是正を進めることが必要です。

2. 教育訓練・安全管理

　従業員に対して行われる教育訓練は、人材育成に関する人事戦略や経営方針などによってさまざまですが、ガイドラインは、現在の職務に必要な技能・知識を習得するために実施する教育訓練については、同一の職務内容であれば同一の、違いがあれば違いに応じた実施を行わなければならないとしています。

教育訓練
現在の職務の遂行に必要な技能又は知識を習得するために実施するもの　通常の労働者と職務の内容が同一であれば同一の、一定の相違があればその相違に応じた教育訓練を実施しなければならない

　教育訓練については、パート・有期法11条でも規定されていますので、教育訓練に関する待遇差を検討する際には、パート・有期法施行通達の解説（「第3の6」）も参照してください。

　また、ガイドラインでは、安全管理についても次のように説明されています。

安全管理に関する措置及び給付
通常の労働者と同一の業務環境に置かれている場合には、同一の安全管理に関する措置及び給付をしなければならない

関連知識［食堂利用・安全管理］

　労働契約法施行通達（平成24年8月10日基発0810第2号）は、「通勤手当、食堂の利用、安全管理などについて労働条件を相違させることは、職務の内容、当該職務の内容及び配置の変更の範囲その他の事情を考慮して特段の理由がない限り合理的とは認められないと解される」（「第5の6(2)オ」、下線は筆者）と説明しています。

4　待遇差の説明義務（パート・有期法14条 2 項）

Q38.　比較対象となる通常の労働者

パート・有期法14条 2 項で規定された待遇差に関する説明義務において、比較対象となる「通常の労働者」とは、どのような社員ですか？

1．パート・有期法14条 2 項の「通常の労働者」とは

　パート・有期法では、短時間労働者及び有期雇用労働者（以下、「短時間・有期雇用労働者」という）から「求めがあったとき」の説明事項に「通常の労働者との間の待遇の相違の内容及び理由」を追加するとともに、説明を求めた場合の不利益取扱いを禁止しています（同法14条 2 項、3 項）。

　「待遇の相違の内容及び理由の説明」については、パート・有期指針及びパート・有期法施行通達で説明されています（パート・有期指針の概要は**Q8**の 1 参照）。

　待遇差の内容及び理由について説明をする際に比較の対象となる「通常の労働者」について、パート・有期指針では、職務の内容、職務の内容及び配置の変更の範囲等が、短時間・有期雇用労働者の「職務の内容、職務の内容及び配置の変更の範囲等に最も近いと事業主が判断する通常の労働者」としています（パート・有期指針「第 3 の 2 (1)」）。そして、その具体的な判断方法をパート・有期法施行通達「第 3 の10(6)」が説明しており、以下では、同通達に即して説明します（パート・有期法 8 条及び 9 条でいう「通常の労働者」との相違は **Q16**参照）。

2．比較対象となる「通常の労働者」の選定方法

(1) 選定順序

待遇差について比較対象となる「職務の内容、職務の内容及び配置の変更の範囲等に最も近い」通常の労働者を選定するにあたっては、以下の順に「近い」と判断することを基本としています（**図表17**参照）。

①「職務の内容」並びに「職務の内容及び配置の変更の範囲」が同一である通常の労働者

②「職務の内容」は同一であるが、「職務の内容及び配置の変更の範囲」は同一でない通常の労働者

③「職務の内容」のうち、「業務の内容」又は「責任の程度」が同一である通常の労働者

④「職務の内容及び配置の変更の範囲」が同一である通常の労働者

⑤「職務の内容」「職務の内容及び配置の変更の範囲」のいずれも同一でない通常の労働者

(2) 複数の労働者が該当する場合

上記(1)の順序を検討したうえで、同じ区分（カテゴリー）に複数の労働者が該当する場合において、さらに絞り込む場合には、

①基本給の決定等において重要な要素（職能給であれば能力・経験、成果給であれば成果など）における実態

②説明を求めた短時間・有期雇用労働者と同一の事業所に雇用されるかどうか

等の観点から判断することになります。このいずれの観点から絞り込むかは会社側の判断になります。

(3) 比較対象の決定

「通常の労働者」に関しては、たとえば、以下を比較対象として選定することが考えられます。

・1人の通常の労働者
・複数人の通常の労働者又は雇用管理区分

・過去１年以内に雇用していた１人又は複数人の通常の労働者

・通常の労働者の標準的なモデル（新入社員、勤続３年目の一般職など）

３．注意点

　パート・有期法14条２項による待遇差の内容及び理由の説明にあたっては、比較対象として選定した通常の労働者及びその選定の理由についても説明する必要がありますが、個人情報（プライバシー）保護の観点から、比較対象となった通常の労働者が特定されないように配慮する必要があります。

図表17　待遇差の説明にあたって比較対象とする「通常の労働者」選定の基本となる考え方			
待遇差の説明にあたって、事業主が比較対象とする通常の労働者選定の基本となる考え方	職務の内容		職務の内容・配置の変更の範囲
	業務の内容	責任の程度	
「職務の内容」及び「職務の内容・配置の変更の範囲」が同一	同一	同一	同一
⬇ いない場合			
「職務の内容」は同一であるが、「職務の内容・配置の変更の範囲」は異なる	同一	同一	異なる
⬇ いない場合			
「職務の内容」のうち、「業務の内容」又は「責任の程度」のいずれかが同一	同一	異なる	同一／異なる
	異なる	同一	
⬇ いない場合			
「業務の内容」及び「責任の程度」がいずれも異なるが、「職務の内容・配置の変更の範囲」が同一	異なる	異なる	同一
⬇ いない場合			
「業務の内容」、「責任の程度」、「職務の内容・配置の変更の範囲」がいずれも異なる ※「職務の内容」が最も近いと考えられる通常の労働者を選定すれば良いでしょう。	異なる	異なる	異なる

出所：厚生労働省パンフレット（不合理な待遇差解消のための点検・検討マニュアル［業界共通編］）

Q39. 待遇の相違（待遇差）の内容

パート・有期法14条2項で説明する待遇の相違（待遇差）の内容・理由とは、具体的にはどのような内容ですか？

1．待遇の相違の内容について

　パート・有期法14条2項の待遇差の内容の説明については、比較対象となる通常の労働者と短時間・有期雇用労働者との間の「待遇に関する基準の相違の有無」を説明するほか、「①待遇の個別具体的な内容」又は「②待遇に関する基準」を説明する必要があります（パート・有期指針「第3の2(2)」）。

> 事業主は、待遇の相違の内容として、次の1及び2に掲げる事項を説明
> 1　通常の労働者と短時間・有期雇用労働者との間の待遇に関する基準の相違の有無
> 2　次の①又は②に掲げる事項
> 　①通常の労働者及び短時間・有期雇用労働者の待遇の個別具体的な内容
> 　②通常の労働者及び短時間・有期雇用労働者の待遇に関する基準

　①②の具体的内容はパート・有期法施行通達「第3の10(7)」で解説されています。まず、「待遇の個別具体的な内容」は、比較の対象となる通常の労働者の選び方に応じ、以下を説明することになります。

> ・比較対象が1人の場合
> 　➡　（例）賃金であれば、その金額
> ・比較対象が複数人の場合
> 　➡　（例）賃金などの数量的な待遇については、平均額又は上限・下限
> 　　　　　教育訓練などの数量的でない待遇については標準的な内容又は
> 　　　　　最も高い水準・最も低い水準の内容

次に、「待遇に関する基準」を説明する場合は、「賃金は、各人の能力、経験等を考慮して総合的に決定する」等の説明では不十分とされており、以下のような考え方が説明されています。

・賃金であれば賃金規程や等級表等の支給基準の説明をする
・説明を求めた短時間・有期雇用労働者が、比較の対象となる通常の労働者の待遇の水準を把握できるものである必要がある

2．待遇の相違の理由について

「待遇の相違の理由」は、職務の内容、職務の内容及び配置の変更の範囲その他の事情のうち、待遇の性質及び待遇を行う目的に照らして適切と認められるものに基づき説明する必要があります（パート・有期指針「第3の2(3)」）。

説明事項の考え方について、パート・有期法施行通達（「第3の10(7)」）では次のように解説されています。

待遇の実施基準が同一の場合	同一の基準のもとで違いが生じている理由（成果、能力、経験の違いなど）
待遇の実施基準が異なる場合	①待遇の性質・目的を踏まえ、待遇の実施基準に違いを設けている理由（職務の内容、職務の内容及び配置の変更の範囲の違い、労使交渉の経緯など） ②それぞれの実施基準を通常の労働者及び短時間・有期雇用労働者にどのように適用しているか
待遇の相違の理由に複数の要因がある場合	それぞれの要因について説明する必要あり

関連知識［待遇差の説明義務以外の事項］

パート・有期法施行通達「第3の10(8)」では、待遇差の説明義務以外の事項について、次のように説明しています。

「法第14条第2項の説明内容のうち、通常の労働者との待遇の相違の内容及び理由以外の事項に関しては、法各条の観点から、事業主が実施している各種制度等がなぜそのような制度であるのか、又は事業主が実施している各種制度等について説明を求めた短時間・有期雇用労働者にどのような理由で適用され若しくは適用されていないかを説明するこ

と。法第10条については、職務の内容、職務の成果等のうちどの要素を勘案しているか、なぜその要素を勘案しているか、また、当該説明を求めた短時間・有期雇用労働者について当該要素をどのように勘案しているかを説明すること。

　なお、本項による説明は、同項による説明義務に係る各条項の規定により求められている措置の範囲内で足りるものであるが、法第11条及び第12条に関し、通常の労働者についても実施していない又は利用させていない場合には、講ずべき措置がないためであることを説明する必要があること。」

Q40. 待遇の相違（待遇差）の説明方法

パート・有期法14条2項に基づき待遇の相違（待遇差）の内容・理由の説明が求められた場合、どのような方法で説明するのですか？

1. 口頭説明が基本

　パート・有期法14条2項に基づく説明については、短時間・有期雇用労働者がその内容を理解することができるよう、「資料を活用し、口頭により説明すること」が基本とされていますが、「説明すべき事項を全て記載した短時間・有期雇用労働者が容易に理解できる内容の資料を用いる場合」には、当該資料を交付する等の方法でも差し支えないとされています（パート・有期指針「第3の2(4)」）。

　厚生労働省のパンフレットには説明書の記載例（**図表18**参照）が掲載されています。

2. 具体的な説明方法

　待遇の相違の説明方法について、パート・有期法施行通達「第3の10(9)」では、以下のように説明しています。

資料を活用して口頭説明する場合	活用する資料としては、就業規則、賃金規程、通常の労働者の待遇の内容のみを記載した資料が考えられる ＊上記資料の交付は、雇用管理の改善等の措置を短時間・有期雇用労働者が的確に理解することができるようにするという観点から望ましい措置といえる
説明事項を全て記載した資料を用いる場合	待遇の相違の内容の説明に関しては、就業規則の条項を記載しておき、詳細は別途就業規則の閲覧という方法も考えられる ＊就業規則を閲覧する者からの質問に、誠実に対応する必要がある

図表18　説明書モデル様式（記載例）

【第14条第2項の説明書の例】

年　　月　　日

殿　　事業所名称・代表者職氏名

あなたと正社員との待遇の違いの有無と内容、
理由は以下のとおりです。
ご不明な点は「相談窓口」の担当者までおたずねください。

1　比較対象となる正社員

> 販売部門の正社員（おおむね勤続3年までの者）

比較対象となる正社員の選定理由

> 職務の内容が同一である正社員はいないが、同じ販売部門の業務を担当している正社員で、同程度の能力を有する者は、
> おおむね勤続3年までの者であるため。

2　待遇の違いの有無とその内容、理由

基本給	正社員との待遇の違いの有無と、ある場合その内容　　**(ある)**　　ない	
	アルバイト社員は時給1100円、比較対象となる正社員は、販売ノルマの達成状況に応じて1100円〜1400円（時給換算）です。	
	待遇の違いがある理由	
	正社員には月間の販売ノルマがあり、会社の示したシフトで勤務しますが、アルバイト社員は希望に沿ったシフトで勤務できるといった違いがあるため、正社員には重い責任を踏まえた支給額としています。	
賞与	待遇の目的	
	社員の貢献度に応じて会社の利益を配分するために支給します。	
	正社員との待遇の違いの有無と、ある場合その内容　　**(ある)**　　ない	
	アルバイト社員は店舗全体の売り上げに応じて一律に支給（ww円〜xx円）しています。正社員については目標管理に基づく人事評価の結果に応じて、基本給の0か月〜4か月（最大zz円）を支給しています。	
	待遇の違いがある理由	
	アルバイト社員には販売ノルマがないので、店舗全体の売り上げが一定額以上を超えた場合、一律に支給しています。正社員には販売ノルマを課しているため、その責任の重さを踏まえて、目標の達成状況に応じた支給とし、アルバイト社員よりも支給額が多くなる場合があります。	
通勤手当	待遇の目的	
	通勤に必要な費用を補填するものです。	
	正社員との待遇の違いの有無と、ある場合その内容　　ある　　**(ない)**	
	正社員、アルバイト社員ともに交通費の実費相当分（全額）を支給しています。	
	待遇の違いがある理由	

出所：厚生労働省パンフレット（パートタイム・有期雇用労働法対応のための取組手順書）

Q41. 説明にあたっての注意点

パート・有期法14条2項に基づく比較対象者（通常の労働者）との待遇差に関する説明を求められた場合、どのような点に注意して対応すべきですか？

1．法律上の要件の確認

短時間・有期雇用労働者が正社員との待遇差に不満を有していて、今後の裁判も想定している場合、まずは企業に対して待遇差の説明を求め、そこで受けた説明内容を踏まえて、次のアクションを検討するという流れが想定されます。そのため、待遇差の説明を求められた会社は、その後の紛争を想定して慎重に対応する必要があります。まず、短時間・有期雇用労働者から正社員との待遇差に関する説明を求められた場合、説明を求めている具体的内容を確認します。また、パート・有期法14条2項の要件や施行日をチェックして法律上の説明義務があるのか、どの範囲で説明義務があるのかも確認してください。

また、説明を求めている労働者が、短時間労働者や有期雇用労働者にあたるのか、定年後再雇用者にあたるのか、といった契約形態も確認する必要があります（定年後再雇用と均衡待遇・均等待遇の関係については**Q19**参照）。

なお、派遣法31条の2第4項が規定する派遣労働者の説明義務については**Q45**の説明を参照ください。

2．社内手続きの確認

待遇差を説明する際に必要となる社内手続きや実際に説明する担当部署を確認します。

待遇差の説明を支店・部門ごとに個別対応すると、説明内容に食い違いが生じる可能性があるので、混乱を避けるためには、事前に担当部署を設定・

周知しておくことが有益です。その際は、パート・有期法16条に基づく相談体制や同法17条に基づく短時間・有期雇用管理者の選任等の社内体制もあわせて確認してください。

パート・有期法14条2項には、説明時期に関する文言（たとえば、「速やかに」「遅滞なく」等）はありませんが、長期間放置すると説明義務違反と判断されるリスクがあるので、回答時期の目処も立てておく必要があります。

3．説明内容の確認

待遇差に関する説明内容は、①均衡待遇・均等待遇に関する法規制や判例・裁判例、②同一労働同一賃金ガイドライン、③パート・有期指針、④パート・有期法施行通達、⑤自社の就業規則等の諸規程やその運用等を踏まえて検討する必要があります。

待遇差の比較対象となる通常の労働者（比較対象となる正社員）や説明にあたって開示する情報は、プライバシーへの配慮や企業の人事情報管理の観点も踏まえて選定してください。

説明義務の不履行は、裁判等の労使紛争に発展する可能性があります。また、待遇差をめぐる裁判で不十分な説明をしたことが会社側に不利な事情（パート・有期法8条の「その他の事情」）として考慮されることもあるので（**Q15**の2(4)参照）、説明内容は、事前に専門家に確認するなどしてしっかりと検討してください。

4．説明にあたっての対応方法

待遇差の説明方法については、あらかじめ、①説明時にどのような資料を用いるのか、②資料提供は行うのか、③説明を行ったこと（説明義務を履行したこと）の記録方法等を検討しておいたほうが現場での混乱を防げます。

説明を求めたことを理由とした不利益取扱いは禁止されており（パート・有期法14条3項）、説明を求めた後の人事措置が上記「不利益取扱い」の該当性をめぐってトラブルにならないように注意が必要です。

パート・有期法14条2項における待遇差に関する説明をしても納得しない

場合も想定されますが、説明を求めた短時間・有期雇用労働者が上記説明に納得するか否かは同条の義務履行とは関係がありません（パート・有期法施行通達「第3の10⑽」）。同条2項が求める事項を説明したにもかかわらず、繰り返し説明を求める場合には、職務に戻るよう命じることは可能であり、これに従わない場合に不就労部分の賃金控除をすることまで同条3項の不利益な取扱いとして禁止されるものではありません（パート・有期法施行通達「第3の10⑾」）。

関連知識［賃金の決定基準・ルールに相違がある場合］

　同一労働同一賃金ガイドラインは、賃金の決定基準・ルールに相違がある場合について、次のように説明しています（下線は筆者）。

　「通常の労働者と短時間・有期雇用労働者との間に基本給、賞与、各種手当等の賃金に相違がある場合において、その要因として通常の労働者と短時間・有期雇用労働者の賃金の決定基準・ルールの相違があるときは、『通常の労働者と短時間・有期雇用労働者との間で将来の役割期待が異なるため、賃金の決定基準・ルールが異なる』等の主観的又は抽象的な説明では足りず、賃金の決定基準・ルールの相違は、通常の労働者と短時間・有期雇用労働者の職務の内容、当該職務の内容及び配置の変更の範囲その他の事情のうち、当該待遇の性質及び当該待遇を行う目的に照らして適切と認められるものの客観的及び具体的な実態に照らして、不合理と認められるものであってはならない。」

Q42. 「派遣先均等・均衡方式」と「労使協定方式」

派遣労働者の均等待遇・均衡待遇については、「派遣先均等・均衡方式」と「労使協定方式」があると聞きましたが、どのような点が異なるのでしょうか？

1．派遣労働者の待遇決定方式

改正派遣法では、同種業務に従事する派遣先労働者との均衡を考慮すべき配慮義務（改正前派遣法30条の3第1項）の規定を改正し、新たな制度として、派遣元が、派遣労働者の待遇決定について、「派遣先均等・均衡方式」（派遣法30条の3）と「労使協定方式」（同法30条の4）のいずれかの方式を選択することとしました（**図表19**参照）。

どちらの待遇決定方式を選択するかによって、派遣労働者の賃金決定方法や派遣先の提供すべき情報が大きく異なります。

同一労働同一賃金ガイドライン（以下、「ガイドライン」という）では「第4　派遣労働者」と「第5　協定対象派遣労働者」で分けて説明しており、パート・有期法施行通達（「第3の3⑽」）でも、派遣労働者にパート・有期法が適用される場合の均衡待遇・均等待遇の規定（同法8条、9条）の考え方を説明しています。

2．「派遣先均等・均衡方式」について

派遣先の通常の労働者と比較して均等待遇・均衡待遇を実現する方式をいいます。派遣法30条の3第1項は「派遣先均衡」、同条2項は「派遣先均等」を規定しています。

まず、同法30条の3第1項では、派遣元は、派遣労働者の待遇のそれぞれ

（1）派遣先労働者との均等・均衡方式

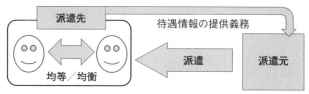

○派遣労働者と派遣先労働者との**均等待遇・均衡待遇規定**を創設。
○教育訓練、福利厚生施設の利用、就業環境の整備など派遣先の
　措置の規定を強化。

（2）労使協定による一定水準を満たす待遇決定方式

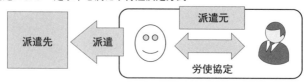

派遣元事業主が、労働者の過半数で組織する労働組合又は労働者
の過半数代表者と以下の要件を満たす労使協定を締結し、当該協
定に基づいて待遇決定。（派遣先の教育訓練、福利厚生は除く。）

- ・賃金決定方法（次の(イ)、(ロ)に該当するものに限る）
- (イ)協定対象の派遣労働者が従事する業務と同種の業務に従事する一般労働者の平
　　均的な賃金額と同等以上の賃金額となるもの
- (ロ)派遣労働者の職務内容、成果、意欲、能力又は経験等の向上があった場合に賃
　　金が改善されるもの
- ・派遣労働者の職務内容、成果、意欲、能力又は経験等を公正に評価して賃金を決
　定すること
- ・派遣元事業主の通常の労働者（派遣労働者を除く）との間に不合理な相違がない
　待遇（賃金を除く）の決定方法
- ・派遣労働者に対して段階的・体系的な教育訓練を実施すること

出所：厚生労働省パンフレット「雇用形態に関わらない公正な待遇の確保」

について、当該待遇に対応する派遣先に雇用される通常の労働者の待遇との
間において、「職務の内容」「職務の内容及び配置の変更の範囲」「その他の
事情」のうち、当該待遇の性質及び当該待遇を行う目的に照らして適切と認
められるものを考慮して、不合理と認められる相違を設けてはならないこと
と規定しています（派遣先均衡）。

次に、同法30条の３第２項では、派遣元は、職務の内容が派遣先に雇用される通常の労働者と同一の派遣労働者であって、当該労働者派遣契約及び当該派遣先における慣行その他の事情から見て、「当該派遣先における派遣就業が終了するまでの全期間において、職務の内容及び配置が当該派遣先との雇用関係が終了するまでの全期間における当該通常の労働者の職務の内容及び配置の変更の範囲と同一の範囲で変更されることが見込まれるもの」については、正当な理由がなく、待遇のそれぞれについて、当該待遇に対応する当該通常の労働者の待遇に比して不利なものとしてはならないことを規定しています（派遣先均等）。

　派遣先均等・均衡方式については、ガイドラインの「第４　派遣労働者」で説明されており、基本的な構成は「第３　短時間・有期雇用労働者」の部分と同様ですが、賃金（基本給・賞与・手当）に関する内容は、派遣先の労働者を比較対象としたものになっています。他方、福利厚生や教育訓練については、派遣法上の規制をあげて説明されています。

３．「労使協定方式」について

　派遣法30条の４第１項は、派遣元において、労働者の過半数で組織する労働組合又は当該労働者の過半数代表者と一定の要件を満たした労使協定を締結し、当該協定に基づいて派遣労働者の待遇を決定する「労使協定方式」を規定しています。

　労使協定で定める事項のポイントは次のとおりです。

・同種の業務に従事する一般の労働者の平均的な賃金の額と同等以上の賃金額となるものであること
・職務の内容、職務の成果、意欲、能力又は経験その他の就業の実態に関する事項の向上があった場合に賃金が改善されるものであること
・協定対象派遣労働者の職務の内容、職務の成果、意欲、能力又は経験その他の就業の実態に関する事項を公正に評価し、賃金を決定すること

上記の労使協定で定められた事項が遵守されているときは、①教育訓練の実施（同法40条2項）、②福利厚生施設（給食施設、休憩室、更衣室）の利用（同法40条3項）を除いて、労使協定に基づいて待遇が決定されることになります。

　「労使協定方式」を設け、「派遣先均等・均衡方式」と選択制とする理由について、業務取扱要領は次のように説明しています。

　派遣労働者については、その就業場所は派遣先であり、待遇に関する派遣労働者の納得感を考慮するためには、派遣先の通常の労働者との均等・均衡を確保するための措置を講ずることは重要な観点である。一方、この場合には、派遣先が変わるたびに派遣労働者の賃金水準が変わり、派遣労働者の所得が不安定になることが想定され、また、一般に賃金水準は大企業であるほど高く、小規模の企業であるほど低い傾向にあるが、派遣労働者が担う職務の難易度は、同様の業務であっても、大企業であるほど高度で、小規模の企業であるほど容易とは必ずしも言えず、結果として、派遣労働者個人の段階的かつ体系的なキャリアアップ支援と不整合な事態を招くことがありうる。

　このため、派遣元事業主が、労使協定を締結した場合には、労使協定に基づき派遣労働者の待遇を決定することで、計画的な教育訓練や職務経験による人材育成を経て、段階的に待遇を改善するなど、派遣労働者の長期的なキャリア形成に配慮した雇用管理を行うことができるようにしたものである。

　労使協定に定めた事項を遵守・実施していない場合は、同方式は適用されず「派遣先均等・均衡方式」となる点に注意が必要です（同法30条の4第1項但書き）。

　労使協定方式については、ガイドラインの「第5　協定対象派遣労働者」で説明されており、賃金に関しては労使協定における要件を説明する簡潔な内容になっています。

4．労働者派遣契約の締結までの流れ

「派遣先均等・均衡方式」と「労使協定方式」における労働者派遣契約の締結までの流れは、**図表20**のとおりです。

図表20　待遇を決定する際の規定の整備

【派遣先均等・均衡方式】の場合	【労使協定方式】の場合

【労使協定方式】の場合

> 過半数代表者の選出〈過半数労働組合がない場合〉
> 投票、挙手等の民主的な方法により選出（派遣元）

比較対象労働者の待遇情報の提供（派遣先）　【法第26条第7項・第10項】

・通知で示された最新の統計を確認
・労使協定の締結（派遣元）
　　　　　　　　　　　　【法第30条の4第1項】
　（※）労使協定における賃金の定めを就業規則等に記載
・労使協定の周知等（派遣元）
　1）労働者に対する周知
　　　　　　　　　　　　【法第30条の4第2項】
　2）行政への報告　【法第23条第1項】

派遣労働者の待遇の検討・決定（派遣元）【法第30条の3】

比較対象労働者の待遇情報の提供（派遣先）　【法第26条第7項・第10項】
（※）法第40条第2項の教育訓練及び第40条第3項の福利厚生施設に限る

派遣料金の交渉（派遣先は派遣料金に関して配慮）　【法第26条第11項】

派遣料金の交渉（派遣先は派遣料金に関して配慮）　【法第26条第11項】

労働者派遣契約の締結（派遣元及び派遣先）【法第26条第1項等】

労働者派遣契約の締結（派遣元及び派遣先）【法第26条第1項等】

注：▢派遣元が講ずる措置　▢派遣先が講ずる措置
出所：厚生労働省パンフレット「平成30年労働者派遣法改正の概要〈同一労働同一賃金〉」の図表を筆者が一部加工

　2015年9月に職務待遇確保法（正式名称は「労働者の職務に応じた待遇の確保等のための施策の推進に関する法律」）が成立しました。

　同法6条2項では、政府に対し、派遣労働者の賃金決定、教育訓練の実施、福利厚生施設の利用その他の待遇についての規制等の措置を講ずることで、派遣先に雇用される労働者との間の均等待遇・均衡待遇の実現をはかるものとし、同法施行後3年以内に法制上の措置を含む必要な措置を講ずることが規定されました。これにより、派遣労働者の均衡待遇・均等待遇に向けての方向性が示されました。もっとも、派遣労働者と派遣先の労働者とでは雇用主が異なるため、派遣先均等・均衡方式を適用することが不都合なケースもあります。そこで、改正派遣法では労使協定方式という制度を設けました。

　しかし、労使協定方式という制度を設けざるをえなかったのは、そもそも派遣労働者を短時間労働者や有期雇用労働者とまとめて「非正規社員の同一労働同一賃金」として議論を進めたアプローチ自体に限界があったからではないでしょうか。

Q43. 派遣先による待遇情報の提供

派遣法では、派遣先から派遣元（派遣会社）に対して、どのような待遇情報の提供が必要になるのですか？ 「派遣先均等・均衡方式」と「労使協定方式」では提供する情報は異なるのですか？

1．提供する待遇情報の内容

改正前の派遣法では、派遣先の労働者の賃金水準等の情報提供について、派遣元から求めがあった場合の配慮義務の規定を設けていました（改正前派遣法40条5項）。

改正派遣法においては、派遣先は、労働者派遣契約を締結するにあたって、派遣先から派遣元に対して、労働者派遣契約の締結前に「待遇に関する情報」の提供を必要とし（派遣法26条7項）、この情報提供がない場合は労働者派遣契約を締結してはならないとしています（同条9項）。

もっとも、改正派遣法で提供が必要となる情報は、待遇決定方式によって異なります。

「派遣先均等・均衡方式」の場合は、以下の情報です。

「派遣先均等・均衡方式」の場合
①比較対象労働者の職務の内容、職務の内容及び配置の変更の範囲並びに雇用形態
②比較対象労働者の選定理由
③比較対象労働者の待遇内容
④比較対象労働者の待遇の性格・待遇を行う目的
⑤比較対象労働者の待遇を決定するに当たっての考慮事項

なお、上記でいう「比較対象労働者」は、派遣先が以下の優先順位によって選定します。

❶ 「職務の内容」と「職務の内容及び配置の変更の範囲」が同じ通常の労働者

❷ 「職務の内容」が同じ通常の労働者

❸ 「業務の内容」又は「責任の程度」が同じ通常の労働者

❹ 「職務の内容及び配置の変更の範囲」が同じ通常の労働者

❺ 上記❶〜❹に相当する短時間・有期雇用労働者（パート・有期法等に基づき、派遣先の通常の労働者との間で均衡待遇が確保されていることが必要）

❻ 派遣労働者と同一の職務に従事させるために新たに通常の労働者を雇い入れたと仮定した場合における当該労働者

　「通常の労働者」がいない場合でも、❺や❻のように「比較対象労働者」の選定が必要である点に注意してください。

　他方、「労使協定方式」の場合は、以下の情報です。

「労使協定方式」の場合
・派遣法40条2項の教育訓練
・派遣法40条3項、同法施行規則32条の3の福利厚生施設（給食施設、休憩室、更衣室）

　なお、「派遣先均等・均衡方式」と「労使協定方式」のいずれでも、提供情報に変更があった場合、派遣先は、遅滞なく、派遣元に変更内容に関する情報を提供する必要があります（派遣法26条10項）。

2．情報提供の方法

　派遣先は、労働者派遣契約締結の前に派遣元に「書面の交付等」によって比較対象労働者の待遇情報を提供することになります。

　比較対象労働者の待遇情報の「保管・使用」は、待遇の確保等の目的の範囲に限られます（派遣元指針「第2の11(4)」）。また、比較対象労働者の待遇等の情報は、派遣法24条の4の秘密保持義務の対象となります（派遣元指針「第2の12」）。

　派遣元は提供された書面等（原本）を、派遣先は当該書面等の「写し」

を、労働者派遣契約に基づく労働者派遣の終了日から起算して３年が経過する日まで保存しなければなりません。

情報提供義務 （改正派遣法26 条７項）	派遣法26条７項で定める事項（派遣法施行規則24条の４） 　１号：派遣先均等・均衡方式の場合の情報 　２号：労使協定方式の場合の情報
	情報提供の方法 　・書面交付等（派遣法施行規則24条の３第１項） 　・提供情報の３年間の保存（同規則24条の３第２項）
	比較対象労働者（派遣法施行規則24条の５）
	提供情報の変更（派遣法26条10項） 　・遅滞なく書面交付等で提供（派遣法施行規則24条の６第１項） 　・変更時の情報提供を要しない場合（同規則24条の６第２項、第３ 　　項） 　・提供情報の取扱い（同規則24条の６第４項）
	待遇情報の保管・使用 　（派遣元指針「第２の11(1)、(4)」、「第２の12」）

３．情報提供の協力義務

　派遣法40条５項は、派遣元から求めがあった場合における派遣先の情報提供の協力義務について、法改正により提供情報の範囲を拡大するとともに（改正前の派遣法40条６参照）、義務の程度も「努力義務」から「配慮義務」に格上げしています。

関連知識［派遣料金の配慮義務］

　派遣法26条11項は、派遣料金について、派遣先に配慮義務を課しています（配慮の対象は、派遣労働者の賃金ではなく、派遣料金である点に注意）。派遣先としては、最初から派遣料金を一方的に指定するのではなく、派遣元から派遣料金の見積もりを提案させ、価額交渉を含めた派遣契約締結の経過を記録に残しておく必要があるでしょう。

Q44. 労使協定で定める事項（労使協定方式）

「労使協定方式」をとる場合、労使協定では、どのような事項を定める必要がありますか？　派遣元（派遣会社）が「労使協定方式」をとる場合に、どのような点に注意すべきですか？

1．労使協定で定める事項

　派遣法における「労使協定方式」を選択する場合、派遣元の側で、労働者の過半数で組織する労働組合又は労働者の過半数代表者との間で、以下の事項を定めた労使協定を締結する必要があります。

	労使協定で定める事項（派遣法30条の4第1項）
1号	労使協定の対象とする派遣労働者の範囲
2号	賃金の決定方法（①と②に該当するものに限る） ①派遣労働者が従事する業務と同種の業務に従事する一般労働者の平均的賃金額（一般賃金※）よりも同等以上の賃金額となるもの ②派遣労働者の職務の内容、成果、意欲、能力又は経験等の向上があった場合に賃金が改善されるもの ※一般賃金にはすべての賃金が含まれるが「通勤手当」と「退職金」は、その他の賃金と分離して比較可能
3号	派遣労働者の職務の内容、成果、意欲、能力又は経験等を公正に評価して賃金を決定すること
4号	教育訓練（派遣法40条2項）、福利厚生施設（同条3項）及び賃金を除く派遣労働者の待遇について、派遣元に雇用される通常の労働者（派遣労働者を除く）との間で不合理な相違がないこと
5号	派遣労働者に対して、段階的・計画的な教育訓練を実施すること
6号	その他の事項（派遣法施行規則25条の10） ・有効期間 ・労使協定の対象となる派遣労働者の範囲を限定する場合は、その理由 ・特段の事情がない限り、1つの労働契約の期間中に派遣先の変更を理由として協定対象となるか否かを変えようとしないこと

労使協定は、派遣元事業主単位又は労働者派遣事業を行う事業所単位で締結することが可能です。もっとも、待遇を引き下げることを目的として、恣意的に締結単位を分けることは、労使協定方式の趣旨に反するもので不適当とされています（業務取扱要領）。

　労使協定方式をとった派遣元は、毎年度提出する「事業報告書」に労使協定の添付が必要になります（改正派遣法施行規則17条）。

　図表21は、厚生労働省のホームページに掲載されている労使協定例（令和2年1月14日公表版）です。

2．運用面の注意点

　派遣法30条の4第1項但書きでは、①2号、4号及び5号で定めた事項を遵守していない場合や②3号における公正な評価に取り組んでいない場合には、「労使協定方式」を適用しない旨を規定しており、派遣元として、労使協定を締結するだけでなく、同協定の内容が規定どおりに運用されているかをチェックできる体制を整備しておく必要があります。

　また、労使協定の締結手続きについても留意が必要です。

　労使協定は、過半数労働組合がない場合には過半数代表者と締結することになりますが、過半数代表者の該当者や選出方法、協定事務の円滑遂行のための配慮が改正派遣法施行規則25条の6で規定されています。

労使協定方式に関する手続等	過半数代表者の選出（派遣法施行規則25条の6）	①労働基準法41条2号の管理監督者でないこと ②派遣法30条の4第1項の協定であることを明らかにして選出されたこと ③派遣元の意向に基づき選出されていないこと ④不利益取扱いの禁止 ⑤協定に関する事務の円滑遂行のための配慮
	労使協定の周知（派遣法30条の4第2項）	派遣法施行規則25条の11（書面交付、FAX やメール送信等の4つの方法を規定）
	労使協定の行政への報告	①事業報告書への添付（同規則17条3項） ②職種ごとの人数・平均賃金額（同規則様式11号）
	労使協定の有効期間終了日から3年間の保存（同規則25条の12）	

労働者派遣法第30条の 4 第 1 項の規定に基づく労使協定（イメージ）

　　○○人材サービス株式会社（以下「甲」という。）と○○人材サービス労働組合（以下「乙」という。）は、労働者派遣法第30条の 4 第 1 項の規定に関し、次のとおり協定する。

（対象となる派遣労働者の範囲）←法第30条の 4 第 1 項第 1 号「適用される派遣労働者の範囲」＋第 6 号「その他厚生労働省令で定める事項」の一部

第 1 条　本協定は、派遣先でプログラマーの業務に従事する従業員（以下「対象従業員」という。）に適用する。

2　対象従業員については、派遣先が変更される頻度が高いことから、中長期的なキャリア形成を行い所得の不安定化を防ぐ等のため、本労使協定の対象とする。

3　甲は、対象従業員について、一の労働契約の契約期間中に、特段の事情がない限り、本協定の適用を除外しないものとする。

> 【労働契約期間によって対象を限定する場合の例】
> 第 1 条　本協定は、期間を定めないで雇用される派遣労働者（以下「対象従業員」という。）に適用する。

※一の労使協定に、複数の職種を記載することも可能。ただし、各職種において、一般賃金の額と協定派遣労働者の賃金の額が同等以上であることを確認できることが必要。

> 【一の労使協定に複数の職種を記載する場合の記載例】
> ・第 1 条　本協定は、派遣先でプログラマー及びシステムエンジニアの業務に従事する従業員（以下「対象従業員」という。）に適用する。
> ・第 1 条　本協定は、派遣先で別表○に掲げる業務に従事する従業員（以下「対象従業員」という。）に適用する。

（賃金の構成）

第 2 条　対象従業員の賃金は、基本給、賞与、時間外労働手当、深夜・休日労働手当、通勤手当及び退職手当とする。

（賃金の決定方法）←第 2 号イ「賃金の決定方法」

第 3 条　対象従業員の基本給及び賞与の比較対象となる「同種の業務に従事する一般の労働者の平均的な賃金の額」は、次の各号に掲げる条件を満たした別表 1 の「 2 」のとおりとする。

> 【職種が複数あり、かつ派遣先の事業所所在地が複数地域となる可能性のある場合の記載例】
> 第 3 条　対象従業員の基本給及び賞与の比較対象となる「同種の業務に従事する一般の労働者の平均的な賃金の額」は、次の各号に掲げる条件を満たす別表 1 に、対象従業員が勤務する派遣先の事業所所在地に対応する別表 2 の地域指数を乗じたものとする。

※ P10の別表「【職種が複数あり、かつ派遣先の事業所所在地が複数地域となる可能性のある場合の記載例】」（筆者注：本書129頁）も参照。

（一）比較対象となる同種の業務に従事する一般の労働者の職種は、令和元年 7 月 8 日職発0708第 2 号「令和 2 年度の「労働者派遣事業の適正な運営の確保及び派遣労働者の

保護等に関する法律第30条の４第１項第２号イに定める「同種の業務に従事する一般の労働者の平均的な賃金の額」等について」（以下「通達」という。）に定める「平成30年賃金構造基本統計調査」（厚生労働省）の「プログラマー」とする。

※次の①～③の場合には、その理由を労使協定に記載することが必要
①職種ごとに通達別添１と別添２を使い分ける場合
②通達別添２を用いる場合であって、次のように職業分類を使い分ける場合
　・「大分類」と「当該大分類内の中分類又は小分類」
　・「中分類」と「当該中分類内の小分類」
③通達で示したデータ以外の独自統計等（通達第５）を用いる場合
※職種については、別添１又は別添２のうち、協定対象派遣労働者が従事する業務と最も近いと考えられるものを選択すること。

【①職種ごとに通達別添１と別添２を使い分ける場合の記載例】

（１）「プログラマー」における比較対象となる同種の業務に従事する一般の労働者の職種は、令和元年７月８日職発0708第２号「令和２年度の「労働者派遣事業の適正な運営の確保及び派遣労働者の保護等に関する法律第30条の４第１項第２号イに定める「同種の業務に従事する一般の労働者の平均的な賃金の額」」等について」（以下「通達」という。）別添１に定める「プログラマー」とする。

（２）「事務販売員」における比較対象となる同種の業務に従事する一般の労働者の職種は、通達別添２に定める「小売店販売員」とする。

（３）（１）については、実際に支払われていた賃金額である別添１を使用し、（２）については、派遣先が総合スーパーなどの大規模の店舗だけでなく小規模の店舗も想定していることから、業務の実態を踏まえ最も適合する職種がある別添２を使用するものとする。

【②通達別添２を用いる場合であって、職業分類を使い分ける場合の記載例】

（１）「秘書」における比較対象となる同種の業務に従事する一般の労働者の職種は、令和元年７月８日職発0708第２号「令和２年度の「労働者派遣事業の適正な運営の確保及び派遣労働者の保護等に関する法律第30条の４第１項第２号イに定める「同種の業務に従事する一般の労働者の平均的な賃金の額」」等について」（以下「通達」という。）別添２に定める「255 秘書」とする。

（２）「事務」における比較対象となる同種の業務に従事する一般の労働者の職種は、通達別添２に定める「25 一般事務員」とする。

（３）（１）については、業務の実態を踏まえ最も適合する職種がある小分類を使用し、（２）については、業務の実態から複数の業務に従事する可能性があることから中分類を使用するものとする。

【③通達で示したデータ以外の独自統計等を用いる場合の記載例】

（１）「○○事務」における比較対象となる同種の業務に従事する一般の労働者の職種は、通達別添○の「○○」の職種と対象従業員が実際に行う業務との間に乖離があることから、令和元年○月○日に○○が実施した「○○調査」を使用するものとする。

（二）通勤手当については、基本給及び賞与とは分離し実費支給とし、第６条のとおりとする。

※定額支給等で合算する場合は、第6条の「一般の労働者の通勤手当に相当する額と「同等以上」を確保する場合」の方法をとることにしているが、一般通勤手当72円とならない場合の記載例」及びP10「退職金（退職金前払いの方法）や通勤手当を合算する場合の記載例」（筆者注：本書128頁）も参照。

（三）地域調整については、就業地が北海道内に限られることから、通達に定める「地域指数」の「北海道」を用いるものとする。

※一つの労使協定において、都道府県内の指数及び公共職業安定所管轄地域の指数を使い分ける場合には、その理由を労使協定に記載すること。

【地域指数を使い分ける場合の例】

（3）地域調整については、埼玉県、千葉県、東京都の就業地で派遣就業を行うことから、通達別添3に定める埼玉、千葉、東京の指数を使うものとする。ただし、東京都、千葉県は複数の市区町村の派遣先において就業を行うことから、都道府県の指数を使用し、埼玉県は主に●●市内において就業を行うことから、公共職業安定所管轄地域の指数を用いるものとする。

※一つの労使協定において、複数の地域において就業することが想定され、複数の一般賃金との比較が必要な場合は、最も高い地域指数を乗じた一般賃金額と、協定対象派遣労働者の賃金額を比べる方法でも差し支えない。ただし、その際、協定対象派遣労働者の賃金額は、全ての者がその額の水準以上であることが必要。（労使協定方式に関するQ&A【第2集】問2−3）

【複数の地域指数のうち、最も高い指数を使って比較する場合の例】

（三）地域調整については、就業地が埼玉県、千葉県、東京都、神奈川県、新潟県、富山県、大阪府の各市町村内が想定されることから、通達別添3に定める埼玉県、千葉県、東京都、神奈川県、新潟県、富山県、大阪府の都道府県内の公共職業安定所管轄地域の指数を用いるものとする。

（四）別表2の対象従業員の基本給及び賞与の比較対象となる「同種の業務に従事する一般の労働者の平均的な賃金の額」については、前項のうち、最も高い指数を持つ三鷹の指数により算出するものとする。

（五）別表2の対象従業員の基本給及び賞与については、すべての対象従業員に適用されるものとする。ただし、別表2の対象従業員の基本給及び賞与に加え、派遣先の就業場所に応じて、別途勤務地手当を支給するものとする。

第4条　対象従業員の基本給及び賞与は、次の各号に掲げる条件を満たした別表2のとおりとする。

（1）別表1の同種の業務に従事する一般の労働者の平均的な賃金の額と同額以上であること

（2）別表2の各等級の職務と別表1の同種の業務に従事する一般の労働者の平均的な賃金の額との対応関係は次のとおりとすること

Aランク：10年

Bランク：3年

Cランク：0年
　※職務給において職務の等級と基準値及び基準値に能力・経験調整指数を乗じた値とを対
　　応させて比較する場合の一例である。

【派遣先の事業所所在地が複数地域となる可能性があるが、各地域で共通する賃金表を使い
つつ、地域係数を用いて協定対象派遣労働者の賃金を調整する場合】
第4条　対象従業員の基本給及び賞与は、次の各号に掲げる条件を満たしたものとする。
　（1）（2）（略）
　（3）対象従業員の基本給及び賞与については、別表○の賃金表に、対象従業員が勤務す
　　　る派遣先事業所の所在地に対応する別表○の地域係数を乗じたものとする。

　※P12の別表「【派遣先の事業所所在地が複数地域となる可能性があるが、各地域で共通
　　する賃金表を使いつつ、地域係数を用いて協定対象派遣労働者の賃金を調整する場
　　合】」（筆者注：本書130頁）も参照。
2　甲は、第9条の規定による対象従業員の勤務評価の結果、同じ職務の内容であったとし
　ても、その経験の蓄積・能力の向上があると認められた場合には、基本給額の1～3％の
　範囲で能力手当を支払うこととする。
　　また、より高い等級の職務を遂行する能力があると認められた場合には、その能力に応
　じた派遣就業の機会を提示するものとする。←第2号ロ「職務内容等の向上があった場合
　の賃金の改善」
　※第2号ロ「職務内容等の向上があった場合の賃金の改善」の内容には、上記の他にも
　　様々な方法が考えられる。

【等級で能力・経験調整指数を使い、号俸（昇給レンジ）で第2号ロ「職務内容等の向上が
あった場合の賃金の改善」を使う場合の記載例】
2　甲は、第9条の規定による対象従業員の勤務評価の結果、同じ職務の内容であったとし
　ても、その経験の蓄積・能力の向上があると認められた場合には、昇給は勤務成績等に応
　じて1号俸から5号俸までの範囲内で決定するものとする。

第5条　対象従業員の時間外労働手当、深夜・休日労働手当は、社員就業規則第○条に準じ
　　　て、法律の定めに従って支給する。
第6条　対象従業員の通勤手当は、通勤に要する実費に相当する額を支給する。

【通勤手当の支給要件に「徒歩圏」を設けている場合の記載例】
第6条　対象従業員の通勤手当は、通勤に要する実費に相当する額を支給する。ただし、交
　　　通機関等を利用しなければ通勤することが困難である従業員以外の従業員であって交
　　　通機関等を利用しないで徒歩により通勤するものとした場合の通勤距離（一般に利用
　　　しうる最短の経路の長さによる。）が片道2km未満であるものを除く。

【「一般の労働者の通勤手当に相当する額と「同等以上」を確保する場合」の方法をとること
にしているが、一般通勤手当72円とならない場合の記載例】
第6条　通勤手当は、月額○千円を全対象従業員に支給する。
2　一般通勤手当との差額については、通達第3の4に基づく合算による比較方法により対
　応するものとする。

第7条　対象従業員の退職手当の比較対象となる「同種の業務に従事する一般の労働者の平

均的な賃金の額」は、次の各号に掲げる条件を満たした別表３のとおりとする。

（一）退職手当の受給に必要な最低勤続年数：

　　通達に定める「平成30年中小企業の賃金・退職金事情」（東京都）の「退職一時金受給の
　　ための最低勤続年数」において、最も回答割合の高かったもの（自己都合退職及び会社
　　都合退職のいずれも３年）

（二）退職時の勤続年数ごと（３年、５年、10年、15年、20年、25年、30年、33年）の支給
　　月数：

　　「平成30年中小企業の賃金・退職金事情」の大学卒の場合の支給率（月数）に、同調査に
　　おいて退職手当制度があると回答した企業の割合をかけた数値として通達に定めるもの

【退職金前払いの方法をとる場合の記載例】

第７条　対象従業員に対して、別表○の一般基本給・賞与等の額の６％の額を前払い退職金
　　　　として支給する。

【中小企業退職金共済制度等への加入の方法をとる場合の記載例】

第７条　対象従業員の退職手当は、独立行政法人勤労者退職金共済機構・中小企業退職金共
　　　　済事業本部との間に退職金共済契約を締結するものとする。

２　前項の掛金月額は、別表○の一般基本給・賞与等の総額の６％の額以上の掛金拠出と
　　し、支給方法などを含む詳細は退職金規則の定めによるものとする。

【中小企業退職金共済制度等への加入の方法をとることにしているが、一般基本給・賞与等
の額の６％の額とならない場合の記載例】

第７条　対象従業員の退職手当は、独立行政法人勤労者退職金共済機構・中小企業退職金共
　　　　済事業本部との間に退職金共済契約を締結するものとする。

２　前項の掛金月額は、別表○の一般基本給・賞与等の総額の４％の額以上となるように
　　し、支給方法などを含む詳細は退職金規則の定めによるものとする。

・３　別表○の一般基本給・賞与等の額の６％の額と前項の掛金の額との差額については、
　　　退職金前払いの方法により対応するものとする。

・３　別表○の一般基本給・賞与等の額の６％の額と掛金の額（４％）との差額について
　　　は、通達第３の４に基づく合算による比較方法により対応するものとする。

【退職一時金の費用を「中小企業退職金共済制度等に加入する場合」で見る場合の記載例】

第７条　対象従業員の退職手当は、別途定める退職金規則に従って支給する。

２　前項の退職手当の費用は、別表○の一般基本給・賞与等の総額の６％の額以上のものと
　　し、その計算方法については労使の協議により別途定める。

【退職金の支払いの方法を労働者の区分ごとで使い分ける場合の記載例】

第７条　対象従業員に対して、○○の従業員は第○条及び第○条に規定する退職金制度に従
　　　　って支給し、○○の従業員は別表○の一般基本給・賞与等の額の６％の額を前払い退
　　　　職金として支給する。

第８条　対象従業員の退職手当は、次の各号に掲げる条件を満たした別表４のとおりとす
　　　　る。ただし、退職手当制度を開始した○○年以前の勤続年数の取扱いについては、労
　　　　使で協議して別途定める。

（一）別表３に示したものと比べて、退職手当の受給に必要な最低勤続年数が同年数以下で

あること

(二) 別表3に示したものと比べて、退職時の勤続年数ごとの退職手当の支給月数が同月数
　　以上であること

（賃金の決定に当たっての評価）　←*第3号「賃金の決定に当たっての評価」*

第9条　賞与の決定は、半期ごとに行う勤務評価を活用する。勤務評価の方法は社員就業規
　　　則第○条に定める方法を準用し、その評価結果に基づき、別表2の備考1のとおり、
　　　賞与額を決定する。

【基本給の評価の記載例】

第9条　基本給の決定は、半期ごとに行う勤務評価を活用する。勤務評価の方法は社員就業
　　　規則第○条に定める方法を準用し、その評価結果に基づき、第4条第2項の昇給の範
　　　囲を決定する。

（賃金以外の待遇）　←*第4号「賃金以外の待遇」*

第10条　教育訓練（次条に定めるものを除く。）、福利厚生その他の賃金以外の待遇については
　　　　正社員と同一とし、社員就業規則第○条から第○条までの規定を準用する。

【正社員と別規程を使用している場合の記載例】

第10条　教育訓練（次条に定めるものを除く。）、福利厚生その他の賃金以外の待遇について
　　　　は、正社員に適用される○○就業規則第○条から○条までの規定と不合理な待遇差が生
　　　　じることとならないものとして、○○就業規則第○条から第○条までの規定を適用する。

（教育訓練）　←*第5号「教育訓練」*

第11条　労働者派遣法第30条の2に規定する教育訓練については、労働者派遣法に基づき別
　　　　途定める「○○社教育訓練実施計画」に従って、着実に実施する。

（その他）

第12条　本協定に定めのない事項については、別途、労使で誠実に協議する。

（有効期間）　←*第6号「その他厚生労働省令で定める事項」*

第13条　本協定の有効期間は、○○年○月○日から○○年○月○日までの○年間とする。

※労使協定の有効期間中に一般賃金の額が変更された場合には、有効期間中であっても、労
　使協定に定める派遣労働者の賃金の額が一般賃金の額と同等以上の額であるか否か確認す
　ることが必要。
　　その結果、派遣労働者の賃金の額が次年度の一般賃金の額と同等以上の額でない場合に
　は、労使協定に定める賃金の決定方法を変更するために労使協定を締結し直さなければな
　らない。
　　一方、派遣労働者の賃金の額が次年度の一般賃金の額と同等以上の額である場合には、
　派遣元事業主が、同等以上の額であることを確認した旨の書面を労使協定に添付すること
　で差し支えない。

○○年 ○月○日

甲　取締役人事部長 ○○○○　印

乙　執行委員長 ○○○○　印

別表1　同種の業務に従事する一般の労働者の平均的な賃金の額
（基本給及び賞与の関係）

			基準値及び基準値に能力・経験調整指数を乗じた値						
			0 年	1 年	2 年	3 年	5 年	10 年	20 年
1	プログラマー※1	通達に定める賃金構造基本統計調査	1,221	1,416	1,549	1,610	1,695	1,996	2,491
2	地域調整※2	（北海道）92.0	1,124	1,303	1,426	1,482	1,560	1,837	2,292

記入上の注意

※1　賃金構造基本統計調査又は職業安定業務統計の対応する職種について、基準値及び基準値に能力・経験調整指数を乗じた値別の数値を記載

※2　「派遣先の事業所その他派遣就業の場所」に応じて、通達に定める地域指数を乗じた数値を記載

※3　例えば、1年、3年、5年の能力・経験調整指数のみ使う場合は、それ以外の能力・経験調整指数を乗じた値を記載することは必ずしも必要ない。ただし、計算方法の明確化の観点で、基準値（0年）を記載することが望ましい。

【計算の結果、最低賃金額を下回った場合の記載例）】

			基準値及び基準値に能力・経験調整指数を乗じた値						
			0 年	1 年	2 年	3 年	5 年	10 年	20 年
1	製材工	通達に定める賃金構造基本統計調査	865	1,003	1,098	1,141	1,201	1,414	1,765
2	地域調整	（北海道）92.0	796（※）	923	1,011	1,050	1,105	1,301	1,624
3	基準値（0年）を地域別最低賃額とした額		861	999	1,093	1,136	1,196	1,408	1,757

※地域調整した結果、北海道の地域別最低賃金額861円を下回っているため、表3のとおり、地域別最低賃金額を基準値（0年）の額とした上で、当該額に能力・経験調整指数を乗じることにより、一般基本給・賞与等の額を算出。

【退職金（退職金前払いの方法）や通勤手当を合算する場合の記載例】

			基準値及び基準値に能力・経験調整指数を乗じた値						
			0 年	1 年	2 年	3 年	5 年	10 年	20 年
1	プログラマー	通達に定める賃金構造基本統計調査	1,221	1,416	1,549	1,610	1,695	1,996	2,491
2	地域調整	（北海道）92.0	1,124	1,303	1,426	1,482	1,560	1,837	2,292
3	退職金（6%）上乗せ後		1,192	1,382	1,512	1,571	1,654	1,948	2,430
4	通勤手当（72円）上乗せ後		1,264	1,454	1,584	1,643	1,726	2,020	2,502

【職種が複数あり、かつ派遣先の事業所所在地が複数地域となる可能性のある場合の記載例】
【別表1】賃金構造基本統計調査を基準値とした一般基本給・賞与等の額

	基準値及び基準値に能力・経験調整指数を乗じた値						
	0年	1年	2年	3年	5年	10年	20年
プログラマー	1,221	1,416	1,549	1,610	1,695	1,996	2,491
システムエンジニア	1,427	1,655	1,811	1,882	1,981	2,333	2,911

【別表2】地域指数（平成30年度職業安定業務統計による地域指数）

北海道　92.0
青森　83.6
　・
　・
鹿児島　86.4
沖縄　84.4

別表2　対象従業員の基本給及び賞与の額

等級	職務の内容	基本給額（※1）	賞与額（※2）	合計額（※4）		対応する一般の労働者の平均的な賃金の額（※3）	対応する一般の労働者の能力・経験
Aランク	上級プログラマー（AI関係等高度なプログラム言語を用いた開発）	1,600 ～	320	1,920	≧	1,837	10年
Bランク	中級プログラマー（Webアプリ作成等の中程度の難易度の開発）	1,250 ～	250	1,500		1,482	3年
Cランク	初級プログラマー（Excelのマクロ等、簡易なプログラム言語を用いた開発）	1,000 ～	200	1,200		1,124	0年

（備考）
1　賞与については、半期ごとの勤務評価の結果により、A評価（標準より優秀）であれば基本給額の25％相当、B評価（標準）であれば基本給額の20％相当、C評価（標準より物足りない）であれば基本給額の15％相当を支給する。
2　未だ勤務評価を実施していない対象従業員については、C評価（標準より物足りない）とみなして支給する。
3　同種の業務に従事する一般の労働者の平均的な賃金の額と比較するに当たっては、月給を月の所定労働時間数で除して時給換算した額より比較するものとする。
4　同種の業務に従事する一般の労働者の平均的な賃金の額と比較するに当たっては、賞与額は標準的な評価であるB評価の場合の額により比較するものとする。

【その他の賞与額の計算方法の場合の記載例】
・4　同種の業務に従事する一般の労働者の平均的な賃金の額と比較するに当たっては、平成30年度に対象従業員に対して支給された賞与額の合計額を、当該事業年度の当該従業員の所定内労働時間の合計額で除した額により比較するものとする。
・4　同種の業務に従事する一般の労働者の平均的な賃金の額と比較するに当たっては、令和2年度に支給される賞与額の合計額の見込みを、想定される協定対象派遣労働者の所定内労働時間（●時間）の合計額で除した額により比較するものとする。

【派遣先の事業所所在地が複数地域となる可能性があるが、各地域で共通する賃金表を使いつつ、地域係数を用いて協定対象派遣労働者の賃金を調整する場合】

(別表○　対象従業員の賃金表（共通））

等級	職務の内容	基本給額 （※1）	賞与額 （※2）	合計額 （※4）
Aランク	上級プログラマー （AI関係等高度なプログラム言語を用いた開発）	1,600〜	320	1,920
Bランク	中級プログラマー （Webアプリ作成等の中程度の難易度の開発）	1,250〜	250	1,500
Cランク	初級プログラマー （Excelのマクロ等、簡易なプログラム言語を用いた開発）	1,000〜	200	1,200

（別表○　地域係数）

○○県　○
○○県　○
○○県　○

記入上の注意

※1　派遣労働者の基本給及び各種手当（賞与、超過勤務手当、通勤手当（分離して比較する場合）及び退職手当を除く）の合計を時給換算したものを記載。勤務評価の結果、その経験の蓄積・能力の向上があると認められた場合に別途手当を加算する場合は、その旨を記載。
　　また、基本給・賞与額等に固定残業代を含める場合は、労使で合意した時間分の固定残業代の額を記載。
※2　賞与額は半期ごとの支給であったとしても時給換算したものを記載。
※3　それぞれの等級の職務の内容が何年の能力・経験に相当するかの対応関係を労使で定め、それに応じた同種の業務に従事する一般の労働者の平均的な賃金の額を記載。通達第3の4に基づく合算による比較方法により対応する場合は、合算後の同種の業務に従事する一般の労働者の平均的な賃金の額を記載。
※4　基本給額と賞与額・手当等の合計額を記載。この合計額が対応する同種の業務に従事する一般の労働者の平均的な賃金の額と同額以上になっていることを確認。

別表3　同種の業務に従事する一般の労働者の平均的な賃金の額（退職手当の関係）

勤続年数		3年	5年	10年	15年	20年	25年	30年	33年
支給率 （月数）	自己都合退職	0.8	1.4	3.1	5.3	7.6	10.6	13.3	15.3
	会社都合退職	1.2	1.9	4.1	6.5	8.9	11.8	14.5	16.6

（資料出所）「平成30年中小企業の賃金・退職金事情」（東京都）における退職金の支給率（モデル退職金・大学卒）に、同調査において退職手当制度があると回答した企業の割合（71.3%）をかけた数値として通達で定めたもの

別表4　対象従業員の退職手当の額

勤続年数		3年以上 5年未満	5年以上 10年未満	10年以上 15年未満	15年以上 25年未満	25年以上 35年未満
支給月数	自己都合退職	1.0	3.0	7.0	10.0	16.0
	会社都合退職	2.0	5.0	9.0	12.0	18.0

別表3（再掲）

勤続年数		3年	5年	10年	15年	20年	25年	30年	33年
支給率 （月数）	自己都合退職	0.8	1.4	3.1	5.3	7.6	10.6	13.3	15.3
	会社都合退職	1.2	1.9	4.1	6.5	8.9	11.8	14.5	16.6

（備考）
1　同種の業務に従事する一般の労働者の平均的な賃金の額と比較するに当たっては、退職手当額は、支給総額を所定内賃金で除して算出することとする。
2　退職手当の受給に必要な最低勤続年数は3年とし、退職時の勤続年数が3年未満の場合は支給しない。

出所：厚生労働省「労使協定のイメージ」（令和2年1月14日公表版）

Q45. 派遣労働者の待遇差に関する説明義務

派遣法が規定する待遇差に関する説明義務は、どのようなものですか？ 「派遣先均等・均衡方式」と「労使協定方式」では説明内容は異なるのでしょうか？

1．派遣労働者の待遇に関する説明等

　派遣法31条の2第4項は、派遣元が派遣労働者から求めがあった場合の説明義務を規定していますが、説明内容は「派遣先均等・均衡方式」と「労使協定方式」で異なります（**Q8**の2で掲載した派遣元指針「第2の9」参照）。

「派遣先均等・均衡方式」の場合	【待遇差の内容として次の①と②を説明】 ①派遣労働者及び比較対象労働者の待遇のそれぞれを決定するにあたって考慮した事項の相違の有無 ②「派遣労働者及び比較対象労働者の待遇の個別具体的な内容」又は「派遣労働者及び比較対象労働者の待遇の実施基準」
	【待遇差の理由】 派遣労働者及び比較対象労働者の職務の内容、職務の内容及び配置の変更の範囲その他の事情のうち、待遇の性質及び待遇を行う目的に照らして適切と認められるものに基づき、待遇の相違の理由を説明
「労使協定方式」の場合	協定対象派遣労働者の賃金が、次の内容に基づき決定されていることを説明 ・派遣労働者が従事する業務と同種の業務に従事する一般労働者の平均的な賃金の額と同等以上であるものとして労使協定に定めたもの ・労使協定に定めた公正な評価
	協定対象派遣労働者の待遇（賃金、派遣法40条2項の教育訓練及び同条3項の福利厚生施設を除く）が派遣元に雇用される通常の労働者（派遣労働者を除く）との間で不合理な相違がなく決定されていること等について、派遣先均等・均衡方式の場合の説明の内容に準じて説明

2．説明にあたっての留意事項

　派遣元指針では、説明方法として、派遣労働者が説明の内容を理解することができるように資料を活用し、口頭での説明を基本としています。もっとも、説明事項をすべて記載した派遣労働者が容易に理解できる内容の資料を用いる場合は、当該資料を交付する等の方法でも差し支えないとしています。

　また、派遣元は、説明を求めた労働者について不利益な取扱いをすることが禁止されています（派遣法31条の2第5項）。この不利益取扱いの禁止は派遣元指針で記載されていましたが、今回の改正で法律に格上げされました。

関連知識［派遣労働者の待遇設定者］

　派遣社員の賃金額は、派遣先が派遣元に対して支払う「派遣料金」にも影響することから、派遣先にとっても関心事でしょう。

　しかし、派遣先が派遣社員の具体的な賃金を設定するなどの行為を行うと、派遣社員と派遣元との間の紛争において、派遣先が実質的に「使用者」に該当するとして、団体交渉等のトラブルに巻き込まれる可能性があります（朝日放送事件・最三小判平7・2・28、民集49巻2号559頁参照）。派遣社員の賃金等の具体的な労働条件は、派遣社員の雇用主である派遣元が設定するものであることに留意してください。

　改正派遣法では、以下の**図表22**のとおり、派遣労働者からの求めがあった場合以外にも、雇入れ時や派遣時における待遇情報の説明義務等が規定されています。

図表22　説明義務の強化

【派遣先均等・均衡方式】の場合	【労使協定方式】の場合
	過半数代表者の選出〈過半数労働組合がない場合〉 投票、挙手等の民主的な方法により選出（派遣元）
派遣労働者に対する説明（派遣元） 1）雇入れ時 　・待遇情報の明示・説明 　　　　　　　　【法第31条の２第２項】 2）派遣時 　・待遇情報の明示・説明 　　　　　　　　【法第31条の２第３項】 　・就業条件の明示【法第34条第１項】	派遣労働者に対する説明（派遣元） 1）雇入れ時 　・待遇情報の明示・説明 　　　　　　　　【法第31条の２第２項】 2）派遣時 　・待遇情報の明示・説明 　　　　　　　　【法第31条の２第３項】 　・就業条件の明示【法第34条第１項】
（注）比較対象労働者の待遇に変更があったときは、変更部分について派遣先から派遣元に待遇情報を提供。派遣元は派遣労働者の待遇の検討を行う。	（注）同種の業務に従事する一般労働者の平均賃金に変更があったときは、派遣元は、協定改定の必要性を確認する。
（求めに応じて下記の対応）	（求めに応じて下記の対応）
派遣労働者に対する比較対象労働者との待遇の相違等の説明（派遣元） 　　　　　　　　【法第31条の２第４項】	派遣労働者に対する労使協定の内容を決定するに当たって考慮した事項等の説明（派遣元）【法第31条の２第４項】
派遣先の労働者に関する情報、派遣労働者の業務の遂行の状況等の情報の追加提供の配慮（派遣先）　　　　　　　　　　　　【法第40条第５項】	

注：▦▦▦ 派遣元が講ずる措置　　⬭ 派遣先が講ずる措置

出所：厚生労働省パンフレット「平成30年労働者派遣法改正の概要〈同一労働同一賃金〉」の図表を筆者が一部加工

Q46. 派遣元における待遇規制の注意点

派遣元（派遣会社）は、派遣先との均等待遇・均衡待遇の規制（「派遣先均等・均衡方式」と「労使協定方式」）を検討するにあたって、どのような点に注意する必要がありますか？

1．派遣先均等・均衡方式の注意点

派遣元が派遣先均等・均衡方式を選択した場合、派遣労働者の待遇、特に職務の内容に密接に関連する待遇は派遣先の変更によって影響を受けることになり、これに対応した賃金制度を検討する必要があります。

また、派遣先均等・均衡方式では、派遣先からきちんと待遇情報を提供してもらえるのか、どのタイミングでどういった情報が提供してもらえるのか、どのように情報管理をするか、といった点を確認してください。派遣先の労働者の待遇情報が提供されなければ、労働者派遣契約が締結できないので（派遣法26条9項）、早めに派遣先との認識共有が必要です。

さらに、派遣労働者から派遣先労働者（比較対象労働者）との待遇差について説明を求められた場合（同法31条の2第4項）の説明内容も検討しておく必要があります。

2．労使協定方式の注意点

労使協定方式を選択した場合は、労使協定の内容はもちろんのこと、労使協定を締結する過半数代表者の選出手続き、協定内容の遵守やそのチェック体制が重要になります（**Q44**参照）。また、労使協定の内容が遵守されていない場合における是正対応と、そのための体制整備も必要になります（**Q47**の3参照）。

3．その他

派遣元が派遣先均等・均衡方式と労使協定方式のどちらを選択するかは、

派遣先や派遣労働者にとって重要な関心事です。そこで、派遣元は、派遣先や派遣労働者に対し、待遇決定方式についての情報提供、具体的には

①労使協定を締結しているか

②労使協定方式を採用している場合は、「協定対象派遣労働者の範囲」「労使協定の有効期間の終期」

に関する情報提供（派遣法23条5項、同法施行規則18条の2）や労使協定の周知（同法30条の4第2項、同法施行規則25条の11）が必要です。

　実際に労働者派遣をする際にも、派遣元から派遣先に対して協定対象派遣労働者であるか否かを通知し（同法35条1項2号）、派遣元管理台帳でも協定対象派遣労働者であるか否かを記載する必要があります（同法37条1項1号）。

　また、改正派遣法における派遣先均等・均衡方式と労使協定方式に対応するために派遣労働者の賃金制度等の変更も検討することになります。なお、派遣労働者の就業規則の作成・変更については、派遣法30条の6で事業所の派遣労働者の過半数を代表する者の意見聴取が努力義務とされています。

関連知識［改正派遣法30条の5］

　派遣法30条の5では、派遣元は、派遣先に雇用される通常の労働者との均衡を考慮して、派遣労働者（派遣法30条の2第2項の派遣労働者及び同法30条の4第1項の協定対象派遣労働者を除く）の職務の内容、職務の成果、意欲、能力又は経験その他の就業の実態に関する事項を勘案して賃金を決定するように努めることを規定しています（努力義務）。

　もっとも、一定の賃金は上記規制の対象外です。対象外となる賃金の例としては通勤手当、家族手当、住宅手当、別居手当、子女教育手当があります（同法施行規則25条の13）。

Q47. 派遣先における待遇規制の注意点

派遣先は、均等待遇・均衡待遇の規制（「派遣先均等・均衡方式」と「労使協定方式」）について、どのような点に注意する必要がありますか？

1．労働者派遣契約の管理体制

　派遣法では、派遣先が派遣元に対して、法定の待遇情報を提供しないと労働者派遣契約の締結ができません。労働者派遣契約の締結・更新や、派遣労働者の受入れを派遣先の現場判断で実施していると、想定外の場面で人事情報の提供が必要になるリスクがあります。そこで、派遣先においては、労働者派遣契約の締結・更新の状況を統一的に把握・管理できる体制にしておく必要があります。

　また、派遣法改正において導入された新たな待遇決定方式（派遣先均等・均衡方式、労使協定方式）に対応するために、派遣元が労働者派遣契約における派遣料金の増額を要請する可能性がありますが、派遣先には派遣元が上記方式を遵守できるように派遣料金の設定について配慮する義務が規定されています（派遣法26条11項）。

　なお、上記の改正とあわせて、教育訓練の実施や福利厚生施設（給食施設、休憩室、更衣室）の利用機会付与を派遣先の義務とし（派遣法40条2項、3項。改正前は配慮義務）、診療所等の施設の利用に関する便宜供与や適切な就業環境維持の配慮義務も規定されています（同法40条4項。改正前は努力義務）。

2．派遣先均等・均衡方式では、待遇情報の提供が重要

　派遣元が派遣先均等・均衡方式をとっている場合には、派遣先労働者の賃金等の待遇情報を提供する必要があります。その場合、①比較対象労働者を

どのように選出するか、②どの範囲で情報提供するか、③どのような方法で提供するのか、について労働者派遣契約の締結前から、きちんと検討しておくことが必要です。

また、派遣先が提供した情報について、その情報をきちんと管理して目的外利用等の不正使用をしないことなどを派遣元に確認しておくことも重要になります。

3．労使協定方式では、派遣料金への影響に注意

派遣元が派遣社員に対して「労使協定方式」に適合した賃金を支払うために、派遣元が派遣先に対して派遣料金の値上げを要請してくる可能性があります。多くの派遣社員を受け入れている派遣先では、予算管理の観点から早期の派遣料金の見積もり依頼を派遣元に行う必要があります。

そのほかにも、派遣法30条の4では法定要件を満たす労使協定を締結した場合には「派遣先均等・均衡方式」が適用されないことを規定していますが、①派遣先が講じるべき教育訓練（同法40条2項）や福利厚生施設（同法40条3項）は上記労使協定方式による例外からは除外されていること、②協定対象派遣労働者であるか否かは派遣先管理台帳に記載する必要があること（同法42条1項1号）に注意が必要です。

また、派遣元が労使協定方式に定めた事項を遵守していないと、労使協定方式が適用されず、派遣先均等・均衡方式による情報提供が必要となる可能性があります（同法30条の4第1項但書き）。そこで、派遣先としては、派遣元に対して、労使協定方式に不備が発覚した場合に、直ちに報告させ、是正措置を求めることができる体制にしておく必要があるでしょう。

この点、法所定の違反があった場合、派遣法における派遣先均等・均衡方式に直ちに切り替わるのか、派遣元による是正措置によって労使協定方式の維持が可能となるのかについては、条文上は明らかではありません。筆者は、軽微な法違反をすべて派遣先均等・均衡方式に変更させることは、法的安定性を害しますし、派遣労働者にとっても必ずしも有利というわけではないので、適正な労使協定方式の実施による補正を認めるべきと考えています。

図表23　チェックリスト（派遣法の対応）

①共通

➡派遣法の施行日の確認（中小事業主の特例がない点に注意）
➡労働者派遣契約の締結・更新状況の確認
➡待遇決定方式（派遣先均等・均衡方式、労使協定方式）の内容理解
➡苦情申出に対する対応方法の確認（**Q48**の２参照）

②派遣元

➡「派遣先均等・均衡方式」と「労使協定方式」の内容や相違を整理する
　（労働者派遣契約や派遣労働者に対する待遇の明示・説明の内容・方式を確認）
➡法改正（「派遣先均等・均衡方式」や「労使協定方式」等）を踏まえて労働者派遣
　契約の条項整備や派遣料金を検討し、派遣先と協議・交渉する
　（労使協定方式の場合は、労使協定の内容・締結方法を確認）
➡過半数代表者の選出方法や労使協定事項の遵守で不備がないようにする（労使協定
　方式が適用されない事態を防ぐ体制を整備）

③派遣先

➡派遣法における派遣先の対応を「派遣先の情報提供義務」の観点から整理する
　（派遣元に対する比較対象労働者の待遇等の情報の内容・提供方法の確認）
➡派遣元が「労使協定方式」を採用するか？　採用するとして、適正に運用できる体
　制かを確認する
➡労働者派遣契約の締結・更新、派遣労働者の受入れを派遣先として統一的に把握・
　管理できる体制にする

関連知識［勧告・公表の制度］

　改正派遣法では、厚生労働大臣の勧告・公表の対象事項として、比較対象労働者の待遇
情報の提供義務違反（派遣法26条７項、10項）、派遣先の教育訓練の実施義務違反（同法
40条２項）、派遣先の福利厚生施設（給食施設、休憩室、更衣室）の利用機会付与義務違
反（同法40条３項）を追加しました（同法49条の２）。

6 その他

Q48. 行政による履行確保（助言・指導・勧告等）

今回の法改正で、行政による履行確保（助言・指導・勧告等）の制度は、どのような点が改正されたのですか？

1. 短時間・有期雇用労働者について

パート・有期法18条は、厚生労働大臣又は都道府県労働局長が、短時間労働者及び有期雇用労働者（以下、「短時間・有期雇用労働者」という）の雇用管理の改善等をはかるために必要があると認めるときは、事業主に対して、報告徴収や、助言・指導・勧告を行うことができると規定しています。

パート労働法では、短時間労働者のみを対象としていましたが、改正後のパート・有期法では、有期雇用労働者も対象に加えています。

また、改正前のパート労働法では、同法8条（均衡待遇規定）は、報告徴収・助言・指導・勧告の対象になっていませんでしたが（平成29年6月16日付け労働政策審議会建議参照）、パート・有期法施行通達では「法第8条については、職務の内容、職務の内容及び変更の範囲その他の事情の違いではなく、短時間・有期雇用労働者であることを理由とする不支給など、同条に違反することが明確な場合を除き、法第18条第1項に基づく助言、指導及び勧告の対象とはしない」とし、同法8条の違反が明確な場合には助言・指導・勧告の対象となりうるとしています。

もっとも、改正後においてもパート・有期法8条の均衡待遇規定は、企業名公表の対象にはなっていません（同法18条2項参照）。

2. 派遣労働者について

　改正前の派遣法では、上記1で述べたような厚生労働大臣や都道府県労働局長による紛争解決援助の制度はありませんでした。

　改正派遣法では、派遣労働者から以下の事項について苦情申出があった場合、派遣元と派遣先の双方に自主的解決を促すとともに（派遣法47条の4）、都道府県労働局長が、紛争当事者の双方又は一方から解決援助を求められた場合には、必要な助言・指導・勧告ができるようになりました（同法47条の6）。

派遣先	派遣元
◇業務遂行に必要な能力付与のための教育訓練の実施（派遣法40条2項） ◇福利厚生施設（給食施設・休憩室・更衣室）の利用機会付与（同法40条3項）	◆派遣先均等・均衡方式（派遣法30条の3） ◆労使協定方式（同法30条の4） ◆雇入れ・派遣時の説明（同法31条の2第2項、3項） ◆求めがあった場合の説明（同法31条の2第4項） ◆不利益取扱いの禁止（同法31条の2第5項）

Q49. 紛争解決援助・調停

今回の法改正で、紛争解決援助や調停について、どのような点が改正されたのですか？

1．短時間・有期雇用労働者について

改正前のパート労働法では、事業主の講ずべき措置として規定された事項に関してトラブルが発生した場合の対処方法として、苦情の自主的解決（同法22条）に関する規定に加え、行政ADR（裁判外紛争解決手続）として、都道府県労働局長による援助（同法24条）や調停（同法25条）が規定されていました。

改正後のパート・有期法では、有期雇用労働者も上記制度の対象としました。パート・有期法では、短時間・有期雇用労働者の均衡待遇等に係る紛争の迅速かつ円満な解決をはかるため、都道府県労働局長が、当該紛争の当事者の双方又は一方から紛争解決について援助を求められた場合に、当該当事者に対して必要な助言・指導・勧告ができる旨の規定が設けられていますが（同法24条1項）、これは**Q48**の1とは別の制度です。

2．派遣労働者について

改正前の派遣法では、上記1で述べたような調停（行政ADR）の制度はありませんでした。

改正派遣法では、都道府県労働局長やその委任を受けた紛争調整委員会による調停の制度を新設しました（派遣法47条の7～9）。調停の対象となる事項は**Q48**の2であげたものと同じです。

Q50. 改正法を踏まえた今後の検討

同一労働同一賃金に関する改正法（パート・有期法8条、9条等）に対応するための手順や注意点を教えてください。

　同一労働同一賃金に関する改正法（パート・有期法8条、9条等）への対応手順や注意点については、**図表24**のとおりです（以下の①～⑩は図表24に対応しています）。

1. 現状確認

　雇用形態ごとの就業規則や賃金規則、労働条件通知書などで規程類を比較、整理します（①）。正社員、非正規社員という大きなくくりではなく、契約形態ごとに細かく整理・分類してください。有期雇用労働者でも、短時間労働者や定年後再雇用者に該当する場合がありますし、無期雇用の労働者には、勤務地や職種を限定した限定正社員、労働契約法18条によって無期転換した社員（無期転換社員）も含まれるからです。

　次に、労働条件・待遇差を整理します（②）。年収ベース・総額ベースでの比較ではなく、個々の労働条件・待遇ごとに整理してください。

　賃金規程や労働契約書に記載されている内容をみて、待遇の内容・趣旨を確認する際、努力手当や調整手当のように名称では趣旨が判断しがたい手当があるかもしれません。そのような場合は、当該手当が設けられた経緯・理由の確認が必要です。また、給与明細や賃金台帳もあわせて確認し、規程と実態の不整合・乖離がないかも確認してください。

　なお、労働条件・待遇を整理する過程で、特定の手当が非正規社員には支給されていないが、その代償措置として、短時間労働者や有期雇用労働者に有利に取り扱われている待遇がないか等、待遇相互の関連性も確認します。

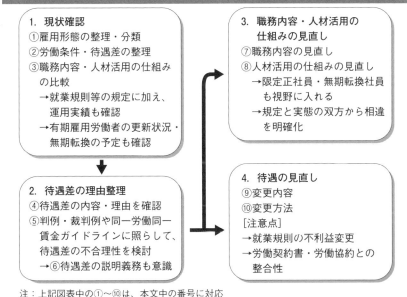

図表24　同一労働同一賃金に関する法改正対応

1. 現状確認
①雇用形態の整理・分類
②労働条件・待遇差の整理
③職務内容・人材活用の仕組みの比較
→就業規則等の規定に加え、運用実績も確認
→有期雇用労働者の更新状況・無期転換の予定も確認

2. 待遇差の理由整理
④待遇差の内容・理由を確認
⑤判例・裁判例や同一労働同一賃金ガイドラインに照らして、待遇差の不合理性を検討
→⑥待遇差の説明義務も意識

3. 職務内容・人材活用の仕組みの見直し
⑦職務内容の見直し
⑧人材活用の仕組みの見直し
→限定正社員・無期転換社員も視野に入れる
→規定と実態の双方から相違を明確化

4. 待遇の見直し
⑨変更内容
⑩変更方法
［注意点］
→就業規則の不利益変更
→労働契約書・労働協約との整合性

注：上記図表中の①〜⑩は、本文中の番号に対応

　職務内容・人材活用の仕組みの比較（③）においては、まずは「職務内容」と「人材活用の仕組み」の意味を確認した後、職務分掌や職務権限表により、契約類型ごとの仕事内容や権限、責任、職責などの相違を確認します。また、就業規則等の規定をみて、勤務地や職種の限定、役職変更の有無・内容などを確認します。賃金規程では、昇格、降格のような賃金資格の変更の有無・範囲も確認します。

　実務では、１の現状確認作業は、契約形態ごとの待遇差を整理した表（待遇差の整理表）に基づいて行われることが多いです。

２．待遇差の理由整理

　個々の待遇ごとに待遇差を整理した後は、待遇差の内容・理由を確認します（④）。均衡待遇・均等待遇の法規制で問題となるのは、同一企業内における正社員（通常の労働者）との待遇差ですから、一般論としての待遇差の是非を論じるのではなく、自社における正社員との待遇差を整理して具体的

にすることが必要です。

　そのうえで、待遇差の理由について、判例・裁判例や同一労働同一賃金ガイドラインを参考に、待遇差の不合理性を検討します（⑤）。その際は、改正法で設けられた待遇差に関する説明義務（パート・有期法14条2項）への対応も意識する必要があります（⑥）。正社員との待遇差について説明を求められる場面では、待遇差について不満をもっていることが想定されます。待遇差の理由をきちんと説明できるように整理しておいてください。

３．職務内容や人材活用の仕組みの見直し

　職務内容の見直し（⑦）においては「業務内容」と「責任の程度」で分けて検討してください。

　正社員（通常の労働者）の場合は、担当業務や責任を明確化して非正規社員と区別することが重要になってきます。他方、非正規社員の場合は、担当業務に加え、「担当しない業務」も意識する必要があります。もっとも、実態と乖離した区別（職務の分離）や非正規社員への過少な業務の割当ては、職場における業務遂行や非正規社員の能力向上に支障になる弊害がある点に注意してください。

　人材活用の仕組み・運用の見直し（⑧）については、「職種変更」「勤務地変更」「役職・資格の変更」や「出向や転籍の有無・範囲」といった点が問題になります。

　非正規社員については、就業規則や労働契約書の規定レベルで変更の有無や範囲を明確化し、運用レベルでは限定を超えた業務命令を行わないようにします。また、転勤・出向等に関する規定に相違があっても、実際の転勤・出向の実績においてほとんど差異がないと、人材活用の仕組みの同一性が認められてしまう可能性があるので、規定（形式）と運用（実態）とが整合しているのか、定期的なチェックが不可欠です。

４．待遇の見直し

⑴　正社員・非正規社員の待遇変更

　待遇を見直す場合の変更内容（⑨）については、変更対象となる労働条

件・待遇だけでなく、関連する労働条件・待遇への波及効果も視野に入れる必要があります。たとえば、手当を新たに支給したり、手当額を変更する際には、割増賃金や賞与・退職金への影響もシミュレーションしておく必要があります。

　現状の正社員に支給されている手当について、趣旨が不明確であったり、当該手当の支給理由・根拠が希薄になっている場合には、手当を廃止・統合したり、支給要件を見直すべき場合もあるでしょう。就業規則の不利益変更の問題（労働契約法9条、10条）が発生する場合は、経過措置や代償措置も検討してください（九水運輸商事事件は、正社員の「通勤手当の減額」と「職能給の増額」をあわせて実施しています。本書Ⅱの資料6「Ⅴ(3)」の同事件〈参考〉部分参照）。正社員のみに支給する手当・休暇等の待遇について、当該待遇自体を廃止・統合する方法で非正規社員との待遇差を消滅させるという手法は、正社員の手当・休暇が多い企業で採用されるケースが今後も出てくるでしょう。かかる手法の妥当性や法的問題点については、裁判例の集積がない部分であり、今後の課題となります。

　非正規社員の就業規則については、非正規社員の中に短時間労働者や有期雇用労働者、定年後再雇用者などさまざまな類型があるので、どの範囲で規定変更を行うのかを明確にし、変更漏れがないようにしてください。

⑵　待遇変更の方法・時期

　最後に、待遇の見直しを行う場合の方法（⑩）については、就業規則だけではなく、個別の労働契約書や労働協約との整合性に注意が必要です。

　また、有期雇用労働者の場合は、契約更新時に個別に変更するのか、更新時期によって有期雇用労働者間で差異が発生することを避けるために一斉（同時）に変更するのかという問題もあるので、待遇の見直しを行う時期（タイミング）にも注意が必要です。非正規社員の待遇変更のタイミングとしては「契約期間中」と「契約更新時」という2パターンが考えられます。契約書の書き換え（改訂）という観点では「契約更新時」が簡便ですが、非正規社員が多数の場合は、契約更新時期によって非正規社員内部で待遇差が

生じる点に注意してください。また、福利厚生施設の利用開始時期について、契約更新時によって差異を設けるというのも現実的ではないでしょう。

関連知識 ［非正規社員の異動・契約更新について］

　正社員と非正規社員では、配転範囲や役職制度に相応の違いがあるのが通常であり、人材活用の仕組みが正社員と非正規社員で全く同じ運用がなされているというケースは稀でしょう。もっとも、このような違いが就業規則や労働契約書で明確化されているかは改めて確認しておく必要があります。非正規社員の配転範囲が正社員よりも限定されているなど、正社員と相違があれば、この点を規定上も明確化し、運用レベルでも規定に反した業務命令は控える必要があります。

　また、非正規社員の雇用期間についても、契約更新を重ねて通算勤続年数が長くなると、実質的に正社員（通常の労働者）と同様の勤務形態が継続していると評価され、待遇差が不合理と判断されるリスクが出てきます。非正規社員の側でも、当初は数年で退職するつもりでも、転職の希望が叶わない場合等で長期間にわたって契約更新し、徐々に正社員との待遇差に不満をつのらせていくことも考えられます。

　今後は、非正規社員の異動範囲や役職付与は正社員よりも限定するとともに、あらかじめ契約更新の上限（更新上限）を設けて長期更新自体を回避し、正社員と同様の活躍が期待される者については正社員登用制度等で正社員への転換（パート・有期法13条参照）を行うといった雇用管理も選択肢になってくるでしょう。

Ⅱ　参考資料編

短時間労働者及び有期雇用労働者の雇用管理の改善等に関する法律（平成五年法律第七十六号）新旧対照条文

改正法

<u>短時間労働者及び有期雇用労働者の雇用管理の改善等に関する法律</u>

　　　第一章　　総則
　（目的）
第一条　この法律は、我が国における少子高齢化の進展、就業構造の変化等の社会経済情勢の変化に伴い、<u>短時間・有期雇用労働者</u>の果たす役割の重要性が増大していることに鑑み、<u>短時間・有期雇用労働者</u>について、その適正な労働条件の確保、雇用管理の改善、通常の労働者への転換の推進、職業能力の開発及び向上等に関する措置等を講ずることにより、通常の労働者との均衡のとれた待遇の確保等を図ることを通じて<u>短時間・有期雇用労働者</u>がその有する能力を有効に発揮することができるようにし、もってその福祉の増進を図り、あわせて経済及び社会の発展に寄与することを目的とする。
　（定義）
第二条　この法律において「短時間労働者」とは、一週間の所定労働時間が同一の事業主に雇用される通常の労働者（当該事業主に雇用される通常の労働者と同種の業務に従事する当該事業主に雇用される労働者にあっては、厚生労働省令で定める場合を除き、当該労働者と同種の業務に従事する当該通常の労働者）の一週間の所定労働時間に比し短い労働者をいう。
<u>２　この法律において「有期雇用労働者」とは、事業主と期間の定めのある労働契約を締結している労働者をいう。</u>
<u>３　この法律において「短時間・有期雇用労働者」とは、短時間労働者及び有期雇用労働者をいう。</u>
　（基本的理念）
<u>第二条の二　短時間・有期雇用労働者及び短時間・有期雇用労働者になろうとする者は、生活との調和を保ちつつその意欲及び能力に応じて就業することができる機会が確保され、職業生活の充実が図られるように配慮されるものとする。</u>
　（事業主等の責務）
第三条　事業主は、その雇用する<u>短時間・有期雇用労働者</u>について、その就業の実態等を考慮して、適正な労働条件の確保、教育訓練の実施、福利厚生の充実その他の雇用管理の改善及び通常の労働者への転換（<u>短時間・有期雇用労働者</u>が雇用される事業所において通常の労働者として雇い入れられることをいう。以下同じ。）の推進（以下「雇用管理の改善等」という。）に関する措置等を講ずることにより、

改正前

<u>短時間労働者の雇用管理の改善等に関する法律</u>

第一章　総則
（目的）
第一条　この法律は、我が国における少子高齢化の進展、就業構造の変化等の社会経済情勢の変化に伴い、<u>短時間労働者</u>の果たす役割の重要性が増大していることにかんがみ、<u>短時間労働者</u>について、その適正な労働条件の確保、雇用管理の改善、通常の労働者への転換の推進、職業能力の開発及び向上等に関する措置等を講ずることにより、通常の労働者との均衡のとれた待遇の確保等を図ることを通じて<u>短時間労働者</u>がその有する能力を有効に発揮することができるようにし、もってその福祉の増進を図り、あわせて経済及び社会の発展に寄与することを目的とする。
（定義）
第二条　この法律において「<u>短時間労働者</u>」とは、一週間の所定労働時間が同一の事業所に雇用される通常の労働者（当該事業所に雇用される通常の労働者と同種の業務に従事する当該事業所に雇用される労働者にあっては、厚生労働省令で定める場合を除き、当該労働者と同種の業務に従事する当該通常の労働者）の一週間の所定労働時間に比し短い労働者をいう。
（新設）

（新設）

（新設）

（事業主等の責務）
第三条　事業主は、その雇用する<u>短時間労働者</u>について、その就業の実態等を考慮して、適正な労働条件の確保、教育訓練の実施、福利厚生の充実その他の雇用管理の改善及び通常の労働者への転換（<u>短時間労働者</u>が雇用される事業所において通常の労働者として雇い入れられることをいう。以下同じ。）の推進（以下「雇用管理の改善等」という。）に関する措置等を講ずること

通常の労働者との均衡のとれた待遇の確保等を図り、当該短時間・有期雇用労働者がその有する能力を有効に発揮することができるように努めるものとする。

2　事業主の団体は、その構成員である事業主の雇用する短時間・有期雇用労働者の雇用管理の改善等に関し、必要な助言、協力その他の援助を行うように努めるものとする。

（国及び地方公共団体の責務）

第四条　国は、短時間・有期雇用労働者の雇用管理の改善等について事業主その他の関係者の自主的な努力を尊重しつつその実情に応じてこれらの者に対し必要な指導、援助等を行うとともに、短時間・有期雇用労働者の能力の有効な発揮を妨げている諸要因の解消を図るために必要な広報その他の啓発活動を行うほか、その職業能力の開発及び向上等を図る等、短時間・有期雇用労働者の雇用管理の改善等の促進その他その福祉の増進を図るために必要な施策を総合的かつ効果的に推進するように努めるものとする。

2　地方公共団体は、前項の国の施策と相まって、短時間・有期雇用労働者の福祉の増進を図るために必要な施策を推進するように努めるものとする。

第二章　短時間・有期雇用労働者対策基本方針

第五条　厚生労働大臣は、短時間・有期雇用労働者の福祉の増進を図るため、短時間・有期雇用労働者の雇用管理の改善等の促進、職業能力の開発及び向上等に関する施策の基本となるべき方針（以下この条において「短時間・有期雇用労働者対策基本方針」という。）を定めるものとする。

2　短時間・有期雇用労働者対策基本方針に定める事項は、次のとおりとする。

一　短時間・有期雇用労働者の職業生活の動向に関する事項

二　短時間・有期雇用労働者の雇用管理の改善等を促進し、並びにその職業能力の開発及び向上を図るために講じようとする施策の基本となるべき事項

三　前二号に掲げるもののほか、短時間・有期雇用労働者の福祉の増進を図るために講じようとする施策の基本となるべき事項

3　短時間・有期雇用労働者対策基本方針は、短時間・有期雇用労働者の労働条件、意識及び就業の実態等を考慮して定められなければならない。

4　厚生労働大臣は、短時間・有期雇用労働者対策基本方針を定めるに当たっては、あらかじめ、労働政策審議会の意見を聴かなければならない。

5　厚生労働大臣は、短時間・有期雇用労働者対策基本方針を定めたときは、遅滞なく、これを公表しなければならない。

6　前二項の規定は、短時間・有期雇用労働者対策基本方針の変更について準用する。

第三章　短時間・有期雇用労働者の雇用管理の改善等に関する措置等
　　　第一節　雇用管理の改善等に関する措置

（労働条件に関する文書の交付等）

第六条　事業主は、短時間・有期雇用労働者を雇い入れたときは、速やかに、当

により、通常の労働者との均衡のとれた待遇の確保等を図り、当該短時間労働者がその有する能力を有効に発揮することができるように努めるものとする。
2　事業主の団体は、その構成員である事業主の雇用する短時間労働者の雇用管理の改善等に関し、必要な助言、協力その他の援助を行うように努めるものとする。
（国及び地方公共団体の責務）
第四条　国は、短時間労働者の雇用管理の改善等について事業主その他の関係者の自主的な努力を尊重しつつその実情に応じてこれらの者に対し必要な指導、援助等を行うとともに、短時間労働者の能力の有効な発揮を妨げている諸要因の解消を図るために必要な広報その他の啓発活動を行うほか、その職業能力の開発及び向上等を図る等、短時間労働者の雇用管理の改善等の促進その他その福祉の増進を図るために必要な施策を総合的かつ効果的に推進するように努めるものとする。
2　地方公共団体は、前項の国の施策と相まって、短時間労働者の福祉の増進を図るために必要な施策を推進するように努めるものとする。

　　　　第二章　短時間労働者対策基本方針
第五条　厚生労働大臣は、短時間労働者の福祉の増進を図るため、短時間労働者の雇用管理の改善等の促進、職業能力の開発及び向上等に関する施策の基本となるべき方針（以下この条において「短時間労働者対策基本方針」という。）を定めるものとする。
2　短時間労働者対策基本方針に定める事項は、次のとおりとする。
　一　短時間労働者の職業生活の動向に関する事項
　二　短時間労働者の雇用管理の改善等を促進し、並びにその職業能力の開発及び向上を図るために講じようとする施策の基本となるべき事項
　三　前二号に掲げるもののほか、短時間労働者の福祉の増進を図るために講じようとする施策の基本となるべき事項
3　短時間労働者対策基本方針は、短時間労働者の労働条件、意識及び就業の実態等を考慮して定められなければならない。
4　厚生労働大臣は、短時間労働者対策基本方針を定めるに当たっては、あらかじめ、労働政策審議会の意見を聴かなければならない。
5　厚生労働大臣は、短時間労働者対策基本方針を定めたときは、遅滞なく、これを公表しなければならない。
6　前二項の規定は、短時間労働者対策基本方針の変更について準用する。

　　　　第三章　短時間労働者の雇用管理の改善等に関する措置等
　　　　　第一節　雇用管理の改善等に関する措置
（労働条件に関する文書の交付等）
第六条　事業主は、短時間労働者を雇い入れたときは、速やかに、当該短時間

該短時間・有期雇用労働者に対して、労働条件に関する事項のうち労働基準法（昭和二十二年法律第四十九号）第十五条第一項に規定する厚生労働省令で定める事項以外のものであって厚生労働省令で定めるもの（次項及び第十四条第一項において「特定事項」という。）を文書の交付その他厚生労働省令で定める方法（次項において「文書の交付等」という。）により明示しなければならない。

2　（略）

（就業規則の作成の手続）
第七条　（略）

2　前項の規定は、事業主が有期雇用労働者に係る事項について就業規則を作成し、又は変更しようとする場合について準用する。この場合において、「短時間労働者」とあるのは、「有期雇用労働者」と読み替えるものとする。

（不合理な待遇の禁止）
第八条　事業主は、その雇用する短時間・有期雇用労働者の基本給、賞与その他の待遇のそれぞれについて、当該待遇に対応する通常の労働者の待遇との間において、当該短時間・有期雇用労働者及び通常の労働者の業務の内容及び当該業務に伴う責任の程度（以下「職務の内容」という。）、当該職務の内容及び配置の変更の範囲その他の事情のうち、当該待遇の性質及び当該待遇を行う目的に照らして適切と認められるものを考慮して、不合理と認められる相違を設けてはならない。

（通常の労働者と同視すべき短時間・有期雇用労働者に対する差別的取扱いの禁止）
第九条　事業主は、職務の内容が通常の労働者と同一の短時間・有期雇用労働者（第十一条第一項において「職務内容同一短時間・有期雇用労働者」という。）であって、当該事業所における慣行その他の事情からみて、当該事業主との雇用関係が終了するまでの全期間において、その職務の内容及び配置が当該通常の労働者の職務の内容及び配置の変更の範囲と同一の範囲で変更されることが見込まれるもの（次条及び同項において「通常の労働者と同視すべき短時間・有期雇用労働者」という。）については、短時間・有期雇用労働者であることを理由として、基本給、賞与その他の待遇のそれぞれについて、差別的取扱いをしてはならない。

（賃金）
第十条　事業主は、通常の労働者との均衡を考慮しつつ、その雇用する短時間・有期雇用労働者（通常の労働者と同視すべき短時間・有期雇用労働者を除く。次条第二項及び第十二条において同じ。）の職務の内容、職務の成果、意欲、能力又は経験その他の就業の実態に関する事項を勘案し、その賃金（通勤手当

労働者に対して、労働条件に関する事項のうち労働基準法（昭和二十二年法律第四十九号）第十五条第一項に規定する厚生労働省令で定める事項以外のものであって厚生労働省令で定めるもの（次項及び第十四条第一項において「特定事項」という。）を文書の交付その他厚生労働省令で定める方法（次項において「文書の交付等」という。）により明示しなければならない。

2　事業主は、前項の規定に基づき特定事項を明示するときは、労働条件に関する事項のうち特定事項及び労働基準法第十五条第一項に規定する厚生労働省令で定める事項以外のものについても、文書の交付等により明示するように努めるものとする。

（就業規則の作成の手続）

第七条　事業主は、短時間労働者に係る事項について就業規則を作成し、又は変更しようとするときは、当該事業所において雇用する短時間労働者の過半数を代表すると認められるものの意見を聴くように努めるものとする。

（新設）

（短時間労働者の待遇の原則）

第八条　事業主が、その雇用する短時間労働者の待遇を、当該事業所に雇用される通常の労働者の待遇と相違するものとする場合においては、当該待遇の相違は、当該短時間労働者及び通常の労働者の業務の内容及び当該業務に伴う責任の程度（以下「職務の内容」という。）、当該職務の内容及び配置の変更の範囲その他の事情を考慮して、不合理と認められるものであってはならない。

（通常の労働者と同視すべき短時間労働者に対する差別的取扱いの禁止）

第九条　事業主は、職務の内容が当該事業所に雇用される通常の労働者と同一の短時間労働者（第十一条第一項において「職務内容同一短時間労働者」という。）であって、当該事業所における慣行その他の事情からみて、当該事業主との雇用関係が終了するまでの全期間において、その職務の内容及び配置が当該通常の労働者の職務の内容及び配置の変更の範囲と同一の範囲で変更されると見込まれるもの（次条及び同項において「通常の労働者と同視すべき短時間労働者」という。）については、短時間労働者であることを理由として、賃金の決定、教育訓練の実施、福利厚生施設の利用その他の待遇について、差別的取扱いをしてはならない。

（賃金）

第十条　事業主は、通常の労働者との均衡を考慮しつつ、その雇用する短時間労働者（通常の労働者と同視すべき短時間労働者を除く。次条第二項及び第十二条において同じ。）の職務の内容、職務の成果，意欲、能力又は経験等を勘案し、その賃金（通勤手当、退職手当その他の厚生労働省令で定めるも

その他の厚生労働省令で定めるものを除く。）を決定するように努めるものとする。

（教育訓練）

第十一条　事業主は、通常の労働者に対して実施する教育訓練であって、当該通常の労働者が従事する職務の遂行に必要な能力を付与するためのものについては、職務内容同一短時間・有期雇用労働者（通常の労働者と同視すべき短時間・有期雇用労働者を除く。以下この項において同じ。）が既に当該職務に必要な能力を有している場合その他の厚生労働省令で定める場合を除き、職務内容同一短時間・有期雇用労働者に対しても、これを実施しなければならない。

2　事業主は、前項に定めるもののほか、通常の労働者との均衡を考慮しつつ、その雇用する短時間・有期雇用労働者の職務の内容、職務の成果、意欲、能力及び経験その他の就業の実態に関する事項に応じ、当該短時間・有期雇用労働者に対して教育訓練を実施するように努めるものとする。

（福利厚生施設）

第十二条　事業主は、通常の労働者に対して利用の機会を与える福利厚生施設であって、健康の保持又は業務の円滑な遂行に資するものとして厚生労働省令で定めるものについては、その雇用する短時間・有期雇用労働者に対しても、利用の機会を与えなければならない。

（通常の労働者への転換）

第十三条　事業主は、通常の労働者への転換を推進するため、その雇用する短時間・有期雇用労働者について、次の各号のいずれかの措置を講じなければならない。

　　一　通常の労働者の募集を行う場合において、当該募集に係る事業所に掲示すること等により、その者が従事すべき業務の内容、賃金、労働時間その他の当該募集に係る事項を当該事業所において雇用する短時間・有期雇用労働者に周知すること。

　　二　通常の労働者の配置を新たに行う場合において、当該配置の希望を申し出る機会を当該配置に係る事業所において雇用する短時間・有期雇用労働者に対して与えること。

　　三　一定の資格を有する短時間・有期雇用労働者を対象とした通常の労働者への転換のための試験制度を設けることその他の通常の労働者への転換を推進するための措置を講ずること。

（事業主が講ずる措置の内容等の説明）

第十四条　事業主は、短時間・有期雇用労働者を雇い入れたときは、速やかに、第八条から前条までの規定により措置を講ずべきこととされている事項（労働基準法第十五条第一項に規定する厚生労働省令で定める事項及び特定事項を除く。）に関し講ずることとしている措置の内容について、当該短時間・有期雇用労働者に説明しなければならない。

2　事業主は、その雇用する短時間・有期雇用労働者から求めがあったときは、当該短時間・有期雇用労働者と通常の労働者との間の待遇の相違の内容及び理

のを除く。）を決定するように努めるものとする。

（教育訓練）
第十一条　事業主は、通常の労働者に対して実施する教育訓練であって、当該通常の労働者が従事する職務の遂行に必要な能力を付与するためのものについては、職務内容同一短時間労働者（通常の労働者と同視すべき短時間労働者を除く。以下この項において同じ。）が既に当該職務に必要な能力を有している場合その他の厚生労働省令で定める場合を除き、職務内容同一短時間労働者に対しても、これを実施しなければならない。

2　事業主は、前項に定めるもののほか、通常の労働者との均衡を考慮しつつ、その雇用する短時間労働者の職務の内容、職務の成果、意欲、能力及び経験等に応じ、当該短時間労働者に対して教育訓練を実施するように努めるものとする。

（福利厚生施設）
第十二条　事業主は、通常の労働者に対して利用の機会を与える福利厚生施設であって、健康の保持又は業務の円滑な遂行に資するものとして厚生労働省令で定めるものについては、その雇用する短時間労働者に対しても、利用の機会を与えるように配慮しなければならない。

（通常の労働者への転換）
第十三条　事業主は、通常の労働者への転換を推進するため、その雇用する短時間労働者について、次の各号のいずれかの措置を講じなければならない。

　一　通常の労働者の募集を行う場合において、当該募集に係る事業所に掲示すること等により、その者が従事すべき業務の内容、賃金、労働時間その他の当該募集に係る事項を当該事業所において雇用する短時間労働者に周知すること。
　二　通常の労働者の配置を新たに行う場合において、当該配置の希望を申し出る機会を当該配置に係る事業所において雇用する短時間労働者に対して与えること。
　三　一定の資格を有する短時間労働者を対象とした通常の労働者への転換のための試験制度を設けることその他の通常の労働者への転換を推進するための措置を講ずること。

（事業主が講ずる措置の内容等の説明）
第十四条　事業主は、短時間労働者を雇い入れたときは、速やかに、第九条から前条までの規定により措置を講ずべきこととされている事項（労働基準法第十五条第一項に規定する厚生労働省令で定める事項及び特定事項を除く。）に関し講ずることとしている措置の内容について、当該短時間労働者に説明しなければならない。

2　事業主は、その雇用する短時間労働者から求めがあったときは、第六条、第七条及び第九条から前条までの規定により措置を講ずべきこととされてい

由並びに第六条から前条までの規定により措置を講ずべきこととされている事項に関する決定をするに当たって考慮した事項について、当該短時間・有期雇用労働者に説明しなければならない。

3　事業主は、短時間・有期雇用労働者が前項の求めをしたことを理由として、当該短時間・有期雇用労働者に対して解雇その他不利益な取扱いをしてはならない。

（指針）

第十五条　厚生労働大臣は、第六条から前条までに定める措置その他の第三条第一項の事業主が講ずべき雇用管理の改善等に関する措置等に関し、その適切かつ有効な実施を図るために必要な指針（以下この節において「指針」という。）を定めるものとする。

2　第五条第三項から第五項までの規定は指針の策定について、同条第四項及び第五項の規定は指針の変更について、それぞれ準用する。

（相談のための体制の整備）

第十六条　事業主は、短時間・有期雇用労働者の雇用管理の改善等に関する事項に関し、その雇用する短時間・有期雇用労働者からの相談に応じ、適切に対応するために必要な体制を整備しなければならない。

（短時間・有期雇用管理者）

第十七条　事業主は、常時厚生労働省令で定める数以上の短時間・有期雇用労働者を雇用する事業所ごとに、厚生労働省令で定めるところにより、指針に定める事項その他の短時間・有期雇用労働者の雇用管理の改善等に関する事項を管理させるため、短時間・有期雇用管理者を選任するように努めるものとする。

（報告の徴収並びに助言、指導及び勧告等）

第十八条　厚生労働大臣は、短時間・有期雇用労働者の雇用管理の改善等を図るため必要があると認めるときは、短時間・有期雇用労働者を雇用する事業主に対して、報告を求め、又は助言、指導若しくは勧告をすることができる。

2・3　（略）

第二節　事業主等に対する国の援助等

（事業主等に対する援助）

第十九条　国は、短時間・有期雇用労働者の雇用管理の改善等の促進その他その福祉の増進を図るため、短時間・有期雇用労働者を雇用する事業主、事業主の団体その他の関係者に対して、短時間・有期雇用労働者の雇用管理の改善等に関する事項についての相談及び助言その他の必要な援助を行うことができる。

（職業訓練の実施等）

第二十条　国、都道府県及び独立行政法人高齢・障害・求職者雇用支援機構は、

る事項に関する決定をするに当たって考慮した事項について、当該短時間労働者に説明しなければならない。

（新設）

（指針）
第十五条　厚生労働大臣は、第六条から前条までに定めるもののほか、第三条第一項の事業主が講ずべき雇用管理の改善等に関する措置等に関し、その適切かつ有効な実施を図るために必要な指針（以下この節において「指針」という。）を定めるものとする。
2　　第五条第三項から第五項までの規定は指針の策定について、同条第四項及び第五項の規定は指針の変更について準用する。
（相談のための体制の整備）
第十六条　事業主は、短時間労働者の雇用管理の改善等に関する事項に関し、その雇用する短時間労働者からの相談に応じ、適切に対応するために必要な体制を整備しなければならない。
（短時間雇用管理者）
第十七条　事業主は、常時厚生労働省令で定める数以上の短時間労働者を雇用する事業所ごとに、厚生労働省令で定めるところにより、指針に定める事項その他の短時間労働者の雇用管理の改善等に関する事項を管理させるため、短時間雇用管理者を選任するように努めるものとする。
（報告の徴収並びに助言、指導及び勧告等）
第十八条　厚生労働大臣は、短時間労働者の雇用管理の改善等を図るため必要があると認めるときは、短時間労働者を雇用する事業主に対して、報告を求め、又は助言、指導若しくは勧告をすることができる。
2　厚生労働大臣は、第六条第一項、第九条、第十一条第一項、第十二条から第十四条まで及び第十六条の規定に違反している事業主に対し、前項の規定による勧告をした場合において、その勧告を受けた者がこれに従わなかったときは、その旨を公表することができる。
3　　前二項に定める厚生労働大臣の権限は、厚生労働省令で定めるところにより、その一部を都道府県労働局長に委任することができる。
　　　　　　第二節　事業主等に対する国の援助等
（事業主等に対する援助）
第十九条　国は、短時間労働者の雇用管理の改善等の促進その他その福祉の増進を図るため、短時間労働者を雇用する事業主、事業主の団体その他の関係者に対して、短時間労働者の雇用管理の改善等に関する事項についての相談及び助言その他の必要な援助を行うことができる。
（職業訓練の実施等）
第二十条　国、都道府県及び独立行政法人高齢・障害・求職者雇用支援機構は、

短時間・有期雇用労働者及び短時間・有期雇用労働者になろうとする者がその職業能力の開発及び向上を図ることを促進するため、短時間・有期雇用労働者、短時間・有期雇用労働者になろうとする者その他関係者に対して職業能力の開発及び向上に関する啓発活動を行うように努めるとともに、職業訓練の実施について特別の配慮をするものとする。

（職業紹介の充実等）

第二十一条　国は、短時間・有期雇用労働者になろうとする者がその適性、能力、経験、技能の程度等にふさわしい職業を選択し、及び職業に適応することを容易にするため、雇用情報の提供、職業指導及び職業紹介の充実等必要な措置を講ずるように努めるものとする。

　　　　第四章　紛争の解決
　　　　　第一節　紛争の解決の援助等

（苦情の自主的解決）

第二十二条　事業主は、第六条第一項、第八条、第九条、第十一条第一項及び第十二条から第十四条までに定める事項に関し、短時間・有期雇用労働者から苦情の申出を受けたときは、苦情処理機関（事業主を代表する者及び当該事業所の労働者を代表する者を構成員とする当該事業所の労働者の苦情を処理するための機関をいう。）に対し当該苦情の処理を委ねる等その自主的な解決を図るように努めるものとする。

（紛争の解決の促進に関する特例）

第二十三条　前条の事項についての短時間・有期雇用労働者と事業主との間の紛争については、個別労働関係紛争の解決の促進に関する法律（平成十三年法律第百十二号）第四条、第五条及び第十二条から第十九条までの規定は適用せず、次条から第二十七条までに定めるところによる。

（紛争の解決の援助）

第二十四条　（略）

2　事業主は、短時間・有期雇用労働者が前項の援助を求めたことを理由として、当該短時間・有期雇用労働者に対して解雇その他不利益な取扱いをしてはならない。

　　　　第二節　調停

（調停の委任）

第二十五条　（略）

2　前条第二項の規定は、短時間・有期雇用労働者が前項の申請をした場合について準用する。

短時間労働者及び短時間労働者になろうとする者がその職業能力の開発及び向上を図ることを促進するため、短時間労働者、短時間労働者になろうとする者その他関係者に対して職業能力の開発及び向上に関する啓発活動を行うように努めるとともに、職業訓練の実施について特別の配慮をするものとする。

（職業紹介の充実等）

第二十一条　国は、短時間労働者になろうとする者がその適性、能力、経験、技能の程度等にふさわしい職業を選択し、及び職業に適応することを容易にするため、雇用情報の提供、職業指導及び職業紹介の充実等必要な措置を講ずるように努めるものとする。

第四章　紛争の解決
第一節　紛争の解決の援助

（苦情の自主的解決）

第二十二条　事業主は、第六条第一項、第九条、第十一条第一項及び第十二条から第十四条までに定める事項に関し、短時間労働者から苦情の申出を受けたときは、苦情処理機関（事業主を代表する者及び当該事業所の労働者を代表する者を構成員とする当該事業所の労働者の苦情を処理するための機関をいう。）に対し当該苦情の処理を委ねる等その自主的な解決を図るように努めるものとする。

（紛争の解決の促進に関する特例）

第二十三条　前条の事項についての短時間労働者と事業主との間の紛争については、個別労働関係紛争の解決の促進に関する法律（平成十三年法律第百十二号）第四条、第五条及び第十二条から第十九条までの規定は適用せず、次条から第二十七条までに定めるところによる。

（紛争の解決の援助）

第二十四条　都道府県労働局長は、前条に規定する紛争に関し、当該紛争の当事者の双方又は一方からその解決につき援助を求められた場合には、当該紛争の当事者に対し、必要な助言、指導又は勧告をすることができる。

2　事業主は、短時間労働者が前項の援助を求めたことを理由として、当該短時間労働者に対して解雇その他不利益な取扱いをしてはならない。

第二節　調停

（調停の委任）

第二十五条　都道府県労働局長は、第二十三条に規定する紛争について、当該紛争の当事者の双方又は一方から調停の申請があった場合において当該紛争の解決のために必要があると認めるときは、個別労働関係紛争の解決の促進に関する法律第六条第一項の紛争調整委員会に調停を行わせるものとする。

2　前条第二項の規定は、短時間労働者が前項の申請をした場合について準用する。

（調停）

第二十六条　雇用の分野における男女の均等な機会及び待遇の確保等に関する法律（昭和四十七年法律第百十三号）第十九条、第二十条第一項及び第二十一条から第二十六条までの規定は、前条第一項の調停の手続について準用する。この場合において、同法第十九条第一項中「前条第一項」とあるのは「短時間労働者及び有期雇用労働者の雇用管理の改善等に関する法律第二十五条第一項」と、同法第二十条第一項中「関係当事者」とあるのは「関係当事者又は関係当事者と同一の事業所に雇用される労働者その他の参考人」と、同法第二十五条第一項中「第十八条第一項」とあるのは「短時間労働者及び有期雇用労働者の雇用管理の改善等に関する法律第二十五条第一項」と読み替えるものとする。

第五章　雑則

（雇用管理の改善等の研究等）

第二十八条　厚生労働大臣は、短時間・有期雇用労働者がその有する能力を有効に発揮することができるようにするため、短時間・有期雇用労働者のその職域の拡大に応じた雇用管理の改善等に関する措置その他短時間・有期雇用労働者の雇用管理の改善等に関し必要な事項について、調査、研究及び資料の整備に努めるものとする。

（調停）

第二十六条　雇用の分野における男女の均等な機会及び待遇の確保等に関する法律（昭和四十七年法律第百十三号）第十九条、第二十条第一項及び第二十一条から第二十六条までの規定は、前条第一項の調停の手続について準用する。この場合において、同法第十九条第一項中「前条第一項」とあるのは「短時間労働者の雇用管理の改善等に関する法律第二十五条第一項」と、同法第二十条第一項中「関係当事者」とあるのは「関係当事者又は関係当事者と同一の事業所に雇用される労働者その他の参考人」と、同法第二十五条第一項中「第十八条第一項」とあるのは「短時間労働者の雇用管理の改善等に関する法律第二十五条第一項」と読み替えるものとする。

　　　　第五章　雑則

（雇用管理の改善等の研究等）

第二十八条　厚生労働大臣は、短時間労働者がその有する能力を有効に発揮することができるようにするため、短時間労働者のその職域の拡大に応じた雇用管理の改善等に関する措置その他短時間労働者の雇用管理の改善等に関し必要な事項について、調査、研究及び資料の整備に努めるものとする。

労働者派遣事業の適正な運営の確保及び派遣労働者の保護等に関する法律（昭和六十年法律第八十八号）新旧対照条文

改正法

第三章　派遣労働者の保護等に関する措置
　　第一節　労働者派遣契約
（契約の内容等）
第二十六条　（略）

２・３　（略）
４　派遣元事業主から新たな労働者派遣契約に基づく労働者派遣（第四十条の二第一項各号のいずれかに該当するものを除く。次項において同じ。）の役務の提供を受けようとする者は、第一項の規定により当該労働者派遣契約を締結するに当たつては、あらかじめ、当該派遣元事業主に対し、当該労働者派遣の役務の提供が開始される日以後当該労働者派遣の役務の提供を受けようとする者の事業所その他派遣就業の場所の業務について同条第一項の規定に抵触することとなる最初の日を通知しなければならない。
５・６　（略）
７　労働者派遣の役務の提供を受けようとする者は、第一項の規定により労働者派遣契約を締結するに当たつては、あらかじめ、派遣元事業主に対し、厚生労働省令で定めるところにより、当該労働者派遣に係る派遣労働者が従事する業務ごとに、比較対象労働者の賃金その他の待遇に関する情報その他の厚生労働省令で定める情報を提供しなければならない。
８　前項の「比較対象労働者」とは、当該労働者派遣の役務の提供を受けようとする者に雇用される通常の労働者であつて、その業務の内容及び当該業務に伴う責任の程度（以下「職務の内容」という。）並びに当該職務の内容及び配置の変更の範囲が、当該労働者派遣に係る派遣労働者と同一であると見込まれるものその他の当該派遣労働者と待遇を比較すべき労働者として厚生労働省令で定めるものをいう。
９　派遣元事業主は、労働者派遣の役務の提供を受けようとする者から第七項の規定による情報の提供がないときは、当該者との間で、当該労働者派遣に係る派遣労働者が従事する業務に係る労働者派遣契約を締結してはならない。
10　派遣先は、第七項の情報に変更があつたときは、遅滞なく、厚生労働省令で

改正前

　　　第三章　派遣労働者の保護等に関する措置
　　　　第一節　労働者派遣契約
　（契約の内容等）
第二十六条　労働者派遣契約（当事者の一方が相手方に対し労働者派遣をすることを約する契約をいう。以下同じ。）の当事者は、厚生労働省令で定めるところにより、当該労働者派遣契約の締結に際し、次に掲げる事項を定めるとともに、その内容の差異に応じて派遣労働者の人数を定めなければならない。
　一～十　（略）
２・３　（略）
４　派遣元事業主から新たな労働者派遣契約に基づく労働者派遣（第四十条の二第一項各号のいずれかに該当するものを除く。次項において同じ。）の役務の提供を受けようとする者は、第一項の規定により当該労働者派遣契約を締結するに当たり、あらかじめ、当該派遣元事業主に対し、当該労働者派遣の役務の提供が開始される日以後当該労働者派遣の役務の提供を受けようとする者の事業所その他派遣就業の場所の業務について同条第一項の規定に抵触することとなる最初の日を通知しなければならない。
５・６　（略）
（新設）

（新設）

（新設）

（新設）

定めるところにより、派遣元事業主に対し、当該変更の内容に関する情報を提供しなければならない。

11 労働者派遣の役務の提供を受けようとする者及び派遣先は、当該労働者派遣に関する料金の額について、派遣元事業主が、第三十条の四第一項の協定に係る労働者派遣以外の労働者派遣にあつては第三十条の三の規定、同項の協定に係る労働者派遣にあつては同項第二号から第五号までに掲げる事項に関する協定の定めを遵守することができるものとなるように配慮しなければならない。

第二節　派遣元事業主の講ずべき措置等

（不合理な待遇の禁止等）

第三十条の三　派遣元事業主は、その雇用する派遣労働者の基本給、賞与その他の待遇のそれぞれについて、当該待遇に対応する派遣先に雇用される通常の労働者の待遇との間において、当該派遣労働者及び通常の労働者の職務の内容、当該職務の内容及び配置の変更の範囲その他の事情のうち、当該待遇の性質及び当該待遇を行う目的に照らして適切と認められるものを考慮して、不合理と認められる相違を設けてはならない。

2　派遣元事業主は、職務の内容が派遣先に雇用される通常の労働者と同一の派遣労働者であつて、当該労働者派遣契約及び当該派遣先における慣行その他の事情からみて、当該派遣先における派遣就業が終了するまでの全期間において、その職務の内容及び配置が当該派遣先との雇用関係が終了するまでの全期間における当該通常の労働者の職務の内容及び配置の変更の範囲と同一の範囲で変更されることが見込まれるものについては、正当な理由がなく、基本給、賞与その他の待遇のそれぞれについて、当該待遇に対応する当該通常の労働者の待遇に比して不利なものとしてはならない。

第三十条の四　派遣元事業主は、厚生労働省令で定めるところにより、労働者の過半数で組織する労働組合がある場合においてはその労働組合、労働者の過半数で組織する労働組合がない場合においては労働者の過半数を代表する者との書面による協定により、その雇用する派遣労働者の待遇（第四十条第二項の教育訓練、同条第三項の福利厚生施設その他の厚生労働省令で定めるものに係るものを除く。以下この項において同じ。）について、次に掲げる事項を定めたときは、前条の規定は、第一号に掲げる範囲に属する派遣労働者の待遇については適用しない。ただし、第二号、第四号若しくは第五号に掲げる事項であつて当該協定で定めたものを遵守していない場合又は第三号に関する当該協定の定めによる公正な評価に取り組んでいない場合は、この限りでない。

一　その待遇が当該協定で定めるところによることとされる派遣労働者の範囲

二　前号に掲げる範囲に属する派遣労働者の賃金の決定の方法（次のイ及びロ（通勤手当その他の厚生労働省令で定めるものにあつては、イ）に該当するものに限る。）

　　イ　派遣労働者が従事する業務と同種の業務に従事する一般の労働者の平均的な賃金の額として厚生労働省令で定めるものと同等以上の賃金の額となるものであること。

（新設）

　　　第二節　派遣元事業主の講ずべき措置等
（均衡を考慮した待遇の確保）
第三十条の三　派遣元事業主は、その雇用する派遣労働者の従事する業務と同種の業務に従事する派遣先に雇用される労働者の賃金水準との均衡を考慮しつつ、当該派遣労働者の従事する業務と同種の業務に従事する一般の労働者の賃金水準又は当該派遣労働者の職務の内容、職務の成果、意欲、能力若しくは経験等を勘案し、当該派遣労働者の賃金を決定するように配慮しなければならない。
2　派遣元事業主は、その雇用する派遣労働者の従事する業務と同種の業務に従事する派遣先に雇用される労働者との均衡を考慮しつつ、当該派遣労働者について、教育訓練及び福利厚生の実施その他当該派遣労働者の円滑な派遣就業の確保のために必要な措置を講ずるように配慮しなければならない。

（新設）

ロ　派遣労働者の職務の内容、職務の成果、意欲、能力又は経験その他の就業の実態に関する事項の向上があつた場合に賃金が改善されるものであること。
　三　派遣元事業主は、前号に掲げる賃金の決定の方法により賃金を決定するに当たつては、派遣労働者の職務の内容、職務の成果、意欲、能力又は経験その他の就業の実態に関する事項を公正に評価し、その賃金を決定すること。
　四　第一号に掲げる範囲に属する派遣労働者の待遇（賃金を除く。以下この号において同じ。）の決定の方法（派遣労働者の待遇のそれぞれについて、当該待遇に対応する派遣元事業主に雇用される通常の労働者（派遣労働者を除く。）の待遇との間において、当該派遣労働者及び通常の労働者の職務の内容、当該職務の内容及び配置の変更の範囲その他の事情のうち、当該待遇の性質及び当該待遇を行う目的に照らして適切と認められるものを考慮して、不合理と認められる相違が生じることとならないものに限る。）
　五　派遣元事業主は、第一号に掲げる範囲に属する派遣労働者に対して第三十条の二第一項の規定による教育訓練を実施すること。
　六　前各号に掲げるもののほか、厚生労働省令で定める事項
2　前項の協定を締結した派遣元事業主は、厚生労働省令で定めるところにより、当該協定をその雇用する労働者に周知しなければならない。
　（職務の内容等を勘案した賃金の決定）
第三十条の五　派遣元事業主は、派遣先に雇用される通常の労働者との均衡を考慮しつつ、その雇用する派遣労働者（第三十条の三第二項の派遣労働者及び前条第一項の協定で定めるところによる待遇とされる派遣労働者（以下「協定対象派遣労働者」という。）を除く。）の職務の内容、職務の成果、意欲、能力又は経験その他の就業の実態に関する事項を勘案し、その賃金（通勤手当その他の厚生労働省令で定めるものを除く。）を決定するように努めなければならない。
　（就業規則の作成の手続）
第三十条の六　派遣元事業主は、派遣労働者に係る事項について就業規則を作成し、又は変更しようとするときは、あらかじめ、当該事業所において雇用する派遣労働者の過半数を代表すると認められるものの意見を聴くように努めなければならない。
　（派遣労働者等の福祉の増進）
第三十条の七　第三十条から前条までに規定するもののほか、派遣元事業主は、その雇用する派遣労働者又は派遣労働者として雇用しようとする労働者について、各人の希望、能力及び経験に応じた就業の機会（派遣労働者以外の労働者としての就業の機会を含む。）及び教育訓練の機会の確保、労働条件の向上その他雇用の安定を図るために必要な措置を講ずることにより、これらの者の福祉の増進を図るように努めなければならない。
　（待遇に関する事項等の説明）
第三十一条の二　（略）

（新設）

（新設）

　（派遣労働者等の福祉の増進）
<u>第三十条の四</u>　前三条に規定するもののほか、派遣元事業主は、その雇用する
　派遣労働者又は派遣労働者として雇用しようとする労働者について、各人の
　希望、能力及び経験に応じた就業の機会（派遣労働者以外の労働者としての
　就業の機会を含む。）及び教育訓練の機会の確保、労働条件の向上その他雇
　用の安定を図るために必要な措置を講ずることにより、これらの者の福祉の
　増進を図るように努めなければならない。
　（待遇に関する事項等の説明）
第三十一条の二　（略）

2 派遣元事業主は、労働者を派遣労働者として雇い入れようとするときは、あらかじめ、当該労働者に対し、文書の交付その他厚生労働省令で定める方法（次項において「文書の交付等」という。）により、第一号に掲げる事項を明示するとともに、厚生労働省令で定めるところにより、第二号に掲げる措置の内容を説明しなければならない。

　　一　労働条件に関する事項のうち、労働基準法第十五条第一項に規定する厚生労働省令で定める事項以外のものであつて厚生労働省令で定めるもの

　　二　第三十条の三、第三十条の四第一項及び第三十条の五の規定により措置を講ずべきこととされている事項（労働基準法第十五条第一項に規定する厚生労働省令で定める事項及び前号に掲げる事項を除く。）に関し講ずることとしている措置の内容

3 派遣元事業主は、労働者派遣（第三十条の四第一項の協定に係るものを除く。）をしようとするときは、あらかじめ、当該労働者派遣に係る派遣労働者に対し、文書の交付等により、第一号に掲げる事項を明示するとともに、厚生労働省令で定めるところにより、第二号に掲げる措置の内容を説明しなければならない。

　　一　労働基準法第十五条第一項に規定する厚生労働省令で定める事項及び前項第一号に掲げる事項（厚生労働省令で定めるものを除く。）

　　二　前項第二号に掲げる措置の内容

4 派遣元事業主は、その雇用する派遣労働者から求めがあつたときは、当該派遣労働者に対し、当該派遣労働者と第二十六条第八項に規定する比較対象労働者との間の待遇の相違の内容及び理由並びに第三十条の三から第三十条の六までの規定により措置を講ずべきこととされている事項に関する決定をするに当たつて考慮した事項を説明しなければならない。

5 派遣元事業主は、派遣労働者が前項の求めをしたことを理由として、当該派遣労働者に対して解雇その他不利益な取扱いをしてはならない。

　（派遣先への通知）

第三十五条　派遣元事業主は、労働者派遣をするときは、厚生労働省令で定めるところにより、次に掲げる事項を派遣先に通知しなければならない。

　　一　（略）

　　二　当該労働者派遣に係る派遣労働者が協定対象派遣労働者であるか否かの別

　　三～六　（略）

（新設）

（新設）

<u>2　派遣元事業主は、その雇用する派遣労働者から求めがあつたときは、第三</u>
<u>十条の三の規定により配慮すべきこととされている事項に関する決定をする</u>
<u>に当たつて考慮した事項について、当該派遣労働者に説明しなければならな</u>
<u>い。</u>

（新設）

（派遣先への通知）
第三十五条　派遣元事業主は、労働者派遣をするときは、厚生労働省令で定め
るところにより、次に掲げる事項を派遣先に通知しなければならない。
　一　当該労働者派遣に係る派遣労働者の氏名
　（新設）
　<u>二</u>　当該労働者派遣に係る派遣労働者が無期雇用派遣労働者であるか有期雇
　　用派遣労働者であるかの別
　<u>三</u>　当該労働者派遣に係る派遣労働者が第四十条の二第一項第二号の厚生労
　　働省令で定める者であるか否かの別
　<u>四</u>　当該労働者派遣に係る派遣労働者に関する健康保険法第三十九条第一項
　　の規定による被保険者の資格の取得の確認、厚生年金保険法第十八条第一
　　項の規定による被保険者の資格の取得の確認及び雇用保険法第九条第一項
　　の規定による被保険者となつたことの確認の有無に関する事項であつて厚
　　生労働省令で定めるもの

2　派遣元事業主は、前項の規定による通知をした後に同項第二号から第五号までに掲げる事項に変更があつたときは、遅滞なく、その旨を当該派遣先に通知しなければならない。
（派遣元管理台帳）
第三十七条　派遣元事業主は、厚生労働省令で定めるところにより、派遣就業に関し、派遣元管理台帳を作成し、当該台帳に派遣労働者ごとに次に掲げる事項を記載しなければならない。
　<u>一　協定対象派遣労働者であるか否かの別</u>
　<u>二～十三</u>　（略）

2　（略）
　　　　第三節　派遣先の講ずべき措置等
　（適正な派遣就業の確保等）
第四十条　（略）

2　派遣先は、その指揮命令の下に労働させる派遣労働者について、当該派遣労働者を雇用する派遣元事業主からの求めに応じ、当該派遣労働者が従事する業務と同種の業務に従事するその雇用する労働者が従事する業務の遂行に必要な能力を付与するための教育訓練については、<u>当該派遣労働者が当該業務に必要な能力を習得することができるようにするため、</u>当該派遣労働者が既に当該業務に必要な能力を有している場合その他厚生労働省令で定める場合を除き、<u>当該派遣労働者に対しても、これを</u>実施する等必要な措置を講じなければならない。

五　その他厚生労働省令で定める事項

2　派遣元事業主は、前項の規定による通知をした後に同項第二号から第四号までに掲げる事項に変更があつたときは、遅滞なく、その旨を当該派遣先に通知しなければならない。

（派遣元管理台帳）

第三十七条　派遣元事業主は、厚生労働省令で定めるところにより、派遣就業に関し、派遣元管理台帳を作成し、当該台帳に派遣労働者ごとに次に掲げる事項を記載しなければならない。

（新設）

一　無期雇用派遣労働者であるか有期雇用派遣労働者であるかの別（当該派遣労働者が有期雇用派遣労働者である場合にあつては、当該有期雇用派遣労働者に係る労働契約の期間）

二　第四十条の二第一項第二号の厚生労働省令で定める者であるか否かの別

三　派遣先の氏名又は名称

四　事業所の所在地その他派遣就業の場所及び組織単位

五　労働者派遣の期間及び派遣就業をする日

六　始業及び終業の時刻

七　従事する業務の種類

八　第三十条第一項（同条第二項の規定により読み替えて適用する場合を含む。）の規定により講じた措置

九　教育訓練（厚生労働省令で定めるものに限る。）を行つた日時及び内容

十　派遣労働者から申出を受けた苦情の処理に関する事項

十一　紹介予定派遣に係る派遣労働者については、当該紹介予定派遣に関する事項

十二　その他厚生労働省令で定める事項

2　（略）

第三節　派遣先の講ずべき措置等

（適正な派遣就業の確保等）

第四十条　派遣先は、その指揮命令の下に労働させる派遣労働者から当該派遣就業に関し、苦情の申出を受けたときは、当該苦情の内容を当該派遣元事業主に通知するとともに、当該派遣元事業主との密接な連携の下に、誠意をもつて、遅滞なく、当該苦情の適切かつ迅速な処理を図らなければならない。

2　派遣先は、その指揮命令の下に労働させる派遣労働者について、当該派遣労働者を雇用する派遣元事業主からの求めに応じ、当該派遣労働者が従事する業務と同種の業務に従事するその雇用する労働者が従事する業務の遂行に必要な能力を付与するための教育訓練については、当該派遣労働者が既に当該業務に必要な能力を有している場合その他厚生労働省令で定める場合を除き、派遣労働者に対しても、これを実施するよう配慮しなければならない。

3　派遣先は、当該派遣先に雇用される労働者に対して利用の機会を与える福利厚生施設であつて、業務の円滑な遂行に資するものとして厚生労働省令で定めるものについては、その指揮命令の下に労働させる派遣労働者に対しても、利用の機会を<u>与えなければならない。</u>

4　前三項に定めるもののほか、派遣先は、その指揮命令の下に労働させる派遣労働者について、当該派遣就業が適正かつ円滑に行われるようにするため、適切な就業環境の維持、診療所等の施設であつて現に当該派遣先に雇用される労働者が通常利用しているもの（前項に規定する厚生労働省令で定める福利厚生施設を除く。）の利用に関する便宜の供与等必要な措置を講ずるように<u>配慮しなければならない。</u>

（削る）

<u>5　派遣先は、第三十条の二、第三十条の三、第三十条の四第一項及び第三十一条の二第四項の規定による措置が適切に講じられるようにするため、派遣元事業主の求めに応じ、当該派遣先に雇用される労働者に関する情報、当該派遣労働者の業務の遂行の状況その他の情報であつて当該措置に必要なものを提供する等必要な協力をするように配慮しなければならない。</u>

（派遣先管理台帳）

第四十二条　派遣先は、厚生労働省令で定めるところにより、派遣就業に関し、派遣先管理台帳を作成し、当該台帳に派遣労働者ごとに次に掲げる事項を記載しなければならない。

　一　<u>協定対象派遣労働者であるか否かの別</u>

　<u>二</u>～十一　（略）

2　（略）

3　派遣先は、厚生労働省令で定めるところにより、第一項各号（<u>第四号を除く。</u>）

3　派遣先は、当該派遣先に雇用される労働者に対して利用の機会を与える福利厚生施設であつて、業務の円滑な遂行に資するものとして厚生労働省令で定めるものについては、その指揮命令の下に労働させる派遣労働者に対しても、利用の機会を与えるように配慮しなければならない。

4　前三項に定めるもののほか、派遣先は、その指揮命令の下に労働させる派遣労働者について、当該派遣就業が適正かつ円滑に行われるようにするため、適切な就業環境の維持、診療所等の施設であつて現に当該派遣先に雇用される労働者が通常利用しているもの（前項に規定する厚生労働省令で定める福利厚生施設を除く。）の利用に関する便宜の供与等必要な措置を講ずるように努めなければならない。

5　派遣先は、第三十条の三第一項の規定により賃金が適切に決定されるようにするため、派遣元事業主の求めに応じ、その指揮命令の下に労働させる派遣労働者が従事する業務と同種の業務に従事する当該派遣先に雇用される労働者の賃金水準に関する情報又は当該業務に従事する労働者の募集に係る事項を提供することその他の厚生労働省令で定める措置を講ずるように配慮しなければならない。

6　前項に定めるもののほか、派遣先は、第三十条の二及び第三十条の三の規定による措置が適切に講じられるようにするため、派遣元事業主の求めに応じ、その指揮命令の下に労働させる派遣労働者が従事する業務と同種の業務に従事する当該派遣先に雇用される労働者に関する情報、当該派遣労働者の業務の遂行の状況その他の情報であつて当該措置に必要なものを提供する等必要な協力をするように努めなければならない。

（派遣先管理台帳）

第四十二条　派遣先は、厚生労働省令で定めるところにより、派遣就業に関し、派遣先管理台帳を作成し、当該台帳に派遣労働者ごとに次に掲げる事項を記載しなければならない。

（新設）

一　無期雇用派遣労働者であるか有期雇用派遣労働者であるかの別

二　第四十条の二第一項第二号の厚生労働省令で定める者であるか否かの別

三　派遣元事業主の氏名又は名称

四　派遣就業をした日

五　派遣就業をした日ごとの始業し、及び終業した時刻並びに休憩した時間

六　従事した業務の種類

七　派遣労働者から申出を受けた苦情の処理に関する事項

八　紹介予定派遣に係る派遣労働者については、当該紹介予定派遣に関する事項

九　教育訓練（厚生労働省令で定めるものに限る。）を行つた日時及び内容

十　その他厚生労働省令で定める事項

2　（略）

3　派遣先は、厚生労働省令で定めるところにより、第一項各号（第三号を除

に掲げる事項を派遣元事業主に通知しなければならない。

　　　　第四章　紛争の解決
　　　　　第一節　紛争の解決の援助等
　（苦情の自主的解決）
第四十七条の四　派遣元事業主は、第三十条の三、第三十条の四及び第三十一条
　の二第二項から第五項までに定める事項に関し、派遣労働者から苦情の申出を
　受けたとき、又は派遣労働者が派遣先に対して申し出た苦情の内容が当該派遣
　先から通知されたときは、その自主的な解決を図るように努めなければならな
　い。
２　派遣先は、第四十条第二項及び第三項に定める事項に関し、派遣労働者から
　苦情の申出を受けたときは、その自主的な解決を図るように努めなければなら
　ない。
　（紛争の解決の促進に関する特例）
第四十七条の五　前条第一項の事項についての派遣労働者と派遣元事業主との間
　の紛争及び同条第二項の事項についての派遣労働者と派遣先との間の紛争につ
　いては、個別労働関係紛争の解決の促進に関する法律（平成十三年法律第百十
　二号）第四条、第五条及び第十二条から第十九条までの規定は適用せず、次条
　から第四十七条の九までに定めるところによる。
　（紛争の解決の援助）
第四十七条の六　都道府県労働局長は、前条に規定する紛争に関し、当該紛争の
　当事者の双方又は一方からその解決につき援助を求められた場合には、当該紛
　争の当事者に対し、必要な助言、指導又は勧告をすることができる。
２　派遣元事業主及び派遣先は、派遣労働者が前項の援助を求めたことを理由と
　して、当該派遣労働者に対して不利益な取扱いをしてはならない。
　　　　　第二節　調停
　（調停の委任）
第四十七条の七　都道府県労働局長は、第四十七条の五に規定する紛争について、
　当該紛争の当事者の双方又は一方から調停の申請があつた場合において当該紛
　争の解決のために必要があると認めるときは、個別労働関係紛争の解決の促進
　に関する法律第六条第一項の紛争調整委員会に調停を行わせるものとする。
２　前条第二項の規定は、派遣労働者が前項の申請をした場合について準用する。
　（調停）
第四十七条の八　雇用の分野における男女の均等な機会及び待遇の確保等に関す
　る法律第十九条、第二十条第一項及び第二十一条から第二十六条までの規定
　は、前条第一項の調停の手続について準用する。この場合において、同法第十
　九条第一項中「前条第一項」とあるのは「労働者派遣事業の適正な運営の確保
　及び派遣労働者の保護等に関する法律第四十七条の七第一項」と、同法第二十
　条第一項中「関係当事者」とあるのは「関係当事者又は関係当事者と同一の事
　業所に雇用される労働者その他の参考人」と、同法第二十五条第一項中「第十

く。）に掲げる事項を派遣元事業主に通知しなければならない。

　　（新設）
　　　（新設）

（新設）

（新設）

（新設）

　　（新設）

（新設）

（新設）

八条第一項」とあるのは「労働者派遣事業の適正な運営の確保及び派遣労働者の保護等に関する法律第四十七条の七第一項」と読み替えるものとする。
　（厚生労働省令への委任）
第四十七条の九　この節に定めるもののほか、調停の手続に関し必要な事項は、厚生労働省令で定める。

　　　　第五章　雑則
　（事業主団体等の責務）
第四十七条の十　（略）
　（指針）
第四十七条の十一　厚生労働大臣は、第二十四条の三及び第三章第一節から第三節までの規定により派遣元事業主及び派遣先が講ずべき措置に関して、その適切かつ有効な実施を図るため必要な指針を公表するものとする。
　（指導及び助言等）
第四十八条　厚生労働大臣は、この法律（第三章第四節の規定を除く。第四十九条の三第一項、第五十条及び第五十一条第一項において同じ。）の施行に関し必要があると認めるときは、労働者派遣をする事業主及び労働者派遣の役務の提供を受ける者に対し、労働者派遣事業の適正な運営又は適正な派遣就業を確保するために必要な指導及び助言をすることができる。
２・３　（略）
　（公表等）
第四十九条の二　厚生労働大臣は、労働者派遣の役務の提供を受ける者が、第四条第三項、第二十四条の二、第二十六条第七項若しくは第十項、第四十条第二項若しくは第三項、第四十条の二第一項、第四項若しくは第五項、第四十条の三若しくは第四十条の九第一項の規定に違反しているとき、又はこれらの規定に違反して第四十八条第一項の規定による指導若しくは助言を受けたにもかかわらずなおこれらの規定に違反するおそれがあると認めるときは、当該労働者派遣の役務の提供を受ける者に対し、第四条第三項、第二十四条の二、第二十六条第七項若しくは第十項、第四十条第二項若しくは第三項、第四十条の二第一項、第四項若しくは第五項、第四十条の三若しくは第四十条の九第一項の規定に違反する派遣就業を是正するために必要な措置又は当該派遣就業が行われることを防止するために必要な措置をとるべきことを勧告することができる。
２　（略）

　　　　第六章　罰則

（新設）

　　　第四章　雑則
　（事業主団体等の責務）
<u>第四十七条の四</u>　（略）
　（指針）
<u>第四十七条の五</u>　厚生労働大臣は、第二十四条の三及び<u>前章第一節から第三節</u>までの規定により派遣元事業主及び派遣先が講ずべき措置に関して、その適切かつ有効な実施を図るため必要な指針を公表するものとする。
　（指導及び助言等）
第四十八条　厚生労働大臣は、この法律（<u>前章第四節の規定を除く。第四十九条の三第一項、第五十条及び第五十一条第一項において同じ。</u>）の施行に関し必要があると認めるときは、労働者派遣をする事業主及び労働者派遣の役務の提供を受ける者に対し、労働者派遣事業の適正な運営又は適正な派遣就業を確保するために必要な指導及び助言をすることができる。
２・３　（略）
　（公表等）
第四十九条の二　厚生労働大臣は、労働者派遣の役務の提供を受ける者が、第四条第三項、第二十四条の二、第四十条の二第一項、第四項若しくは第五項、第四十条の三若しくは第四十条の九第一項の規定に違反しているとき、又はこれらの規定に違反して第四十八条第一項の規定による指導若しくは助言を受けたにもかかわらずなおこれらの規定に違反するおそれがあると認めるときは、当該労働者派遣の役務の提供を受ける者に対し、第四条第三項、第二十四条の二、第四十条の二第一項、第四項若しくは第五項、第四十条の三若しくは第四十条の九第一項の規定に違反する派遣就業を是正するために必要な措置又は当該派遣就業が行われることを防止するために必要な措置をとるべきことを勧告することができる。

２　（略）

　　　第五章　罰則

短時間労働者及び有期雇用労働者の雇用管理の改善等に関する法律施行規則（平成五年労働省令第三十四号）

（下線は改正部分）

<u>短時間労働者及び有期雇用労働者の雇用管理の改善等に関する法律施行規則</u>

（法第二条第一項の厚生労働省令で定める場合）

第一条　<u>短時間労働者及び有期雇用労働者の</u>雇用管理の改善等に関する法律（平成五年法律第七十六号。以下「法」という。）第二条第一項の厚生労働省令で定める場合は、同一の事業主に雇用される通常の労働者の従事する業務が二以上あり、かつ、当該事業主に雇用される通常の労働者と同種の業務に従事する労働者の数が当該通常の労働者の数に比し著しく多い業務（当該業務に従事する通常の労働者の一週間の所定労働時間が他の業務に従事する通常の労働者の一週間の所定労働時間のいずれよりも長い場合に係る業務を除く。）に当該<u>事業主に雇用される労働者</u>が従事するが場合とする。

（法第六条第一項の明示事項及び明示の方法）

第二条　法第六条第一項の厚生労働省令で定める<u>短時間・有期雇用労働者</u>に対して明示しなければならない労働条件に関する事項は、次に掲げるものとする。

　一～三　（略）

　四　<u>短時間・有期雇用労働者</u>の雇用管理の改善等に関する事項に係る相談窓口

<u>２　事業主は、法第六条第一項の規定により短時間・有期雇用労働者に対して明示しなければならない労働条件を事実と異なるものとしてはならない。</u>

<u>３</u>　法第六条第一項の厚生労働省令で定める方法は、<u>第一項各号に掲げる事項が明らかとなる</u>次のいずれかの方法によることを当該<u>短時間・有期雇用労働者</u>が希望した場合における当該方法とする。

　一　（略）

　二　電子メールその他のその受信をする者を特定して情報を伝達するために用いられる電気通信（電気通信事業法（昭和五十九年法律第八十六号）第二条第一号に規定する電気通信をいう。以下この号において「電子メール等」という。）の送信の方法（当該<u>短時間・有期雇用労働者</u>が当該電子メール等の記録を出力することにより書面を作成することができるものに限る。）

<u>４</u>　前項第一号の方法により行われた法第六条第一項に規定する特定事項（以下この項において「特定事項」という。）の明示は、当該<u>短時間・有期雇用労働者</u>の使用に係るファクシミリ装置により受信した時に、前項第二号の方法により行われた特定事項の明示は、当該<u>短時間・有期雇用労働者</u>の使用に係る通信端末機器<u>等</u>により受信した時に、それぞれ当該<u>短時間・有期雇用労働者</u>に到達したものとみなす。

（法第十条の厚生労働省令で定める賃金）

第三条　法第十条の厚生労働省令で定める賃金は、<u>通勤手当、家族手当、住宅手当、別居手当、子女教育手当</u>その他名称の如何を問わず支払われる賃金（職務の内容（法第八条に規定する職務の内容をいう。）に密接に関連して支払われるものを除く。）とする。

（法第十一条第一項の厚生労働省令で定める場合）

第四条　法第十一条第一項の厚生労働省令で定める場合は、職務の内容が当該事業主に雇用される通常の労働者と同一の<u>短時間・有期雇用労働者</u>（法第九条に規定する通常の労働者と同視すべき<u>短時間・有期雇用労働者</u>を除く。）が既に当該職務に必要な能力を有している場合とする。

（短時間・有期雇用管理者の選任）

第七条　事業主は、法第十七条に定める事項を管理するために必要な知識及び経験を有していると認められる者のうちから当該事項を管理する者を<u>短時間・有期雇用管理者</u>として選任するものとする。

（準用）

第九条　雇用の分野における男女の均等な機会及び待遇の確保等に関する法律施行規則（昭和六十一年労働省令第二号）第三条から第十二条までの規定は、法第二十五条第一項の調停の手続について準用する。この場合において、同令第三条第一項中「法第十八条第一項」とあるのは「<u>短時間労働者及び有期雇用労働者の雇用管理の改善等に関する法律</u>（以下「<u>短時間・有期雇用労働者法</u>」という。）第二十五条第一項」と、同項並びに同令第四条（見出しを含む。）、第五条（見出しを含む。）及び第八条第一項中「機会均等調停会議」とあるのは「<u>均衡待遇調停会議</u>」と、同令第六条中「法第十八条第一項」とあるのは「<u>短時間・有期雇用労働者法第二十五条第一項</u>」と、「事業場」とあるのは「事業所」と、同令第八条第一項及び第三項中「法第二十条第一項又は第二項」とあるのは「<u>短時間・有期雇用労働者法第二十六条において準用する法第二十条第一項</u>」と、同項中「法第二十条第一項の」とあるのは「同項の」と、同令第九条中「関係当事者」とあるのは「関係当事者又は関係当事者と同一の事業所に雇用される労働者その他の参考人」と、同令第十条第一項中「第四条第一項及び第二項」とあるのは「<u>短時間労働者及び有期雇用労働者の雇用管理の改善等に関する法律施行規則第九条において準用する第四条第一項及び第二項</u>」と、「第八条」とあるのは「同令第九条において準用する第八条」と、同令第十一条第一項中「法第二十一条」とあるのは「<u>短時間・有期雇用労働者法第二十六条において準用する法第二十一条</u>」と、同令別記様式中「労働者」とあるのは「<u>短時間・有期雇用労働者</u>」と、「事業場」とあるのは「事業所」と読み替えるものとする。

労働者派遣事業の適正な運営の確保及び派遣労働者の保護等に関する法律施行規則（昭和六十一年労働省令第二十号）

（下線は改正部分）

（事業報告書及び収支決算書）

第十七条　（略）

２　（略）

３　法第三十条の四第一項の協定を締結した派遣元事業主は、第一項の事業報告書には、当該協定を添付しなければならない。

４　（略）

（情報提供の方法等）

第十八条の二　（略）

２　（略）

３　法第二十三条第五項の厚生労働省令で定める事項は、次のとおりとする。

　一・二　（略）

　三　法第三十条の四第一項の協定を締結しているか否かの別

　四　法第三十条の四第一項の協定を締結している場合にあつては、協定対象派遣労働者（法第三十条の五に規定する協定対象派遣労働者をいう。以下同じ。）の範囲及び当該協定の有効期間の終期

　五　（略）

（法第二十六条第一項第十号の厚生労働省令で定める事項）

第二十二条　法第二十六条第一項第十号の厚生労働省令で定める事項は、次のとおりとする。

　一　派遣労働者が従事する業務に伴う責任の程度

　二～五　（略）

　六　派遣労働者を協定対象派遣労働者に限るか否かの別

　七　派遣労働者を無期雇用派遣労働者（法第三十条の二第一項に規定する無期雇用派遣労働者をいう。）又は第三十二条の四に規定する者に限るか否かの別

（契約に係る書面の記載事項）

第二十二条の二　第二十一条第三項に規定する書面には、同項及び同条第四項に規定する事項のほか、次の各号に掲げる場合の区分に応じ、それぞれ当該各号に定める事項を記載しなければならない。

　一　紹介予定派遣の場合　当該派遣先が職業紹介を受けることを希望しない場合又は職業紹介を受けた者を雇用しない場合には、派遣元事業主の求めに応じ、その理由を、書面の交付若しくはファクシミリを利用してする送信又は電子メールその他のその受信をする者を特定して情報を伝達するために用いられる電気通信（電気通信事業法（昭和五十九年法律第八十六号）第二条第一号に規定する電気通信をいう。以下「電子メール等」という。）の送信の方法（当該電子メール等の受信をする者が当該電子メール等の記録を出力することにより書面を作成することができるものに限る。以下同じ。）（以下「書面の交付等」という。）により、派遣元事業主に対して明示する旨

　二～五　（略）

（法第二十六条第二項第三号の厚生労働省令で定める措置）

第二十四条　法第二十六条第二項第三号の厚生労働省令で定める措置は、次のとおりとする。

　一～三　（略）

　四　法第四十条第二項に規定する教育訓練の実施等必要な措置

　五　法第四十条第三項に規定する福利厚生施設の利用の機会の付与

（削る）

　六～十　（略）

（法第二十六条第七項の情報の提供の方法等）

第二十四条の三　法第二十六条第七項の情報の提供は、同項の規定により提供すべき事項に係る書面の交付等により行わなければならない。

　2　派遣元事業主は前項の規定による情報の提供に係る書面等を、派遣先は当該書面等の写しを、当該労働者派遣契約に基づく労働者派遣が終了した日から起算して三年を経過する日まで保存しなければならない。

（法第二十六条第七項の厚生労働省令で定める情報）

第二十四条の四　法第二十六条第七項の厚生労働省令で定める情報は、次の各号に掲げる場合の区分に応じ、それぞれ当該各号に定める情報とする。

　一　労働者派遣契約に、当該労働者派遣契約に基づく労働者派遣に係る派遣労働者を協定対象派遣労働者に限定しないことを定める場合　次のイからホまでに掲げる情報

　　イ　比較対象労働者（法第二十六条第八項に規定する比較対象労働者をいう。以下同じ。）の職務の内容（同項に規定する職務の内容をいう。以下同じ。）、当該職務の内容及び配置の変更の範囲並びに雇用形態

　　ロ　当該比較対象労働者を選定した理由

　　ハ　当該比較対象労働者の待遇のそれぞれの内容（昇給、賞与その他の主な待遇がない場合には、その旨を含む。）

ニ　当該比較対象労働者の待遇のそれぞれの性質及び当該待遇を行う目的
　　ホ　当該比較対象労働者の待遇のそれぞれについて、職務の内容、当該職務の内容及び配置の変更の範囲その他の事情のうち、当該待遇に係る決定をするに当たつて考慮したもの
　二　労働者派遣契約に、当該労働者派遣契約に基づく労働者派遣に係る派遣労働者を協定対象派遣労働者に限定することを定める場合　次のイ及びロに掲げる情報
　　イ　法第四十条第二項の教育訓練の内容（当該教育訓練がない場合には、その旨）
　　ロ　第三十二条の三各号に掲げる福利厚生施設の内容（当該福利厚生施設がない場合には、その旨）
　（法第二十六条第八項の厚生労働省令で定める者）
第二十四条の五　法第二十六条第八項の厚生労働省令で定める者は、次のとおりとする。
　一　職務の内容並びに当該職務の内容及び配置の変更の範囲が派遣労働者と同一であると見込まれる通常の労働者
　二　前号に該当する労働者がいない場合にあつては、職務の内容が派遣労働者と同一であると見込まれる通常の労働者
　三　前二号に該当する労働者がいない場合にあつては、前二号に掲げる者に準ずる労働者
　（法第二十六条第十項の情報の提供の方法等）
第二十四条の六　法第二十六条第十項の情報の提供は、同条第七項の情報に変更があつたときは、遅滞なく、同条第十項の規定により提供すべき事項に係る書面の交付等により行わなければならない。
2　派遣労働者を協定対象派遣労働者に限定しないことを定めた労働者派遣契約に基づき現に行われている労働者派遣に係る派遣労働者の中に協定対象派遣労働者以外の者がいない場合には、法第二十六条第十項の情報（法第四十条第二項の教育訓練及び第三十二条の三各号に掲げる福利厚生施設に係るものを除く。）の提供を要しない。この場合において、当該派遣労働者の中に新たに協定対象派遣労働者以外の者が含まれることとなつたときは、派遣先は、遅滞なく、当該情報を提供しなければならない。
3　労働者派遣契約が終了する日前一週間以内における変更であつて、当該変更を踏まえて派遣労働者の待遇を変更しなくても法第三十条の三の規定に違反しないものであり、かつ、当該変更の内容に関する情報の提供を要しないものとして労働者派遣契約で定めた範囲を超えないものが生じた場合には、法第二十六条第十項の情報の提供を要しない。
4　第二十四条の三第二項の規定については、法第二十六条第十項の情報の提供について準用する。
　（法第三十条の四第一項の過半数代表者）
第二十五条の六　法第三十条の四第一項の労働者の過半数を代表する者（以下こ

の条において「過半数代表者」という。）は、次の各号のいずれにも該当する者とする。ただし、第一号に該当する者がいない場合にあつては、過半数代表者は第二号に該当する者とする。

一　労働基準法第四十一条第二号に規定する監督又は管理の地位にある者でないこと。

二　法第三十条の四第一項の協定をする者を選出することを明らかにして実施される投票、挙手等の民主的な方法による手続により選出された者であつて、派遣元事業主の意向に基づき選出されたものでないこと。

2　派遣元事業主は、労働者が過半数代表者であること若しくは過半数代表者になろうとしたこと又は過半数代表者として正当な行為をしたことを理由として、当該労働者に対して不利益な取扱いをしないようにしなければならない。

3　派遣元事業主は、過半数代表者が法第三十条の四第一項の協定に関する事務を円滑に遂行することができるよう必要な配慮を行わなければならない。

（法第三十条の四第一項の厚生労働省令で定める待遇）

第二十五条の七　法第三十条の四第一項の厚生労働省令で定める待遇は、次のとおりとする。

一　法第四十条第二項の教育訓練

二　第三十二条の三各号に掲げる福利厚生施設

（法第三十条の四第一項第二号の厚生労働省令で定める賃金）

第二十五条の八　法第三十条の四第一項第二号の厚生労働省令で定める賃金は、通勤手当、家族手当、住宅手当、別居手当、子女教育手当その他名称の如何を問わず支払われる賃金（職務の内容に密接に関連して支払われるものを除く。）とする。

（法第三十条の四第一項第二号イの厚生労働省令で定める賃金の額）

第二十五条の九　法第三十条の四第一項第二号イの厚生労働省令で定める賃金の額は、派遣先の事業所その他派遣就業の場所の所在地を含む地域において派遣労働者が従事する業務と同種の業務に従事する一般の労働者であつて、当該派遣労働者と同程度の能力及び経験を有する者の平均的な賃金の額とする。

（法第三十条の四第一項第六号の厚生労働省令で定める事項）

第二十五条の十　法第三十条の四第一項第六号の厚生労働省令で定める事項は、次のとおりとする。

一　有効期間

二　法第三十条の四第一項第一号に掲げる派遣労働者の範囲を派遣労働者の一部に限定する場合には、その理由

三　派遣元事業主は、特段の事情がない限り、一の労働契約の契約期間中に、当該労働契約に係る派遣労働者について、派遣先の変更を理由として、協定対象派遣労働者であるか否かを変更しようとしないこと。

（法第三十条の四第二項の周知の方法）

第二十五条の十一　法第三十条の四第二項の周知は、次のいずれかの方法により行わなければならない。

二　書面の交付の方法

二　次のいずれかの方法によることを当該労働者が希望した場合における当該
　方法

　　イ　ファクシミリを利用してする送信の方法

　　ロ　電子メール等の送信の方法

三　電子計算機に備えられたファイル、磁気ディスクその他これらに準ずる物
　に記録し、かつ、労働者が当該記録の内容を常時確認できる方法

四　常時当該派遣元事業主の各事業所の見やすい場所に掲示し、又は備え付け
　る方法（法第三十条の四第一項の協定の概要について、第一号又は第二号の
　方法により併せて周知する場合に限る。）

（協定に係る書面の保存）

第二十五条の十二　派遣元事業主は、法第三十条の四第一項の協定を締結したと
　きは、当該協定に係る書面を、その有効期間が終了した日から起算して三年を
　経過する日まで保存しなければならない。

（法第三十条の五の厚生労働省令で定める賃金）

第二十五条の十三　法第三十条の五の厚生労働省令で定める賃金は、通勤手当、
　家族手当、住宅手当、別居手当、子女教育手当その他名称の如何を問わず支払
　われる賃金（職務の内容に密接に関連して支払われるものを除く。）とする。

（待遇に関する事項等の説明）

第二十五条の十四　（略）

第二十五条の十五　法第三十一条の二第二項の厚生労働省令で定める方法は、次
　条各号に掲げる事項が明らかとなる次のいずれかの方法によることを当該派遣
　労働者が希望した場合における当該方法とする。

一　ファクシミリを利用してする送信の方法

二　電子メール等の送信の方法

第二十五条の十六　法第三十一条の二第二項第一号の厚生労働省令で定める事項
　は、次のとおりとする。

一　昇給の有無

二　退職手当の有無

三　賞与の有無

四　協定対象派遣労働者であるか否か（協定対象派遣労働者である場合には、
　当該協定の有効期間の終期）

五　派遣労働者から申出を受けた苦情の処理に関する事項

第二十五条の十七　派遣元事業主は、法第三十一条の二第二項の規定により派遣
　労働者に対して明示しなければならない同項第一号に掲げる事項を事実と異な
　るものとしてはならない。

第二十五条の十八　法第三十一条の二第二項（第二号に係る部分に限る。）及び
　第三項（第二号に係る部分に限る。）の規定による説明は、書面の活用その他
　の適切な方法により行わなければならない。

第二十五条の十九　労働者派遣の実施について緊急の必要があるためあらかじめ

法第三十一条の二第三項に規定する文書の交付等により同項（第一号に係る部分に限る。）の明示を行うことができないときは、当該文書の交付等以外の方法によることができる。

2　前項の場合であつて、次の各号のいずれかに該当するときは、当該労働者派遣の開始の後遅滞なく、法第三十一条の二第三項（第一号に係る部分に限る。）の規定により明示すべき事項を同項に規定する文書の交付等により当該派遣労働者に明示しなければならない。

一　当該派遣労働者から請求があつたとき。

二　前号以外の場合であつて、当該労働者派遣の期間が一週間を超えるとき。

第二十五条の二十　法第三十一条の二第三項第一号の厚生労働省令で定める事項は、次のとおりとする。

一　労働契約の期間に関する事項

二　期間の定めのある労働契約を更新する場合の基準に関する事項

三　就業の場所及び従事すべき業務に関する事項

四　始業及び終業の時刻、所定労働時間を超える労働の有無、休憩時間、休日並びに労働者を二組以上に分けて就業させる場合における就業時転換に関する事項

五　退職に関する事項（解雇の事由を含む。）

六　派遣労働者から申出を受けた苦情の処理に関する事項

（法第三十五条第一項第五号の厚生労働省令で定める事項）

第二十七条の二　法第三十五条第一項第五号の厚生労働省令で定める事項は、当該労働者派遣に係る派遣労働者に関して、次の各号に掲げる書類がそれぞれ当該各号に掲げる省令により当該書類を届け出るべきこととされている行政機関に提出されていることの有無とする。

一～三　（略）

2　（略）

（法第三十五条第一項第六号の厚生労働省令で定める事項）

第二十八条　法第三十五条第一項第六号の厚生労働省令で定める事項は、次のとおりとする。

一・二　（略）

（法第三十七条第一項第十号の厚生労働省令で定める教育訓練）

第三十条の二　法第三十七条第一項第十号の厚生労働省令で定める教育訓練は、法第三十条の二第一項の規定による教育訓練とする。

（法第三十七条第一項第十三号の厚生労働省令で定める事項）

第三十一条　法第三十七条第一項第十三号の厚生労働省令で定める事項は、次のとおりとする。

一　（略）

二　派遣労働者が従事する業務に伴う責任の程度

三～十一　（略）

（削る）

第三十二条の四　（略）

（法第四十二条第一項第十号の厚生労働省令で定める教育訓練）

第三十五条の二　法第四十二条第一項第十号の厚生労働省令で定める教育訓練
は、次のとおりとする。

　一・二　（略）

（法第四十二条第一項第十一号の厚生労働省令で定める事項）

第三十六条　法第四十二条第一項第十一号の厚生労働省令で定める事項は、次の
とおりとする。

　一　（略）

　二　派遣労働者が従事する業務に伴う責任の程度

　三～十二　（略）

（派遣元事業主に対する通知）

第三十八条　法第四十二条第三項の規定による派遣元事業主に対する通知は、派
遣労働者ごとの同条第一項第五号から第七号まで並びに第三十六条第一号、第
二号及び第五号に掲げる事項を、一箇月ごとに一回以上、一定の期日を定め
て、書面の交付等により通知することにより行わなければならない。

2　（略）

　　　　　第三章　紛争の解決

（準用）

第四十六条の二　雇用の分野における男女の均等な機会及び待遇の確保等に関す
る法律施行規則第三条から第十二条までの規定は、法第四十七条の七第一項の
調停の手続について準用する。この場合において、同令第三条第一項中「法第
十八条第一項」とあるのは「労働者派遣事業の適正な運営の確保及び派遣労働
者の保護等に関する法律（以下「労働者派遣法」という。）第四十七条の七第
一項」と、同項並びに同令第四条（見出しを含む。）、第五条（見出しを含む。）
及び第八条第一項中「機会均等調停会議」とあるのは「派遣労働者待遇調停会
議」と、同令第五条及び第十条第二項中「都道府県労働局雇用環境・均等部（北
海道労働局、東京労働局、神奈川労働局、愛知労働局、大阪労働局、兵庫労働
局及び福岡労働局以外の都道府県労働局にあっては、雇用環境・均等室。）」と
あるのは「都道府県労働局職業安定部（東京労働局、愛知労働局及び大阪労働
局にあっては、需給調整事業部。）」と、同令第六条中「法第十八条第一項」と
あるのは「労働者派遣法第四十七条の七第一項」と、「事業場」とあるのは「事
業所」と、同令第八条第一項及び第三項中「法第二十条第一項又は第二項」と
あるのは「労働者派遣法第四十七条の八において準用する法第二十条第一項」
と、同令第八条第三項中「法第二十条第一項の」とあるのは「同項の」と、同
令第九条中「関係当事者」とあるのは「関係当事者又は関係当事者と同一の事
業所に雇用される労働者その他の参考人」と、同令第十条第一項中「第四条第
一項及び第二項」とあるのは「労働者派遣事業の適正な運営の確保及び派遣労

働者の保護等に関する法律施行規則第四十六条の二において準用する第四条第一項及び第二項」と、「第八条」とあるのは「同令第四十六条の二において準用する第八条」と、同令第十一条第一項中「法第二十一条」とあるのは「労働者派遣法第四十七条の八において準用する法第二十一条」と、同令別記様式中「労働者」とあるのは「派遣労働者」と、「事業場」とあるのは「事業所」と読み替えるものとする。

　　第四章　雑則

資料５

短時間・有期雇用労働者及び派遣労働者に対する不合理な待遇の禁止等に関する指針（平成30年厚生労働省告示第430号）

第1　目的

　　この指針は、短時間労働者及び有期雇用労働者の雇用管理の改善等に関する法律（平成5年法律第76号。以下「短時間・有期雇用労働法」という。）第8条及び第9条並びに労働者派遣事業の適正な運営の確保及び派遣労働者の保護等に関する法律（昭和60年法律第88号。以下「労働者派遣法」という。）第30条の3及び第30条の4に定める事項に関し、雇用形態又は就業形態に関わらない公正な待遇を確保し、我が国が目指す同一労働同一賃金の実現に向けて定めるものである。

　　我が国が目指す同一労働同一賃金は、同一の事業主に雇用される通常の労働者と短時間・有期雇用労働者との間の不合理と認められる待遇の相違及び差別的取扱いの解消並びに派遣先に雇用される通常の労働者と派遣労働者との間の不合理と認められる待遇の相違及び差別的取扱いの解消（協定対象派遣労働者にあっては、当該協定対象派遣労働者の待遇が労働者派遣法第30条の4第1項の協定により決定された事項に沿った運用がなされていること）を目指すものである。

　　もとより賃金等の待遇は労使の話合いによって決定されることが基本であ

る。しかし、我が国においては、通常の労働者と短時間・有期雇用労働者及び派遣労働者との間には、欧州と比較して大きな待遇の相違がある。政府としては、この問題への対処に当たり、同一労働同一賃金の考え方が広く普及しているといわれる欧州の制度の実態も参考としながら政策の方向性等を検証した結果、それぞれの国の労働市場全体の構造に応じた政策とすることが重要であるとの示唆を得た。

　我が国においては、基本給をはじめ、賃金制度の決まり方には様々な要素が組み合わされている場合も多いため、まずは、各事業主において、職務の内容や職務に必要な能力等の内容を明確化するとともに、その職務の内容や職務に必要な能力等の内容と賃金等の待遇との関係を含めた待遇の体系全体を、短時間・有期雇用労働者及び派遣労働者を含む労使の話合いによって確認し、短時間・有期雇用労働者及び派遣労働者を含む労使で共有することが肝要である。また、派遣労働者については、雇用関係にある派遣元事業主と指揮命令関係にある派遣先とが存在するという特殊性があり、これらの関係者が不合理と認められる待遇の相違の解消等に向けて認識を共有することが求められる。

　今後、各事業主が職務の内容や職務に必要な能力等の内容の明確化及びその公正な評価を実施し、それに基づく待遇の体系を、労使の話合いにより、可能な限り速やかに、かつ、計画的に構築していくことが望ましい。

　通常の労働者と短時間・有期雇用労働者及び派遣労働者との間の不合理と認められる待遇の相違の解消等に向けては、賃金のみならず、福利厚生、キャリア形成、職業能力の開発及び向上等を含めた取組が必要であり、特に、職業能力の開発及び向上の機会の拡大は、短時間・有期雇用労働者及び派遣労働者の職業に必要な技能及び知識の蓄積により、それに対応した職務の高度化や通常の労働者への転換を見据えたキャリアパスの構築等と併せて、生産性の向上と短時間・有期雇用労働者及び派遣労働者の待遇の改善につながるため、重要であることに留意すべきである。

　このような通常の労働者と短時間・有期雇用労働者及び派遣労働者との間の不合理と認められる待遇の相違の解消等の取組を通じて、労働者がどのような雇用形態及び就業形態を選択しても納得できる待遇を受けられ、多様な働き方を自由に選択できるようにし、我が国から「非正規」という言葉を一掃することを目指す。

第2　基本的な考え方

　この指針は、通常の労働者と短時間・有期雇用労働者及び派遣労働者との間に待遇の相違が存在する場合に、いかなる待遇の相違が不合理と認められるものであり、いかなる待遇の相違が不合理と認められるものでないのか等の原則となる考え方及び具体例を示したものである。事業主が、第3から第5までに記載された原則となる考え方等に反した場合、当該待遇の相違が不合理と認められる等の可能性がある。なお、この指針に原則となる考え方が示されていない退職手当、住宅手当、家族手当等の待遇や、具体例に該当しない場合につい

ても、不合理と認められる待遇の相違の解消等が求められる。このため、各事業主において、労使により、個別具体の事情に応じて待遇の体系について議論していくことが望まれる。

なお、短時間・有期雇用労働法第8条及び第9条並びに労働者派遣法第30条の3及び第30条の4の規定は、雇用管理区分が複数ある場合であっても、通常の労働者のそれぞれと短時間・有期雇用労働者及び派遣労働者との間の不合理と認められる待遇の相違の解消等を求めるものである。このため、事業主が、雇用管理区分を新たに設け、当該雇用管理区分に属する通常の労働者の待遇の水準を他の通常の労働者よりも低く設定したとしても、当該他の通常の労働者と短時間・有期雇用労働者及び派遣労働者との間でも不合理と認められる待遇の相違の解消等を行う必要がある。また、事業主は、通常の労働者と短時間・有期雇用労働者及び派遣労働者との間で職務の内容等を分離した場合であっても、当該通常の労働者と短時間・有期雇用労働者及び派遣労働者との間の不合理と認められる待遇の相違の解消等を行う必要がある。

さらに、短時間・有期雇用労働法及び労働者派遣法に基づく通常の労働者と短時間・有期雇用労働者及び派遣労働者との間の不合理と認められる待遇の相違の解消等の目的は、短時間・有期雇用労働者及び派遣労働者の待遇の改善である。事業主が、通常の労働者と短時間・有期雇用労働者及び派遣労働者との間の不合理と認められる待遇の相違の解消等に対応するため、就業規則を変更することにより、その雇用する労働者の労働条件を不利益に変更する場合、労働契約法（平成19年法律第128号）第9条の規定に基づき、原則として、労働者と合意する必要がある。また、労働者と合意することなく、就業規則の変更により労働条件を労働者の不利益に変更する場合、当該変更は、同法第10条の規定に基づき、当該変更に係る事情に照らして合理的なものである必要がある。ただし、短時間・有期雇用労働法及び労働者派遣法に基づく通常の労働者と短時間・有期雇用労働者及び派遣労働者との間の不合理と認められる待遇の相違の解消等の目的に鑑みれば、事業主が通常の労働者と短時間・有期雇用労働者及び派遣労働者との間の不合理と認められる待遇の相違の解消等を行うに当たっては、基本的に、労使で合意することなく通常の労働者の待遇を引き下げることは、望ましい対応とはいえないことに留意すべきである。

加えて、短時間・有期雇用労働法第8条及び第9条並びに労働者派遣法第30条の3及び第30条の4の規定は、通常の労働者と短時間・有期雇用労働者及び派遣労働者との間の不合理と認められる待遇の相違等を対象とするものであり、この指針は、当該通常の労働者と短時間・有期雇用労働者及び派遣労働者との間に実際に待遇の相違が存在する場合に参照されることを目的としている。このため、そもそも客観的にみて待遇の相違が存在しない場合については、この指針の対象ではない。

第3　短時間・有期雇用労働者

短時間・有期雇用労働法第8条において、事業主は、短時間・有期雇用労働

者の待遇のそれぞれについて、当該待遇に対応する通常の労働者の待遇との間において、業務の内容及び当該業務に伴う責任の程度（以下「職務の内容」という。）、当該職務の内容及び配置の変更の範囲その他の事情のうち、当該待遇の性質及び当該待遇を行う目的に照らして適切と認められるものを考慮して、不合理と認められる相違を設けてはならないこととされている。

　また、短時間・有期雇用労働法第９条において、事業主は、職務の内容が通常の労働者と同一の短時間・有期雇用労働者であって、当該事業所における慣行その他の事情からみて、当該事業主との雇用関係が終了するまでの全期間において、その職務の内容及び配置が当該通常の労働者の職務の内容及び配置の変更の範囲と同一の範囲で変更されることが見込まれるものについては、短時間・有期雇用労働者であることを理由として、待遇のそれぞれについて、差別的取扱いをしてはならないこととされている。

　短時間・有期雇用労働者の待遇に関して、原則となる考え方及び具体例は次のとおりである。

1　基本給

（１）基本給であって、労働者の能力又は経験に応じて支給するもの

　　基本給であって、労働者の能力又は経験に応じて支給するものについて、通常の労働者と同一の能力又は経験を有する短時間・有期雇用労働者には、能力又は経験に応じた部分につき、通常の労働者と同一の基本給を支給しなければならない。また、能力又は経験に一定の相違がある場合においては、その相違に応じた基本給を支給しなければならない。

　（問題とならない例）

　　イ　基本給について、労働者の能力又は経験に応じて支給しているA社において、ある能力の向上のための特殊なキャリアコースを設定している。通常の労働者であるXは、このキャリアコースを選択し、その結果としてその能力を習得した。短時間労働者であるYは、その能力を習得していない。A社は、その能力に応じた基本給をXには支給し、Yには支給していない。

　　ロ　A社においては、定期的に職務の内容及び勤務地の変更がある通常の労働者の総合職であるXは、管理職となるためのキャリアコースの一環として、新卒採用後の数年間、店舗等において、職務の内容及び配置に変更のない短時間労働者であるYの助言を受けながら、Yと同様の定型的な業務に従事している。A社はXに対し、キャリアコースの一環として従事させている定型的な業務における能力又は経験に応じることなく、Yに比べ基本給を高く支給している。

　　ハ　A社においては、同一の職場で同一の業務に従事している有期雇用労働者であるXとYのうち、能力又は経験が一定の水準を満たしたYを定期的に職務の内容及び勤務地に変更がある通常の労働者として登用し、その後、職務の内容や勤務地に変更があることを理由に、Xに

比べ基本給を高く支給している。
　ニ　A社においては、同一の能力又は経験を有する通常の労働者である
　　Xと短時間労働者であるYがいるが、XとYに共通して適用される基
　　準を設定し、就業の時間帯や就業日が日曜日、土曜日又は国民の祝日
　　に関する法律（昭和23年法律第178号）に規定する休日（以下「土日
　　祝日」という。）か否か等の違いにより、時間当たりの基本給に差を
　　設けている。
（問題となる例）
　　基本給について、労働者の能力又は経験に応じて支給しているA社に
　おいて、通常の労働者であるXが有期雇用労働者であるYに比べて多く
　の経験を有することを理由として、Xに対し、Yよりも基本給を高く支
　給しているが、Xのこれまでの経験はXの現在の業務に関連性を持たな
　い。
（2）基本給であって、労働者の業績又は成果に応じて支給するもの
　　基本給であって、労働者の業績又は成果に応じて支給するものについ
　て、通常の労働者と同一の業績又は成果を有する短時間・有期雇用労働者
　には、業績又は成果に応じた部分につき、通常の労働者と同一の基本給を
　支給しなければならない。また、業績又は成果に一定の相違がある場合に
　おいては、その相違に応じた基本給を支給しなければならない。
　　なお、基本給とは別に、労働者の業績又は成果に応じた手当を支給する
　場合も同様である。
（問題とならない例）
　イ　基本給の一部について、労働者の業績又は成果に応じて支給してい
　　るA社において、所定労働時間が通常の労働者の半分の短時間労働者
　　であるXに対し、その販売実績が通常の労働者に設定されている販売
　　目標の半分の数値に達した場合には、通常の労働者が販売目標を達成
　　した場合の半分を支給している。
　ロ　A社においては、通常の労働者であるXは、短時間労働者であるY
　　と同様の業務に従事しているが、Xは生産効率及び品質の目標値に対
　　する責任を負っており、当該目標値を達成していない場合、待遇上の
　　不利益を課されている。その一方で、Yは、生産効率及び品質の目標
　　値に対する責任を負っておらず、当該目標値を達成していない場合に
　　も、待遇上の不利益を課されていない。A社は、待遇上の不利益を課
　　していることとの見合いに応じて、XにYに比べ基本給を高く支給し
　　ている。
（問題となる例）
　　基本給の一部について、労働者の業績又は成果に応じて支給している
　A社において、通常の労働者が販売目標を達成した場合に行っている支
　給を、短時間労働者であるXについて通常の労働者と同一の販売目標を
　設定し、それを達成しない場合には行っていない。

（3）基本給であって、労働者の勤続年数に応じて支給するもの

　　基本給であって、労働者の勤続年数に応じて支給するものについて、通常の労働者と同一の勤続年数である短時間・有期雇用労働者には、勤続年数に応じた部分につき、通常の労働者と同一の基本給を支給しなければならない。また、勤続年数に一定の相違がある場合においては、その相違に応じた基本給を支給しなければならない。

（問題とならない例）

　　基本給について、労働者の勤続年数に応じて支給しているA社において、期間の定めのある労働契約を更新している有期雇用労働者であるXに対し、当初の労働契約の開始時から通算して勤続年数を評価した上で支給している。

（問題となる例）

　　基本給について、労働者の勤続年数に応じて支給しているA社において、期間の定めのある労働契約を更新している有期雇用労働者であるXに対し、当初の労働契約の開始時から通算して勤続年数を評価せず、その時点の労働契約の期間のみにより勤続年数を評価した上で支給している。

（4）昇給であって、労働者の勤続による能力の向上に応じて行うもの

　　昇給であって、労働者の勤続による能力の向上に応じて行うものについて、通常の労働者と同様に勤続により能力が向上した短時間・有期雇用労働者には、勤続による能力の向上に応じた部分につき、通常の労働者と同一の昇給を行わなければならない。また、勤続による能力の向上に一定の相違がある場合においては、その相違に応じた昇給を行わなければならない。

（注）

　1　通常の労働者と短時間・有期雇用労働者との間に賃金の決定基準・ルールの相違がある場合の取扱い

　　通常の労働者と短時間・有期雇用労働者との間に基本給、賞与、各種手当等の賃金に相違がある場合において、その要因として通常の労働者と短時間・有期雇用労働者の賃金の決定基準・ルールの相違があるときは、「通常の労働者と短時間・有期雇用労働者との間で将来の役割期待が異なるため、賃金の決定基準・ルールが異なる」等の主観的又は抽象的な説明では足りず、賃金の決定基準・ルールの相違は、通常の労働者と短時間・有期雇用労働者の職務の内容、当該職務の内容及び配置の変更の範囲その他の事情のうち、当該待遇の性質及び当該待遇を行う目的に照らして適切と認められるものの客観的及び具体的な実態に照らして、不合理と認められるものであってはならない。

　2　定年に達した後に継続雇用された有期雇用労働者の取扱い

　　定年に達した後に継続雇用された有期雇用労働者についても、短時間・

有期雇用労働法の適用を受けるものである。このため、通常の労働者と定年に達した後に継続雇用された有期雇用労働者との間の賃金の相違については、実際に両者の間に職務の内容、職務の内容及び配置の変更の範囲その他の事情の相違がある場合は、その相違に応じた賃金の相違は許容される。

　さらに、有期雇用労働者が定年に達した後に継続雇用された者であることは、通常の労働者と当該有期雇用労働者との間の待遇の相違が不合理と認められるか否かを判断するに当たり、短時間・有期雇用労働法第8条のその他の事情として考慮される事情に当たりうる。定年に達した後に有期雇用労働者として継続雇用する場合の待遇について、様々な事情が総合的に考慮されて、通常の労働者と当該有期雇用労働者との間の待遇の相違が不合理と認められるか否かが判断されるものと考えられる。したがって、当該有期雇用労働者が定年に達した後に継続雇用された者であることのみをもって、直ちに通常の労働者と当該有期雇用労働者との間の待遇の相違が不合理ではないと認められるものではない。

2　賞与

　賞与であって、会社の業績等への労働者の貢献に応じて支給するものについて、通常の労働者と同一の貢献である短時間・有期雇用労働者には、貢献に応じた部分につき、通常の労働者と同一の賞与を支給しなければならない。また、貢献に一定の相違がある場合においては、その相違に応じた賞与を支給しなければならない。

（問題とならない例）

　イ　賞与について、会社の業績等への労働者の貢献に応じて支給しているA社において、通常の労働者であるXと同一の会社の業績等への貢献がある有期雇用労働者であるYに対し、Xと同一の賞与を支給している。

　ロ　A社においては、通常の労働者であるXは、生産効率及び品質の目標値に対する責任を負っており、当該目標値を達成していない場合、待遇上の不利益を課されている。その一方で、通常の労働者であるYや、有期雇用労働者であるZは、生産効率及び品質の目標値に対する責任を負っておらず、当該目標値を達成していない場合にも、待遇上の不利益を課されていない。A社は、Xに対しては、賞与を支給しているが、YやZに対しては、待遇上の不利益を課していないこととの見合いの範囲内で、賞与を支給していない。

（問題となる例）

　イ　賞与について、会社の業績等への労働者の貢献に応じて支給しているA社において、通常の労働者であるXと同一の会社の業績等への貢献がある有期雇用労働者であるYに対し、Xと同一の賞与を支給していない。

ロ　賞与について、会社の業績等への労働者の貢献に応じて支給している
　　A社においては、通常の労働者には職務の内容や会社の業績等への貢献
　　等にかかわらず全員に何らかの賞与を支給しているが、短時間・有期雇
　　用労働者には支給していない。

3　手当
（1）役職手当であって、役職の内容に対して支給するもの
　　　役職手当であって、役職の内容に対して支給するものについて、通常の
　　労働者と同一の内容の役職に就く短時間・有期雇用労働者には、通常の労
　　働者と同一の役職手当を支給しなければならない。また、役職の内容に一
　　定の相違がある場合においては、その相違に応じた役職手当を支給しなけ
　　ればならない。
　　（問題とならない例）
　　　イ　役職手当について、役職の内容に対して支給しているA社におい
　　　　て、通常の労働者であるXの役職と同一の役職名（例えば、店長）で
　　　　あって同一の内容（例えば、営業時間中の店舗の適切な運営）の役職
　　　　に就く有期雇用労働者であるYに対し、同一の役職手当を支給してい
　　　　る。
　　　ロ　役職手当について、役職の内容に対して支給しているA社におい
　　　　て、通常の労働者であるXの役職と同一の役職名であって同一の内容
　　　　の役職に就く短時間労働者であるYに、所定労働時間に比例した役職
　　　　手当（例えば、所定労働時間が通常の労働者の半分の短時間労働者に
　　　　あっては、通常の労働者の半分の役職手当）を支給している。
　　（問題となる例）
　　　　役職手当について、役職の内容に対して支給しているA社において、
　　　通常の労働者であるXの役職と同一の役職名であって同一の内容の役職
　　　に就く有期雇用労働者であるYに、Xに比べ役職手当を低く支給してい
　　　る。
（2）業務の危険度又は作業環境に応じて支給される特殊作業手当
　　　通常の労働者と同一の危険度又は作業環境の業務に従事する短時間・有
　　期雇用労働者には、通常の労働者と同一の特殊作業手当を支給しなければ
　　ならない。
（3）交替制勤務等の勤務形態に応じて支給される特殊勤務手当
　　　通常の労働者と同一の勤務形態で業務に従事する短時間・有期雇用労働
　　者には、通常の労働者と同一の特殊勤務手当を支給しなければならない。
　　（問題とならない例）
　　　イ　A社においては、通常の労働者か短時間・有期雇用労働者かの別を
　　　　問わず、就業する時間帯又は曜日を特定して就業する労働者には労働
　　　　者の採用が難しい早朝若しくは深夜又は土日祝日に就業する場合に時
　　　　給に上乗せして特殊勤務手当を支給するが、それ以外の労働者には時

給に上乗せして特殊勤務手当を支給していない。

　　ロ　Ａ社においては、通常の労働者であるＸについては、入社に当たり、交替制勤務に従事することは必ずしも確定しておらず、業務の繁閑等生産の都合に応じて通常勤務又は交替制勤務のいずれにも従事する可能性があり、交替制勤務に従事した場合に限り特殊勤務手当が支給されている。短時間労働者であるＹについては、採用に当たり、交替制勤務に従事することを明確にし、かつ、基本給に、通常の労働者に支給される特殊勤務手当と同一の交替制勤務の負荷分を盛り込み、通常勤務のみに従事する短時間労働者に比べ基本給を高く支給している。

　　　Ａ社はＸには特殊勤務手当を支給しているが、Ｙには支給していない。

（４）精皆勤手当

　　通常の労働者と業務の内容が同一の短時間・有期雇用労働者には、通常の労働者と同一の精皆勤手当を支給しなければならない。

　　（問題とならない例）

　　　Ａ社においては、考課上、欠勤についてマイナス査定を行い、かつ、そのことを待遇に反映する通常の労働者であるＸには、一定の日数以上出勤した場合に精皆勤手当を支給しているが、考課上、欠勤についてマイナス査定を行っていない有期雇用労働者であるＹには、マイナス査定を行っていないこととの見合いの範囲内で、精皆勤手当を支給していない。

（５）時間外労働に対して支給される手当

　　通常の労働者の所定労働時間を超えて、通常の労働者と同一の時間外労働を行った短時間・有期雇用労働者には、通常の労働者の所定労働時間を超えた時間につき、通常の労働者と同一の割増率等で、時間外労働に対して支給される手当を支給しなければならない。

（６）深夜労働又は休日労働に対して支給される手当

　　通常の労働者と同一の深夜労働又は休日労働を行った短時間・有期雇用労働者には、通常の労働者と同一の割増率等で、深夜労働又は休日労働に対して支給される手当を支給しなければならない。

　　（問題とならない例）

　　　Ａ社においては、通常の労働者であるＸと時間数及び職務の内容が同一の深夜労働又は休日労働を行った短時間労働者であるＹに、同一の深夜労働又は休日労働に対して支給される手当を支給している。

　　（問題となる例）

　　　Ａ社においては、通常の労働者であるＸと時間数及び職務の内容が同一の深夜労働又は休日労働を行った短時間労働者であるＹに、深夜労働又は休日労働以外の労働時間が短いことから、深夜労働又は休日労働に対して支給される手当の単価を通常の労働者より低く設定している。

（７）通勤手当及び出張旅費

　　短時間・有期雇用労働者にも、通常の労働者と同一の通勤手当及び出張

旅費を支給しなければならない。

（問題とならない例）

イ　A社においては、本社の採用である労働者に対しては、交通費実費の全額に相当する通勤手当を支給しているが、それぞれの店舗の採用である労働者に対しては、当該店舗の近隣から通うことができる交通費に相当する額に通勤手当の上限を設定して当該上限の額の範囲内で通勤手当を支給しているところ、店舗採用の短時間労働者であるXが、その後、本人の都合で通勤手当の上限の額では通うことができないところへ転居してなお通い続けている場合には、当該上限の額の範囲内で通勤手当を支給している。

ロ　A社においては、通勤手当について、所定労働日数が多い（例えば、週4日以上）通常の労働者及び短時間・有期雇用労働者には、月額の定期券の金額に相当する額を支給しているが、所定労働日数が少ない（例えば、週3日以下）又は出勤日数が変動する短時間・有期雇用労働者には、日額の交通費に相当する額を支給している。

（8）労働時間の途中に食事のための休憩時間がある労働者に対する食費の負担補助として支給される食事手当

短時間・有期雇用労働者にも、通常の労働者と同一の食事手当を支給しなければならない。

（問題とならない例）

A社においては、その労働時間の途中に昼食のための休憩時間がある通常の労働者であるXに支給している食事手当を、その労働時間の途中に昼食のための休憩時間がない（例えば、午後2時から午後5時までの勤務）短時間労働者であるYには支給していない。

（問題となる例）

A社においては、通常の労働者であるXには、有期雇用労働者であるYに比べ、食事手当を高く支給している。

（9）単身赴任手当

通常の労働者と同一の支給要件を満たす短時間・有期雇用労働者には、通常の労働者と同一の単身赴任手当を支給しなければならない。

（10）特定の地域で働く労働者に対する補償として支給される地域手当

通常の労働者と同一の地域で働く短時間・有期雇用労働者には、通常の労働者と同一の地域手当を支給しなければならない。

（問題とならない例）

A社においては、通常の労働者であるXについては、全国一律の基本給の体系を適用し、転勤があることから、地域の物価等を勘案した地域手当を支給しているが、一方で、有期雇用労働者であるYと短時間労働者であるZについては、それぞれの地域で採用し、それぞれの地域で基本給を設定しており、その中で地域の物価が基本給に盛り込まれているため、地域手当を支給していない。

（問題となる例）
　　A社においては、通常の労働者であるXと有期雇用労働者であるYには いずれも全国一律の基本給の体系を適用しており、かつ、いずれも転勤があるにもかかわらず、Yには地域手当を支給していない。

4　福利厚生
（1）福利厚生施設（給食施設、休憩室及び更衣室をいう。以下この（1）において同じ。）
　　通常の労働者と同一の事業所で働く短時間・有期雇用労働者には、通常の労働者と同一の福利厚生施設の利用を認めなければならない。
（2）転勤者用社宅
　　通常の労働者と同一の支給要件（例えば、転勤の有無、扶養家族の有無、住宅の賃貸又は収入の額）を満たす短時間・有期雇用労働者には、通常の労働者と同一の転勤者用社宅の利用を認めなければならない。
（3）慶弔休暇並びに健康診断に伴う勤務免除及び当該健康診断を勤務時間中に受診する場合の当該受診時間に係る給与の保障（以下この（3）、第4の4（3）及び第5の2（3）において「有給の保障」という。）
　　短時間・有期雇用労働者にも、通常の労働者と同一の慶弔休暇の付与並びに健康診断に伴う勤務免除及び有給の保障を行わなければならない。
（問題とならない例）
　　A社においては、通常の労働者であるXと同様の出勤日が設定されている短時間労働者であるYに対しては、通常の労働者と同様に慶弔休暇を付与しているが、週2日の勤務の短時間労働者であるZに対しては、勤務日の振替での対応を基本としつつ、振替が困難な場合のみ慶弔休暇を付与している。
（4）病気休職
　　短時間労働者（有期雇用労働者である場合を除く。）には、通常の労働者と同一の病気休職の取得を認めなければならない。また、有期雇用労働者にも、労働契約が終了するまでの期間を踏まえて、病気休職の取得を認めなければならない。
（問題とならない例）
　　A社においては、労働契約の期間が1年である有期雇用労働者であるXについて、病気休職の期間は労働契約の期間が終了する日までとしている。
（5）法定外の有給の休暇その他の法定外の休暇（慶弔休暇を除く。）であって、勤続期間に応じて取得を認めているもの
　　法定外の有給の休暇その他の法定外の休暇（慶弔休暇を除く。）であって、勤続期間に応じて取得を認めているものについて、通常の労働者と同一の勤続期間である短時間・有期雇用労働者には、通常の労働者と同一の法定外の有給の休暇その他の法定外の休暇（慶弔休暇を除く。）を付与し

なければならない。なお、期間の定めのある労働契約を更新している場合には、当初の労働契約の開始時から通算して勤続期間を評価することを要する。

（問題とならない例）

A社においては、長期勤続者を対象とするリフレッシュ休暇について、業務に従事した時間全体を通じた貢献に対する報償という趣旨で付与していることから、通常の労働者であるXに対しては、勤続10年で3日、20年で5日、30年で7日の休暇を付与しており、短時間労働者であるYに対しては、所定労働時間に比例した日数を付与している。

5　その他

（1）教育訓練であって、現在の職務の遂行に必要な技能又は知識を習得するために実施するもの

　　教育訓練であって、現在の職務の遂行に必要な技能又は知識を習得するために実施するものについて、通常の労働者と職務の内容が同一である短時間・有期雇用労働者には、通常の労働者と同一の教育訓練を実施しなければならない。また、職務の内容に一定の相違がある場合においては、その相違に応じた教育訓練を実施しなければならない。

（2）安全管理に関する措置及び給付

　　通常の労働者と同一の業務環境に置かれている短時間・有期雇用労働者には、通常の労働者と同一の安全管理に関する措置及び給付をしなければならない。

第4　派遣労働者

　　労働者派遣法第30条の3第1項において、派遣元事業主は、派遣労働者の待遇のそれぞれについて、当該待遇に対応する派遣先に雇用される通常の労働者の待遇との間において、職務の内容、当該職務の内容及び配置の変更の範囲その他の事情のうち、当該待遇の性質及び当該待遇を行う目的に照らして適切と認められるものを考慮して、不合理と認められる相違を設けてはならないこととされている。

　　また、同条第2項において、派遣元事業主は、職務の内容が派遣先に雇用される通常の労働者と同一の派遣労働者であって、当該労働者派遣契約及び当該派遣先における慣行その他の事情からみて、当該派遣先における派遣就業が終了するまでの全期間において、その職務の内容及び配置が当該派遣先との雇用関係が終了するまでの全期間における当該通常の労働者の職務の内容及び配置の変更の範囲と同一の範囲で変更されることが見込まれるものについては、正当な理由がなく、待遇のそれぞれについて、当該待遇に対応する当該通常の労働者の待遇に比して不利なものとしてはならないこととされている。

　　他方、労働者派遣法第30条の4第1項において、労働者の過半数で組織する労働組合等との協定により、同項各号に規定する事項を定めたときは、当該協

定で定めた範囲に属する派遣労働者の待遇について、労働者派遣法第30条の3の規定は、一部の待遇を除き、適用しないこととされている。ただし、同項第2号、第4号若しくは第5号に掲げる事項であって当該協定で定めたものを遵守していない場合又は同項第3号に関する当該協定の定めによる公正な評価に取り組んでいない場合は、この限りでないこととされている。

　派遣労働者（協定対象派遣労働者を除く。以下この第4において同じ。）の待遇に関して、原則となる考え方及び具体例は次のとおりである。

1　基本給
（1）基本給であって、労働者の能力又は経験に応じて支給するもの
　　　基本給であって、派遣先及び派遣元事業主が、労働者の能力又は経験に応じて支給するものについて、派遣元事業主は、派遣先に雇用される通常の労働者と同一の能力又は経験を有する派遣労働者には、能力又は経験に応じた部分につき、派遣先に雇用される通常の労働者と同一の基本給を支給しなければならない。また、能力又は経験に一定の相違がある場合においては、その相違に応じた基本給を支給しなければならない。
（問題とならない例）
　　イ　基本給について、労働者の能力又は経験に応じて支給している派遣先であるA社において、ある能力の向上のための特殊なキャリアコースを設定している。A社の通常の労働者であるXは、このキャリアコースを選択し、その結果としてその能力を習得したため、その能力に応じた基本給をXに支給している。これに対し、派遣元事業主であるB社からA社に派遣されている派遣労働者であるYは、その能力を習得していないため、B社はその能力に応じた基本給をYには支給していない。
　　ロ　派遣先であるA社においては、定期的に職務の内容及び勤務地の変更がある通常の労働者の総合職であるXは、管理職となるためのキャリアコースの一環として、新卒採用後の数年間、店舗等において、派遣元事業主であるB社からA社に派遣されている派遣労働者であってA社で就業する間は職務の内容及び配置に変更のないYの助言を受けながら、Yと同様の定型的な業務に従事している。A社がXにキャリアコースの一環として当該定型的な業務に従事させていることを踏まえ、B社はYに対し、当該定型的な業務における能力又は経験はXを上回っているものの、Xほど基本給を高く支給していない。
　　ハ　派遣先であるA社においては、かつては有期雇用労働者であったが、能力又は経験が一定の水準を満たしたため定期的に職務の内容及び勤務地に変更がある通常の労働者として登用されたXと、派遣元事業主であるB社からA社に派遣されている派遣労働者であるYとが同一の職場で同一の業務に従事している。B社は、A社で就業する間は職務の内容及び勤務地に変更がないことを理由に、Yに対して、Xほ

ど基本給を高く支給していない。

　ニ　派遣先であるＡ社に雇用される通常の労働者であるＸと、派遣元事
　　業主であるＢ社からＡ社に派遣されている派遣労働者であるＹとが同
　　一の能力又は経験を有しているところ、Ｂ社は、Ａ社がＸに適用する
　　のと同じ基準をＹに適用し、就業の時間帯や就業日が土日祝日か否か
　　等の違いにより、Ａ社がＸに支給する時間当たりの基本給との間に差
　　を設けている。

（問題となる例）

　　派遣先であるＡ社及び派遣元事業主であるＢ社においては、基本給に
　ついて、労働者の能力又は経験に応じて支給しているところ、Ｂ社は、
　Ａ社に派遣されている派遣労働者であるＹに対し、Ａ社に雇用される通
　常の労働者であるＸに比べて経験が少ないことを理由として、Ａ社がＸ
　に支給するほど基本給を高く支給していないが、Ｘのこれまでの経験は
　Ｘの現在の業務に関連性を持たない。

（２）基本給であって、労働者の業績又は成果に応じて支給するもの

　　基本給であって、派遣先及び派遣元事業主が、労働者の業績又は成果に
　応じて支給するものについて、派遣元事業主は、派遣先に雇用される通常
　の労働者と同一の業績又は成果を有する派遣労働者には、業績又は成果に
　応じた部分につき、派遣先に雇用される通常の労働者と同一の基本給を支
　給しなければならない。また、業績又は成果に一定の相違がある場合にお
　いては、その相違に応じた基本給を支給しなければならない。

　　なお、基本給とは別に、労働者の業績又は成果に応じた手当を支給する
　場合も同様である。

（問題とならない例）

　イ　派遣先であるＡ社及び派遣元事業主であるＢ社においては、基本給
　　の一部について、労働者の業績又は成果に応じて支給しているとこ
　　ろ、Ｂ社は、Ａ社に派遣されている派遣労働者であって、所定労働時
　　間がＡ社に雇用される通常の労働者の半分であるＹに対し、その販売
　　実績がＡ社に雇用される通常の労働者に設定されている販売目標の半
　　分の数値に達した場合には、Ａ社に雇用される通常の労働者が販売目
　　標を達成した場合の半分を支給している。

　ロ　派遣先であるＡ社においては、通常の労働者であるＸは、派遣元事
　　業主であるＢ社からＡ社に派遣されている派遣労働者であるＹと同様
　　の業務に従事しているが、ＸはＡ社における生産効率及び品質の目標
　　値に対する責任を負っており、当該目標値を達成していない場合、待
　　遇上の不利益を課されている。その一方で、Ｙは、Ａ社における生産
　　効率及び品質の目標値に対する責任を負っておらず、当該目標値を達
　　成していない場合にも、待遇上の不利益を課されていない。Ｂ社はＹ
　　に対し、待遇上の不利益を課していないこととの見合いに応じて、Ａ
　　社がＸに支給するほど基本給を高く支給していない。

　　派遣先であるＡ社及び派遣元事業主であるＢ社においては、基本給の一部について、労働者の業績又は成果に応じて支給しているところ、Ｂ社は、Ａ社に派遣されている派遣労働者であって、所定労働時間がＡ社に雇用される通常の労働者の半分であるＹに対し、当該通常の労働者が販売目標を達成した場合にＡ社が行っている支給を、Ｙについて当該通常の労働者と同一の販売目標を設定し、それを達成しない場合には行っていない。

（３）基本給であって、労働者の勤続年数（派遣労働者にあっては、当該派遣先における就業期間。以下この（３）において同じ。）に応じて支給するもの

　　基本給であって、派遣先及び派遣元事業主が、労働者の勤続年数に応じて支給するものについて、派遣元事業主は、派遣先に雇用される通常の労働者と同一の勤続年数である派遣労働者には、勤続年数に応じた部分につき、派遣先に雇用される通常の労働者と同一の基本給を支給しなければならない。また、勤続年数に一定の相違がある場合においては、その相違に応じた基本給を支給しなければならない。

（問題とならない例）
　　派遣先であるＡ社及び派遣元事業主であるＢ社は、基本給について、労働者の勤続年数に応じて支給しているところ、Ｂ社は、Ａ社に派遣している期間の定めのある労働者派遣契約を更新している派遣労働者であるＹに対し、Ａ社への労働者派遣の開始時から通算して就業期間を評価した上で基本給を支給している。

（問題となる例）
　　派遣先であるＡ社及び派遣元事業主であるＢ社は、基本給について、労働者の勤続年数に応じて支給しているところ、Ｂ社は、Ａ社に派遣している期間の定めのある労働者派遣契約を更新している派遣労働者であるＹに対し、ＹのＡ社への労働者派遣の開始時から通算して就業期間を評価せず、その時点の労働者派遣契約に基づく派遣就業の期間のみにより就業期間を評価した上で基本給を支給している。

（４）昇給であって、労働者の勤続（派遣労働者にあっては、当該派遣先における派遣就業の継続。以下この（４）において同じ。）による能力の向上に応じて行うもの

　　昇給であって、派遣先及び派遣元事業主が、労働者の勤続による能力の向上に応じて行うものについて、派遣元事業主は、派遣先に雇用される通常の労働者と同様に勤続により能力が向上した派遣労働者には、勤続による能力の向上に応じた部分につき、派遣先に雇用される通常の労働者と同一の昇給を行わなければならない。また、勤続による能力の向上に一定の相違がある場合においては、その相違に応じた昇給を行わなければならない。

（注）派遣先に雇用される通常の労働者と派遣労働者との間に賃金の決定基準・ルールの相違がある場合の取扱い

　　　派遣先に雇用される通常の労働者と派遣労働者の間に基本給、賞与、各種手当等の賃金に相違がある場合において、その要因として当該通常の労働者と派遣労働者の賃金の決定基準・ルールの相違があるときは、「派遣労働者に対する派遣元事業主の将来の役割期待は派遣先に雇用される通常の労働者に対する派遣先の将来の役割期待と異なるため、賃金の決定基準・ルールが異なる」等の主観的又は抽象的な説明では足りず、賃金の決定基準・ルールの相違は、当該通常の労働者と派遣労働者の職務の内容、当該職務の内容及び配置の変更の範囲その他の事情のうち、当該待遇の性質及び当該待遇を行う目的に照らして適切と認められるものの客観的及び具体的な実態に照らして、不合理と認められるものであってはならない。

2　賞与

　　賞与であって、派遣先及び派遣元事業主が、会社（派遣労働者にあっては、派遣先。以下この2において同じ。）の業績等への労働者の貢献に応じて支給するものについて、派遣元事業主は、派遣先に雇用される通常の労働者と同一の貢献である派遣労働者には、貢献に応じた部分につき、派遣先に雇用される通常の労働者と同一の賞与を支給しなければならない。また、貢献に一定の相違がある場合においては、その相違に応じた賞与を支給しなければならない。

（問題とならない例）

　　イ　派遣先であるA社及び派遣元事業主であるB社においては、賞与について、会社の業績等への労働者の貢献に応じて支給しているところ、B社は、A社に派遣されている派遣労働者であって、A社に雇用される通常の労働者であるXと同一のA社の業績等への貢献があるYに対して、A社がXに支給するのと同一の賞与を支給している。

　　ロ　派遣先であるA社においては、通常の労働者であるXは、A社における生産効率及び品質の目標値に対する責任を負っており、当該目標値を達成していない場合、待遇上の不利益を課されている。その一方で、A社に雇用される通常の労働者であるZや、派遣元事業主であるB社からA社に派遣されている派遣労働者であるYは、A社における生産効率及び品質の目標値に対する責任を負っておらず、当該目標値を達成していない場合にも、待遇上の不利益を課されていない。A社はXに対して賞与を支給しているが、Zに対しては、待遇上の不利益を課していないこととの見合いの範囲内で賞与を支給していないところ、B社はYに対して、待遇上の不利益を課していないこととの見合いの範囲内で賞与を支給していない。

（問題となる例）

　　イ　派遣先であるA社及び派遣元事業主であるB社においては、賞与につ

いて、会社の業績等への労働者の貢献に応じて支給しているところ、Ｂ社は、Ａ社に派遣されている派遣労働者であって、Ａ社に雇用される通常の労働者であるＸと同一のＡ社の業績等への貢献があるＹに対して、Ａ社がＸに支給するのと同一の賞与を支給していない。

ロ　賞与について、会社の業績等への労働者の貢献に応じて支給している派遣先であるＡ社においては、通常の労働者の全員に職務の内容や会社の業績等への貢献等にかかわらず何らかの賞与を支給しているが、派遣元事業主であるＢ社においては、Ａ社に派遣されている派遣労働者であるＹに賞与を支給していない。

3　手当

（1）役職手当であって、役職の内容に対して支給するもの

役職手当であって、派遣先及び派遣元事業主が、役職の内容に対して支給するものについて、派遣元事業主は、派遣先に雇用される通常の労働者と同一の内容の役職に就く派遣労働者には、派遣先に雇用される通常の労働者と同一の役職手当を支給しなければならない。また、役職の内容に一定の相違がある場合においては、その相違に応じた役職手当を支給しなければならない。

（問題とならない例）

イ　派遣先であるＡ社及び派遣元事業主であるＢ社においては、役職手当について、役職の内容に対して支給しているところ、Ｂ社は、Ａ社に派遣されている派遣労働者であって、Ａ社に雇用される通常の労働者であるＸの役職と同一の役職名（例えば、店長）であって同一の内容（例えば、営業時間中の店舗の適切な運営）の役職に就くＹに対し、Ａ社がＸに支給するのと同一の役職手当を支給している。

ロ　派遣先であるＡ社及び派遣元事業主であるＢ社においては、役職手当について、役職の内容に対して支給しているところ、Ｂ社は、Ａ社に派遣されている派遣労働者であって、Ａ社に雇用される通常の労働者であるＸの役職と同一の役職名であって同一の内容の役職に就くＹに、所定労働時間に比例した役職手当（例えば、所定労働時間がＡ社に雇用される通常の労働者の半分の派遣労働者にあっては、当該通常の労働者の半分の役職手当）を支給している。

（問題となる例）

派遣先であるＡ社及び派遣元事業主であるＢ社においては、役職手当について、役職の内容に対して支給しているところ、Ｂ社は、Ａ社に派遣されている派遣労働者であって、Ａ社に雇用される通常の労働者であるＸの役職と同一の役職名であって同一の内容の役職に就くＹに対し、Ａ社がＸに支給するのに比べ役職手当を低く支給している。

（2）業務の危険度又は作業環境に応じて支給される特殊作業手当

派遣元事業主は、派遣先に雇用される通常の労働者と同一の危険度又は

作業環境の業務に従事する派遣労働者には、派遣先に雇用される通常の労働者と同一の特殊作業手当を支給しなければならない。

（３）交替制勤務等の勤務形態に応じて支給される特殊勤務手当

　　派遣元事業主は、派遣先に雇用される通常の労働者と同一の勤務形態で業務に従事する派遣労働者には、派遣先に雇用される通常の労働者と同一の特殊勤務手当を支給しなければならない。

（問題とならない例）

　　イ　派遣先であるＡ社においては、就業する時間帯又は曜日を特定して就業する通常の労働者には労働者の採用が難しい早朝若しくは深夜又は土日祝日に就業する場合に時給に上乗せして特殊勤務手当を支給するが、就業する時間帯及び曜日を特定していない通常の労働者には労働者の採用が難しい時間帯又は曜日に勤務する場合であっても時給に上乗せして特殊勤務手当を支給していない。派遣元事業主であるＢ社は、Ａ社に派遣されている派遣労働者であって、就業する時間帯及び曜日を特定して就業していないＹに対し、採用が難しい時間帯や曜日に勤務する場合であっても時給に上乗せして特殊勤務手当を支給していない。

　　ロ　派遣先であるＡ社においては、通常の労働者であるＸについては、入社に当たり、交替制勤務に従事することは必ずしも確定しておらず、業務の繁閑等生産の都合に応じて通常勤務又は交替制勤務のいずれにも従事する可能性があり、交替制勤務に従事した場合に限り特殊勤務手当が支給されている。派遣元事業主であるＢ社からＡ社に派遣されている派遣労働者であるＹについては、Ａ社への労働者派遣に当たり、派遣先で交替制勤務に従事することを明確にし、かつ、基本給にＡ社において通常の労働者に支給される特殊勤務手当と同一の交替制勤務の負荷分が盛り込まれている。Ａ社には、職務の内容がＹと同一であり通常勤務のみに従事することが予定され、実際に通常勤務のみに従事する労働者であるＺがいるところ、Ｂ社はＹに対し、Ａ社がＺに対して支給するのに比べ基本給を高く支給している。Ａ社はＸに対して特殊勤務手当を支給しているが、Ｂ社はＹに対して特殊勤務手当を支給していない。

（４）精皆勤手当

　　派遣元事業主は、派遣先に雇用される通常の労働者と業務の内容が同一の派遣労働者には、派遣先に雇用される通常の労働者と同一の精皆勤手当を支給しなければならない。

（問題とならない例）

　　派遣先であるＡ社においては、考課上、欠勤についてマイナス査定を行い、かつ、それが待遇に反映される通常の労働者であるＸには、一定の日数以上出勤した場合に精皆勤手当を支給しているが、派遣元事業主であるＢ社は、Ｂ社からＡ社に派遣されている派遣労働者であって、考

課上、欠勤についてマイナス査定を行っていないYには、マイナス査定を行っていないこととの見合いの範囲内で、精皆勤手当を支給していない。

（5）時間外労働に対して支給される手当

　　派遣元事業主は、派遣先に雇用される通常の労働者の所定労働時間を超えて、当該通常の労働者と同一の時間外労働を行った派遣労働者には、当該通常の労働者の所定労働時間を超えた時間につき、派遣先に雇用される通常の労働者と同一の割増率等で、時間外労働に対して支給される手当を支給しなければならない。

（6）深夜労働又は休日労働に対して支給される手当

　　派遣元事業主は、派遣先に雇用される通常の労働者と同一の深夜労働又は休日労働を行った派遣労働者には、派遣先に雇用される通常の労働者と同一の割増率等で、深夜労働又は休日労働に対して支給される手当を支給しなければならない。

（問題とならない例）

　　派遣元事業主であるB社においては、派遣先であるA社に派遣されている派遣労働者であって、A社に雇用される通常の労働者であるXと時間数及び職務の内容が同一の深夜労働又は休日労働を行ったYに対し、A社がXに支給するのと同一の深夜労働又は休日労働に対して支給される手当を支給している。

（問題となる例）

　　派遣元事業主であるB社においては、派遣先であるA社に派遣されている派遣労働者であって、A社に雇用される通常の労働者であるXと時間数及び職務の内容が同一の深夜労働又は休日労働を行ったYに対し、Yが派遣労働者であることから、深夜労働又は休日労働に対して支給される手当の単価を当該通常の労働者より低く設定している。

（7）通勤手当及び出張旅費

　　派遣元事業主は、派遣労働者にも、派遣先に雇用される通常の労働者と同一の通勤手当及び出張旅費を支給しなければならない。

（問題とならない例）

　イ　派遣先であるA社においては、本社の採用である労働者に対し、交通費実費の全額に相当する通勤手当を支給しているが、派遣元事業主であるB社は、それぞれの店舗の採用である労働者については、当該店舗の近隣から通うことができる交通費に相当する額に通勤手当の上限を設定して当該上限の額の範囲内で通勤手当を支給しているところ、B社の店舗採用であってA社に派遣される派遣労働者であるYが、A社への労働者派遣の開始後、本人の都合で通勤手当の上限の額では通うことができないところへ転居してなお通い続けている場合には、当該上限の額の範囲内で通勤手当を支給している。

　ロ　派遣先であるA社においては、通勤手当について、所定労働日数が

多い（例えば、週４日以上）通常の労働者に、月額の定期券の金額に相当する額を支給しているが、派遣元事業主であるＢ社においては、Ａ社に派遣されている派遣労働者であって、所定労働日数が少ない（例えば、週３日以下）又は出勤日数が変動する派遣労働者に、日額の交通費に相当する額を支給している。

（８）労働時間の途中に食事のための休憩時間がある労働者に対する食費の負担補助として支給される食事手当

派遣元事業主は、派遣労働者にも、派遣先に雇用される通常の労働者と同一の食事手当を支給しなければならない。

（問題とならない例）

派遣先であるＡ社においては、その労働時間の途中に昼食のための休憩時間がある通常の労働者であるＸに食事手当を支給している。その一方で、派遣元事業主であるＢ社においては、Ａ社に派遣されている派遣労働者であって、その労働時間の途中に昼食のための休憩時間がない（例えば、午後２時から午後５時までの勤務）派遣労働者であるＹに支給していない。

（問題となる例）

派遣先であるＡ社においては、通常の労働者であるＸに食事手当を支給している。派遣元事業主であるＢ社においては、Ａ社に派遣されている派遣労働者であるＹにＡ社がＸに支給するのに比べ食事手当を低く支給している。

（９）単身赴任手当

派遣元事業主は、派遣先に雇用される通常の労働者と同一の支給要件を満たす派遣労働者には、派遣先に雇用される通常の労働者と同一の単身赴任手当を支給しなければならない。

（10）特定の地域で働く労働者に対する補償として支給される地域手当

派遣元事業主は、派遣先に雇用される通常の労働者と同一の地域で働く派遣労働者には、派遣先に雇用される通常の労働者と同一の地域手当を支給しなければならない。

（問題とならない例）

派遣先であるＡ社においては、通常の労働者であるＸについて、全国一律の基本給の体系を適用し、転勤があることから、地域の物価等を勘案した地域手当を支給している。一方で、派遣元事業主であるＢ社においては、Ａ社に派遣されている派遣労働者であるＹについては、Ａ社に派遣されている間は勤務地の変更がなく、その派遣先の所在する地域で基本給を設定しており、その中で地域の物価が基本給に盛り込まれているため、地域手当を支給していない。

（問題となる例）

派遣先であるＡ社に雇用される通常の労働者であるＸは、その地域で採用され転勤はないにもかかわらず、Ａ社はＸに対し地域手当を支給し

ている。一方、派遣元事業主であるＢ社からＡ社に派遣されている派遣
労働者であるＹは、Ａ社に派遣されている間転勤はなく、Ｂ社はＹに対
し地域手当を支給していない。

4　福利厚生
（1）福利厚生施設（給食施設、休憩室及び更衣室をいう。以下この（1）に
　　おいて同じ。）
　　　派遣先は、派遣先に雇用される通常の労働者と同一の事業所で働く派遣
　　労働者には、派遣先に雇用される通常の労働者と同一の福利厚生施設の利
　　用を認めなければならない。
　　　なお、派遣元事業主についても、労働者派遣法第30条の３の規定に基づ
　　く義務を免れるものではない。
（2）転勤者用社宅
　　　派遣元事業主は、派遣先に雇用される通常の労働者と同一の支給要件
　　（例えば、転勤の有無、扶養家族の有無、住宅の賃貸又は収入の額）を満
　　たす派遣労働者には、派遣先に雇用される通常の労働者と同一の転勤者用
　　社宅の利用を認めなければならない。
（3）慶弔休暇並びに健康診断に伴う勤務免除及び有給の保障
　　　派遣元事業主は、派遣労働者にも、派遣先に雇用される通常の労働者と
　　同一の慶弔休暇の付与並びに健康診断に伴う勤務免除及び有給の保障を行
　　わなければならない。
　　（問題とならない例）
　　　　派遣元事業主であるＢ社においては、派遣先であるＡ社に派遣されて
　　　いる派遣労働者であって、Ａ社に雇用される通常の労働者であるＸと同
　　　様の出勤日が設定されているＹに対しては、Ａ社がＸに付与するのと同
　　　様に慶弔休暇を付与しているが、Ａ社に派遣されている派遣労働者であ
　　　って、週２日の勤務であるＷに対しては、勤務日の振替での対応を基本
　　　としつつ、振替が困難な場合のみ慶弔休暇を付与している。
（4）病気休職
　　　派遣元事業主は、派遣労働者（期間の定めのある労働者派遣に係る派遣
　　労働者である場合を除く。）には、派遣先に雇用される通常の労働者と同
　　一の病気休職の取得を認めなければならない。また、期間の定めのある労
　　働者派遣に係る派遣労働者にも、当該派遣先における派遣就業が終了する
　　までの期間を踏まえて、病気休職の取得を認めなければならない。
　　（問題とならない例）
　　　　派遣元事業主であるＢ社においては、当該派遣先における派遣就業期
　　　間が１年である派遣労働者であるＹについて、病気休職の期間は当該派
　　　遣就業の期間が終了する日までとしている。
（5）法定外の有給の休暇その他の法定外の休暇（慶弔休暇を除く。）であっ
　　て、勤続期間（派遣労働者にあっては、当該派遣先における就業期間。以

下この（５）において同じ。）に応じて取得を認めているもの

　法定外の有給の休暇その他の法定外の休暇（慶弔休暇を除く。）であって、派遣先及び派遣元事業主が、勤続期間に応じて取得を認めているものについて、派遣元事業主は、当該派遣先に雇用される通常の労働者と同一の勤続期間である派遣労働者には、派遣先に雇用される通常の労働者と同一の法定外の有給の休暇その他の法定外の休暇（慶弔休暇を除く。）を付与しなければならない。なお、当該派遣先において期間の定めのある労働者派遣契約を更新している場合には、当初の派遣就業の開始時から通算して就業期間を評価することを要する。

（問題とならない例）

　派遣先であるＡ社においては、長期勤続者を対象とするリフレッシュ休暇について、業務に従事した時間全体を通じた貢献に対する報償という趣旨で付与していることから、通常の労働者であるＸに対し、勤続10年で３日、20年で５日、30年で７日の休暇を付与している。派遣元事業主であるＢ社は、Ａ社に派遣されている派遣労働者であるＹに対し、所定労働時間に比例した日数を付与している。

５　その他

（１）教育訓練であって、現在の職務の遂行に必要な技能又は知識を習得するために実施するもの

　教育訓練であって、派遣先が、現在の業務の遂行に必要な能力を付与するために実施するものについて、派遣先は、派遣元事業主からの求めに応じ、その雇用する通常の労働者と業務の内容が同一である派遣労働者には、派遣先に雇用される通常の労働者と同一の教育訓練を実施する等必要な措置を講じなければならない。なお、派遣元事業主についても、労働者派遣法第30条の３の規定に基づく義務を免れるものではない。

　また、派遣労働者と派遣先に雇用される通常の労働者との間で業務の内容に一定の相違がある場合においては、派遣元事業主は、派遣労働者と派遣先に雇用される通常の労働者との間の職務の内容、職務の内容及び配置の変更の範囲その他の事情の相違に応じた教育訓練を実施しなければならない。

　なお、労働者派遣法第30条の２第１項の規定に基づき、派遣元事業主は、派遣労働者に対し、段階的かつ体系的な教育訓練を実施しなければならない。

（２）安全管理に関する措置又は給付

　派遣元事業主は、派遣先に雇用される通常の労働者と同一の業務環境に置かれている派遣労働者には、派遣先に雇用される通常の労働者と同一の安全管理に関する措置及び給付をしなければならない。

　なお、派遣先及び派遣元事業主は、労働者派遣法第45条等の規定に基づき、派遣労働者の安全と健康を確保するための義務を履行しなりればなら

ない。

第5　協定対象派遣労働者
　協定対象派遣労働者の待遇に関して、原則となる考え方及び具体例は次のとおりである。

1　賃金
　労働者派遣法第30条の４第１項第２号イにおいて、協定対象派遣労働者の賃金の決定の方法については、同種の業務に従事する一般の労働者の平均的な賃金の額として厚生労働省令で定めるものと同等以上の賃金の額となるものでなければならないこととされている。
　また、同号ロにおいて、その賃金の決定の方法は、協定対象派遣労働者の職務の内容、職務の成果、意欲、能力又は経験その他の就業の実態に関する事項の向上があった場合に賃金が改善されるものでなければならないこととされている。
　さらに、同項第３号において、派遣元事業主は、この方法により賃金を決定するに当たっては、協定対象派遣労働者の職務の内容、職務の成果、意欲、能力又は経験その他の就業の実態に関する事項を公正に評価し、その賃金を決定しなければならないこととされている。

2　福利厚生
（1）福利厚生施設（給食施設、休憩室及び更衣室をいう。以下この（1）において同じ。）
　派遣先は、派遣先に雇用される通常の労働者と同一の事業所で働く協定対象派遣労働者には、派遣先に雇用される通常の労働者と同一の福利厚生施設の利用を認めなければならない。
　なお、派遣元事業主についても、労働者派遣法第30条の３の規定に基づく義務を免れるものではない。
（2）転勤者用社宅
　派遣元事業主は、派遣元事業主の雇用する通常の労働者と同一の支給要件（例えば、転勤の有無、扶養家族の有無、住宅の賃貸又は収入の額）を満たす協定対象派遣労働者には、派遣元事業主の雇用する通常の労働者と同一の転勤者用社宅の利用を認めなければならない。
（3）慶弔休暇並びに健康診断に伴う勤務免除及び有給の保障
　派遣元事業主は、協定対象派遣労働者にも、派遣元事業主の雇用する通常の労働者と同一の慶弔休暇の付与並びに健康診断に伴う勤務免除及び有給の保障を行わなければならない。
　（問題とならない例）
　　派遣元事業主であるＢ社においては、慶弔休暇について、Ｂ社の雇用する通常の労働者であるＸと同様の出勤日が設定されている協定対象派

遺労働者であるＹに対しては、通常の労働者と同様に慶弔休暇を付与しているが、週２日の勤務の協定対象派遣労働者であるＷに対しては、勤務日の振替での対応を基本としつつ、振替が困難な場合のみ慶弔休暇を付与している。

（４）病気休職

派遣元事業主は、協定対象派遣労働者（有期雇用労働者である場合を除く。）には、派遣元事業主の雇用する通常の労働者と同一の病気休職の取得を認めなければならない。また、有期雇用労働者である協定対象派遣労働者にも、労働契約が終了するまでの期間を踏まえて、病気休職の取得を認めなければならない。

（問題とならない例）

派遣元事業主であるＢ社においては、労働契約の期間が１年である有期雇用労働者であり、かつ、協定対象派遣労働者であるＹについて、病気休職の期間は労働契約の期間が終了する日までとしている。

（５）法定外の有給の休暇その他の法定外の休暇（慶弔休暇を除く。）であって、勤続期間に応じて取得を認めているもの

法定外の有給の休暇その他の法定外の休暇（慶弔休暇を除く。）であって、勤続期間に応じて取得を認めているものについて、派遣元事業主は、派遣元事業主の雇用する通常の労働者と同一の勤続期間である協定対象派遣労働者には、派遣元事業主の雇用する通常の労働者と同一の法定外の有給の休暇その他の法定外の休暇（慶弔休暇を除く。）を付与しなければならない。なお、期間の定めのある労働契約を更新している場合には、当初の労働契約の開始時から通算して勤続期間を評価することを要する。

（問題とならない例）

派遣元事業主であるＢ社においては、長期勤続者を対象とするリフレッシュ休暇について、業務に従事した時間全体を通じた貢献に対する報償という趣旨で付与していることから、Ｂ社に雇用される通常の労働者であるＸに対し、勤続10年で３日、20年で５日、30年で７日の休暇を付与しており、協定対象派遣労働者であるＹに対し、所定労働時間に比例した日数を付与している。

３　その他

（１）教育訓練であって、現在の職務の遂行に必要な技能又は知識を習得するために実施するもの

教育訓練であって、派遣先が、現在の業務の遂行に必要な能力を付与するために実施するものについて、派遣先は、派遣元事業主からの求めに応じ、派遣先に雇用される通常の労働者と業務の内容が同一である協定対象派遣労働者には、派遣先に雇用される通常の労働者と同一の教育訓練を実施する等必要な措置を講じなければならない。なお、派遣元事業主についても、労働者派遣法第30条の３の規定に基づく義務を免れるものではな

い。

　また、協定対象派遣労働者と派遣元事業主が雇用する通常の労働者との間で業務の内容に一定の相違がある場合においては、派遣元事業主は、協定対象派遣労働者と派遣元事業主の雇用する通常の労働者との間の職務の内容、職務の内容及び配置の変更の範囲その他の事情の相違に応じた教育訓練を実施しなければならない。

　なお、労働者派遣法第30条の２第１項の規定に基づき、派遣元事業主は、協定対象派遣労働者に対し、段階的かつ体系的な教育訓練を実施しなければならない。

（２）安全管理に関する措置及び給付

　派遣元事業主は、派遣元事業主の雇用する通常の労働者と同一の業務環境に置かれている協定対象派遣労働者には、派遣元事業主の雇用する通常の労働者と同一の安全管理に関する措置及び給付をしなければならない。

　なお、派遣先及び派遣元事業主は、労働者派遣法第45条等の規定に基づき、協定対象派遣労働者の安全と健康を確保するための義務を履行しなければならない。

資料6
均衡待遇・均等待遇をめぐる判例・裁判例の概要

＊判旨中の下線、注記（＊）は、筆者
＊出典は原則として「労働経済判例速報」（以下「労経速」という）で表記した

判例・裁判例リスト

Ⅰ．総論（労働契約法20条に関する最高裁の判旨）

⑴ 法違反の効果・補充的（直律的）効力について〔ハマキョウレックス事件〕

　「労働契約法20条が有期契約労働者と無期契約労働者との労働条件の相違は『不合理と認められるものであってはならない』と規定していることや、その趣旨が

有期契約労働者の公正な処遇を図ることにあること等に照らせば、同条の規定は私法上の効力を有するものと解するのが相当であり、有期労働契約のうち同条に違反する労働条件の相違を設ける部分は無効となるものと解される。」

「同条は、有期契約労働者について無期契約労働者との職務の内容等の違いに応じた均衡のとれた処遇を求める規定であり、文言上も、両者の労働条件の相違が同条に違反する場合に、当該有期契約労働者の労働条件が比較の対象である無期契約労働者の労働条件と同一のものとなる旨を定めていない。」

「そうすると、有期契約労働者と無期契約労働者との労働条件の相違が同条に違反する場合であっても、同条の効力により当該有期契約労働者の労働条件が比較の対象である無期契約労働者の労働条件と同一のものとなるものではないと解するのが相当である。」

「正社員に適用される就業規則である本件正社員就業規則及び本件正社員給与規程と、契約社員に適用される就業規則である本件契約社員就業規則とが、別個独立のものとして作成されていること等にも鑑みれば、両者の労働条件の相違が同条に違反する場合に、本件正社員就業規則又は本件正社員給与規程の定めが契約社員である被上告人に適用されることとなると解することは、就業規則の合理的な解釈としても困難である。」

(2) 「期間の定めがあることにより」の解釈について〔ハマキョウレックス事件〕

「労働契約法20条は、有期契約労働者と無期契約労働者の労働条件が期間の定めがあることにより相違していることを前提としているから、両者の労働条件が相違しているというだけで同条を適用することはできない。一方、期間の定めがあることと労働条件が相違していることとの関連性の程度は、労働条件の相違が不合理と認められるものに当たるか否かの判断に当たって考慮すれば足りるものということができる。」

「そうすると、同条にいう『期間の定めがあることにより』とは、有期契約労働者と無期契約労働者との労働条件の相違が期間の定めの有無に関連して生じたものであることをいうものと解するのが相当である。」

「本件についてみると、本件諸手当に係る労働条件の相違は、契約社員と正社員とでそれぞれ異なる就業規則が適用されることにより生じているものであることに鑑みれば、当該相違は期間の定めの有無に関連して生じたものであるということができる。」

(3) 不合理性の判断方法・主張立証責任について〔ハマキョウレックス事件〕

「労働契約法20条は、有期契約労働者と無期契約労働者との労働条件の相違が、職務の内容等を考慮して不合理と認められるものであってはならないとしているところ、所論は、同条にいう『不合理と認められるもの』とは合理的でないものと同義であると解すべき旨をいう。しかしながら、同条が『不合理と認められるものであってはならない』と規定していることに照らせば、同条は飽くまでも労働条件の相違が不合理と評価されるか否かを問題とするものと解することが文理

に沿うものといえる。また、同条は、職務の内容等が異なる場合であっても、その違いを考慮して両者の労働条件が均衡のとれたものであることを求める規定であるところ、両者の労働条件が均衡のとれたものであるか否かの判断に当たっては、労使間の交渉や使用者の経営判断を尊重すべき面があることも否定し難い。」

「したがって、同条にいう『不合理と認められるもの』とは、有期契約労働者と無期契約労働者との労働条件の相違が不合理であると評価することができるものであることをいうと解するのが相当である。」

「両者の労働条件の相違が不合理であるか否かの判断は規範的評価を伴うものであるから、当該相違が不合理であるとの評価を基礎付ける事実については当該相違が同条に違反することを主張する者が、当該相違が不合理であるとの評価を妨げる事実については当該相違が同条に違反することを争う者が、それぞれ主張立証責任を負うものと解される。」

(4) 労働条件ごとの判断について

①賃金について〔長澤運輸事件〕

「労働者の賃金が複数の賃金項目から構成されている場合、個々の賃金項目に係る賃金は、通常、賃金項目ごとに、その趣旨を異にするものであるということができる。そして、有期契約労働者と無期契約労働者との賃金項目に係る労働条件の相違が不合理と認められるものであるか否かを判断するに当たっては、当該賃金項目の趣旨により、その考慮すべき事情や考慮の仕方も異なり得るというべきである。」

「そうすると、有期契約労働者と無期契約労働者との個々の賃金項目に係る労働条件の相違が不合理と認められるものであるか否かを判断するに当たっては、両者の賃金の総額を比較することのみによるのではなく、当該賃金項目の趣旨を個別に考慮すべきものと解するのが相当である。」

「ある賃金項目の有無及び内容が、他の賃金項目の有無及び内容を踏まえて決定される場合もあり得るところ、そのような事情も、有期契約労働者と無期契約労働者との個々の賃金項目に係る労働条件の相違が不合理と認められるものであるか否かを判断するに当たり考慮されることになるものと解される。」

②賃金以外の労働条件について〔日本郵便（佐賀）事件〕

「有期労働契約を締結している労働者と無期労働契約を締結している労働者との個々の賃金項目に係る労働条件の相違が労働契約法20条にいう不合理と認められるものであるか否かを判断するに当たっては、両者の賃金の総額を比較することのみによるのではなく、当該賃金項目の趣旨を個別に考慮すべきものと解するのが相当である（最高裁平成29年（受）第442号同30年6月1日第二小法廷判決・民集72巻2号202頁）ところ、賃金以外の労働条件の相違についても、同様に、個々の労働条件の趣旨を個別に考慮すべきものと解するのが相当である。」

(5) 「その他の事情」について〔長澤運輸事件〕

「労働契約法20条は、有期契約労働者と無期契約労働者との労働条件の相違が不合理と認められるものであるか否かを判断する際に考慮する事情として、『そ

の他の事情』を挙げているところ、その内容を職務内容及び変更範囲に関連する事情に限定すべき理由は見当たらない。」

「有期契約労働者と無期契約労働者との労働条件の相違が不合理と認められるものであるか否かを判断する際に考慮されることとなる事情は、労働者の職務内容及び変更範囲並びにこれらに関連する事情に限定されるものではないというべきである。」

(6) 定年後再雇用について〔長澤運輸事件〕

「嘱託乗務員と正社員との本件各賃金項目に係る労働条件の相違は、嘱託乗務員の賃金に関する労働条件が、正社員に適用される賃金規定等ではなく、嘱託社員規則に基づく嘱託社員労働契約によって定められることにより生じているものであるから、当該相違は期間の定めの有無に関連して生じたものであるということができる。したがって、嘱託乗務員と正社員の本件各賃金項目に係る労働条件は、同条にいう期間の定めがあることにより相違している場合に当たる。」

「定年制は、使用者が、その雇用する労働者の長期雇用や年功的処遇を前提としながら、人事の刷新等により組織運営の適正化を図るとともに、賃金コストを一定限度に抑制するための制度ということができるところ、定年制の下における無期契約労働者の賃金体系は、当該労働者を定年退職するまで長期間雇用することを前提に定められたものであることが少なくないと解される。これに対し、使用者が定年退職者を有期労働契約により再雇用する場合、当該者を長期間雇用することは通常予定されていない。また、定年退職後に再雇用される有期契約労働者は、定年退職するまでの間、無期契約労働者として賃金の支給を受けてきた者であり、一定の要件を満たせば老齢厚生年金の支給を受けることも予定されている。そして、このような事情は、定年退職後に再雇用される有期契約労働者の賃金体系の在り方を検討するに当たって、その基礎になるものであるということができる。」

「そうすると、有期契約労働者が定年退職後に再雇用された者であることは、当該有期契約労働者と無期契約労働者との労働条件の相違が不合理と認められるものであるか否かの判断において、労働契約法20条にいう『その他の事情』として考慮されることとなる事情に当たると解するのが相当である。」

(7) 比較対象とする正社員側の事情・正社員登用制度について

①学校法人大阪医科薬科大学事件

「第1審被告においては、全ての正職員が同一の雇用管理の区分に属するものとして同一の就業規則等の適用を受けており、その労働条件はこれらの正職員の職務の内容や変更の範囲等を踏まえて設定されたものといえるところ、第1審被告は、教室事務員の業務の内容の過半が定型的で簡便な作業等であったため、平成13年頃から、一定の業務等が存在する教室を除いてアルバイト職員に置き換えてきたものである。その結果、第1審原告が勤務していた当時、教室事務員である正職員は、僅か4名にまで減少することとなり、業務の内容の難度や責任の程度が高く、人事異動も行われていた他の大多数の正職員と比較して極めて少数となっていたものである。このように、教室事務員である正職員が他の大多数の正

職員と職務の内容及び変更の範囲を異にするに至ったことについては、教室事務員の業務の内容や第１審被告が行ってきた人員配置の見直し等に起因する事情が存在したものといえる。また、アルバイト職員については、契約職員及び正職員へ段階的に職種を変更するための試験による登用制度が設けられていたものである。これらの事情については、教室事務員である正職員と第１審原告との労働条件の相違が不合理と認められるものであるか否かを判断するに当たり、労働契約法20条所定の『その他の事情』（以下、職務の内容及び変更の範囲と併せて『職務の内容等』という。）として考慮するのが相当である。」

②メトロコマース事件

「第１審被告においては、全ての正社員が同一の雇用管理の区分に属するものとして同じ就業規則等により同一の労働条件の適用を受けていたが、売店業務に従事する正社員と、第１審被告の本社の各部署や事業所等に配置され配置転換等を命ぜられることがあった他の多数の正社員とは、職務の内容及び変更の範囲につき相違があったものである。そして、平成27年１月当時に売店業務に従事する正社員は、同12年の関連会社等の再編成により第１審被告に雇用されることとなった互助会の出身者と契約社員Ｂから正社員に登用された者が約半数ずつほぼ全体を占め、売店業務に従事する従業員の２割に満たないものとなっていたものであり、上記再編成の経緯やその職務経験等に照らし、賃金水準を変更したり、他の部署に配置転換等をしたりすることが困難な事情があったことがうかがわれる。このように、売店業務に従事する正社員が他の多数の正社員と職務の内容及び変更の範囲を異にしていたことについては、第１審被告の組織再編等に起因する事情が存在したものといえる。また、第１審被告は、契約社員Ａ及び正社員へ段階的に職種を変更するための開かれた試験による登用制度を設け、相当数の契約社員Ｂや契約社員Ａをそれぞれ契約社員Ａや正社員に登用していたものである。これらの事情については、第１審原告らと売店業務に従事する正社員との労働条件の相違が不合理と認められるものであるか否かを判断するに当たり、労働契約法20条所定の『その他の事情』（以下、職務の内容及び変更の範囲と併せて『職務の内容等』という。）として考慮するのが相当である。」

Ⅱ．賃金制度・基本給・定年後再雇用・無期転換社員

⑴　本給（基本給・資格手当）

メトロコマース事件（東京高判平成31・2・20【確定】）	均衡違反否定
	（労経速2373号3頁）

［問題となった待遇差］
・正社員は月給制で昇給あり／本給月額に加算される資格手当3000円もあり
・契約社員Ｂは時給制／更新時に時給アップあり／資格手当なし

［判旨］
「高卒・大卒新入社員を採用することがある正社員には長期雇用を前提とした

年功的な賃金制度を設け、本来的に短期雇用を前提とする有期契約労働者にはこれと異なる賃金体系を設けるという制度設計をすることには、企業の人事施策上の判断として一定の合理性が認められるところである。」

「このような賃金の相違については、決して固定的・絶対的なものではなく、契約社員Bから契約社員A（現在は職種限定社員）へ及び契約社員Aから正社員への各登用制度を利用することによって解消することができる機会も与えられている」

「資格手当は、正社員の職務グループ（マネージャー職、リーダー職及びスタッフ職）における各資格（M、L-1〜L-3、S-1〜S-3）に応じて支給されるものであるところ、契約社員Bはその従事する業務の内容に照らして正社員と同様の資格を設けることは困難であると認められるから、これに相当する手当が支給されなくともやむを得ないというべきである。」

(2) 基本給（算定方法・水準・調整手当）

学校法人大阪医科薬科大学事件（大阪高判平成31・2・15【確定】）	均衡違反否定
	（労経速2374号3頁）

［問題となった待遇差］
・アルバイト職員は時給制で正職員は月給制（賃金の算定方法の違い）
・アルバイト職員と新規採用の正職員では2割程度の賃金格差

［判旨］
「アルバイト職員は時給制、正職員は月給制という労働条件の相違についてみると、どちらも賃金の定め方として一般に受け入れられているものである。その上、認定事実によれば…アルバイト職員は短時間勤務者が約6割を占めていることが認められる。そのことを踏まえると、アルバイト職員に、短時間勤務者に適した時給制を採用していることは不合理とはいえない。」

「職務、責任、異動可能性、採用に際し求められる能力に大きな相違があること、賃金の性格も異なることを踏まえると、正職員とアルバイト職員で賃金水準に一定の相違が生ずることも不合理とはいえないというべきである。…その相違は、約2割にとどまっていることからすると、そのような相違があることが不合理であるとは認めるに足りない。」

> **年末年始や創立記念日の休日における賃金支給は、以下のように判示して均衡違反を否定**
>
> 「年末年始及び創立記念日の休日については、アルバイト職員は時給制であるため休日が増えればそれだけ賃金が減少するが、正職員は月給制であるため賃金が減額されるわけではないという違いが生ずる。しかし、これは、賃金について一方は時給制、他方は月給制を採用したことの帰結にすぎず…正職員に月給制、アルバイト職員に時給制を採用すること自体が不合理とはいえないから、このような相違が生ずることをもって不合理とはいえない。」

学校法人産業医科大学事件 （福岡高判平成30・11・29）　均衡違反認定
（労経速2370号3頁）

[問題となった待遇差]
・臨時職員（有期契約）と正規職員との基本給に係る労働条件の相違

[判旨]
　「臨時職員と対照職員との比較対象期間及びその直近の職務の内容並びに職務の内容及び配置の各変更の範囲に違いがあり、控訴人が大学病院内での同一の科での継続勤務を希望したといった事情を踏まえても、30年以上の長期にわたり雇用を続け、業務に対する習熟度を上げた控訴人に対し、臨時職員であるとして人事院勧告に従った賃金の引き上げのみであって、控訴人と学歴が同じ短大卒の正規職員が管理業務に携わるないし携わることができる地位である主任に昇格する前の賃金水準すら満たさず、現在では、同じ頃採用された正規職員との基本給の額に約2倍の格差が生じているという労働条件の相違は、同学歴の正規職員の主任昇格前の賃金水準を下回る3万円の限度において不合理であると評価することができるものであり、労働契約法20条にいう不合理と認められるものに当たると解するのが相当である。」

学校法人中央学院（非常勤講師）事件 （東京地判令和元・5・30）　均衡違反否定
（労働判例1211号59頁）

[問題となった待遇差]
・非常勤講師（有期契約）と専任教員との本俸（基本給）に係る労働条件の相違

[判旨]
　「確かに、原告と専任教員との間には、本俸額について約3倍の差があったものと解される。しかしながら、…非常勤講師である原告と専任教員との間には、その職務の内容に数々の大きな違いがあるものである。このことに加え、一般的に経営状態が好調であるとはいえない多くの私立大学において教員の待遇を検討するに際しては、国からの補助金額も大きな考慮要素となると考えられるところ、…専任教員と非常勤教員とでは補助金の基準額の算定方法が異なり、その額に相当大きな開きがあることや、…原告を含む本件大学の非常勤講師の賃金水準が他の大学と比較しても特に低いものであるということができないところ、…本件大学においては、団体交渉における労働組合との間の合意により、非常勤講師の年俸額を随時増額するのみならず、廃止されたコマについても給与額の8割の支給を補償する内容の本件非常勤講師給与規則第3条5項を新設したり、原告のように週5コマ以上の授業を担当する非常勤講師について私学共済への加入手続を行ったりするなど、非常勤講師の待遇についてより高水準となる方向で見直しを続けており、原告の待遇はこれらの見直しの積み重ねの結果であることからすると、原告が本件大学においてこれまで長年にわたり専任教員とほぼ遜色ないコマ数の授業を担当し、その中に原告の専門外である科目も複数含まれていたことなどと

いった原告が指摘する諸事情を考慮しても、原告と本件大学の専任教員との本俸額の相違が不合理であると評価することはできないというべきである。」

「なお、本件大学の専任教員の本俸額は、当該専任教員がその業務に要する時間を直接の根拠として定められたものとは解し難いから、原告と専任教員との本俸額の差がそれぞれの業務に要する時間の差と比例しないものであることをもって、直ちに、原告と本件大学の専任教員との本俸額の相違が不合理であると評価することはできない。」

学校法人明泉学園事件（東京地判令和元・12・12）　均衡違反否定
（労経速2417号 3 頁）

[問題となった待遇差]
・常勤講師（有期契約）と専任教員との調整手当（基本給）の相違

[判旨]
「平成 3 年度から平成 9 年度までの各就業規則又は手当規程には、調整手当について『給料を調整するため調整手当を支給する。』と規定されており、調整手当が基本給の 8 パーセント又は 5 パーセントと定められ、基本給の額と連動して毎月固定的に支払われるものであったことを総合すれば、調整手当は、基本給名目で支払われる額との合計で全体として支給される基本給の額を調整するための手当としての性質を有するものであったとみるのが相当である。」

「専任教諭は、長期間の雇用が制度上予定されている上、管理職を含めた各役職の大部分に就いて重い職責を負っており、重要な業務を担っていたのに対し、常勤講師は、長期間の雇用が制度上予定されていなかっただけでなく、管理職を含めた各役職の職責を恒常的に担うことも予定されておらず、重要業務のうち担当しないものもあることが認められ、無期契約労働者である専任教諭と有期契約労働者である常勤講師のそれぞれについて基本給をどのように設定するかにおいて考慮すべき各事情に相当な差異があるものというべきである。以上の事情に加え、前提事実のとおり、専任教諭と常勤講師との調整手当の差額が基本給の 3 パーセントにとどまることも併せ考慮すれば、原告を含む常勤講師が教科教育、クラス担任、クラブ活動の指導等について専任教諭と同様の職務に従事していたことなどの事情を考慮しても、原告を含む常勤講師と専任教諭との間の調整手当の相違は、不合理であると評価することはできないから、労契法20条にいう不合理と認められるものには当たらないというべきである。」

トーカロ事件（東京地判令和 2 ・ 5 ・20）　均衡違反否定
（労経速2429号26頁）

[問題となった待遇差]
・Aコース正社員と嘱託社員との基本給の相違

[判旨]
「正社員と嘱託社員では異なる人事制度が採用されており、その結果として原

告主張の各労働条件の相違が生じている反面、Z1ら4名の個別の人事評価等によって嘱託社員である原告との間に各労働条件の相違が生じていることを認めるに足りる証拠はない。以上のとおり、本件においては、異なる人事制度によって労働条件の相違が生じていることに照らし、比較対象とすべき正社員は、上記労働条件の相違を生じさせる人事制度が適用される正社員のうち職務の内容、当該職務の内容及び配置の変更の範囲等が一定程度共通する範囲の者とするのが相当である。」

「被告の正社員は、採用時にDコース又はAコースに区分され、一定の要件を満たした場合には入社後にコースを変更することが可能であるものの、コース変更は正社員が希望した場合に限られ、人事異動によるコース変更は予定されていない。そして、Dコース正社員は、業務内容に限定がなく、職能資格等級の上昇に伴う役職への就任及び管理職への昇任が予定されており、転勤又は配置転換を命じられることもあるのに対し、Aコース正社員は、定型的、限定的な業務を担当するものとされ、役職への就任及び管理職への昇任は予定されておらず、転勤を命じられることもないとされている。…原告を含む嘱託社員と労働条件を比較すべき正社員は、担当業務や異動等の範囲が限定されている点で類似するAコース正社員とするのが相当である。」

「無期契約労働者に支給される本人給は生活給的性格のものであり、職能給は割り当てられた職務の複雑さ及び責任の度合並びに本人の勤務成績及び保有能力に応じ決定されるものである。このような本人給及び職能給からなるAコース正社員の賃金体系は、長期間の雇用が制度上予定され、雇用期間を通じた能力及び役割の向上が期待されているAコース正社員について、年齢に応じた処遇により長期雇用に対する動機付けを図るとともに、能力等に応じた処遇により意欲、能力等の向上を促すものということができる。他方、嘱託社員は、長期間の雇用が制度上予定されておらず、期待される能力や役割もAコース正社員より限定的であるから、上記賃金体系を採用することなく、契約期間ごとの合意によって基本給の額を決定することに一定の合理性がある。」

「Aコース正社員と嘱託社員との間には、担当業務の範囲、期待される能力や役割、職務の内容及び配置の変更の範囲に前判示のとおりの一定の相違があること、長期雇用を前提とする無期契約労働者と短期雇用を前提とする有期契約労働者との間に異なる賃金体系を設けることには、企業の人事上の施策として一定の合理性があること、被告においては有期雇用社員の正社員への登用制度が存在し、平成19年度から平成29年度までに被告に採用された正社員338名のうち約22.5パーセントに当たる76名が有期雇用社員から登用されるなど、同制度が実際にも機能しており、嘱託社員には同制度によって正社員との相違を解消する機会が与えられていることなどの事情を総合考慮すれば、Aコース正社員と嘱託社員との間の基本給についての相違は、不合理であると評価することはできないというべきである。」

(3) 月給制・時給制（基本賃金・通勤費）

日本郵便（佐賀）事件（福岡高判平成30・5・24【確定】） 均衡違反否定

(労経速2352号3頁)

［問題となった待遇差］
・正社員は月給制／契約社員には時給制と月給制あり
・時給制契約社員の勤務日数が少ない場合、正社員に比して基本賃金・通勤手
　当が少なくなる

［判旨］
　「１審原告の給与体系が時給制であり、正社員の給与体系が月給制であること
に起因する相違である。」
　「郵便外務業務に従事している正社員と時給制契約社員とでは、郵便外務業務
という意味での業務の内容は同一であるが、時給制契約社員は、特定の勤務曜日
あるいは特定の勤務時間帯に限定して採用される者があるように、その業務に従
事する勤務体制が、当然に正社員と同様の勤務日数をフルタイムで勤務すること
を前提としたものとはなっていない。このことは、有期雇用契約である月給制契
約社員が存在していることからも明らかであるといえる。」
　「業務内容のうち、勤務体制という点については、時給制契約社員と正社員と
では明らかに異なっており、それを前提として給与体系に時給制か月給制かの相
違が設けられていると認められる。」
　「かかる相違に起因する基本賃金・通勤費の相違が不合理であると認めること
はできない。」

(4) 定年後再雇用

長澤運輸事件（最二小判平成30・6・1） 均衡違反否定

(労経速2346号10頁)

［問題となった待遇差］
・正社員には基本給、能率給及び職務給を支給
・嘱託乗務員には、基本賃金及び歩合給を支給し、能率給及び職務給は不支給

［判旨］
　「基本給及び基本賃金は、労務の成果である乗務員の稼働額にかかわらず、従業
員に対して固定的に支給される賃金であるところ、上告人らの基本賃金の額は、い
ずれも定年退職時における基本給の額を上回っている。また、能率給及び歩合給は、
労務の成果に対する賃金であるところ、その額は、いずれも職種に応じた係数を乗
務員の月稼働額に乗ずる方法によって計算するものとされ、嘱託乗務員の歩合給
に係る係数は、正社員の能率給に係る係数の約２倍から約３倍に設定されている。」
　「被上告人は、嘱託乗務員について、正社員と異なる賃金体系を採用するに当
たり、職種に応じて額が定められる職務給を支給しない代わりに、基本賃金の額
を定年退職時の基本給の水準以上とすることによって収入の安定に配慮するとと
もに、歩合給に係る係数を能率給よりも高く設定することによって労務の成果が

賃金に反映されやすくなるように工夫している」

「嘱託乗務員に対して能率給及び職務給が支給されないこと等による労働条件の相違が不合理と認められるものであるか否かの判断に当たっては、嘱託乗務員の基本賃金及び歩合給が、正社員の基本給、能率給及び職務給に対応するものであることを考慮する必要がある」

「基本賃金及び歩合給を合計した金額並びに本件試算賃金につき基本給、能率給及び職務給を合計した金額を上告人ごとに計算すると、前者の金額は後者の金額より少ないが、その差は上告人Aにつき約10％、上告人Bにつき約12％、上告人Cにつき約2％にとどまっている。」

「嘱託乗務員は定年退職後に再雇用された者であり、一定の要件を満たせば老齢厚生年金の支給を受けることができる上、被上告人は、本件組合との団体交渉を経て、老齢厚生年金の報酬比例部分の支給が開始されるまでの間、嘱託乗務員に対して2万円の調整給を支給することとしている。」

「これらの事情を総合考慮すると、嘱託乗務員と正社員との職務内容及び変更範囲が同一であるといった事情を踏まえても、正社員に対して能率給及び職務給を支給する一方で、嘱託乗務員に対して能率給及び職務給を支給せずに歩合給を支給するという労働条件の相違は、不合理であると評価することができるものとはいえないから、労働契約法20条にいう不合理と認められるものに当たらないと解するのが相当である。」

学究社事件（東京地立川支判平成30・1・29） 均衡違反否定

(労経速2344号31頁)

[問題となった待遇差]
・定年後再雇用契約の給与を、定年退職前の正社員の賃金の30～40％前後を目安に設定

[判旨]
「定年退職前は、正社員として、被告が採用する変形労働時間制に基づき定められた各日の所定労働時間の間労働することが義務付けられ、その間に授業だけでなく生徒・保護者への対応、研修会等への出席等が義務付けられているのに対し、再雇用契約締結後は、時間講師として、被告が採用する変形労働時間制の適用はなく、原則は、被告から割り当てられた授業のみを担当するものであり、両者の間には、その業務の内容及び当該業務に伴う責任の程度に差がある」

「本件の再雇用契約は、高年法9条1項2号の定年後の継続雇用制度に該当するものであり、定年後継続雇用者の賃金を定年退職前より引き下げることは、一般的に不合理であるとはいえない。」

「被告における定年退職後の再雇用契約と定年退職前の契約の相違は、労働者の職務の内容及び配置の変更の範囲その他の事情を考慮して不合理であるとはいえず、労働契約法20条に違反するとは認められない。」

五島育英会事件（東京高判平成30・10・11） ［均衡違反否定］

(WestlawJapan 文献番号2018WLJPCA10116013)

［問題となった待遇差］
・定年後の嘱託教員の給与を定年退職時の約6割に設定　　＊65歳定年の事案

［判旨］

「年功的要素を含む賃金体系においては就労開始から定年退職までの全期間を通じて賃金の均衡が図られていることとの関係上、定年退職を迎えて一旦このような無期労働契約が解消された後に新たに締結された労働契約における賃金が定年退職直前の賃金と比較して低額となることは当該労働者の貢献と賃金との均衡という観点からは見やすい道理であり、それ自体が不合理であるということはできず、この理は、本件定年規程が高年齢者等の雇用の安定等に関する法律上の高年齢者雇用確保措置の対象年限たる65歳を超える雇用継続を前提とした制度であることを考慮すれば尚更であるといえる」

「基本給等（月例賃金のうち基本給及び調整給並びに賞与のうち基本賞与部分）を除く手当及び賞与のうちの業績加算部分の額については専任教諭と嘱託教諭との間で相違はなく、これらを加えた総額をもって比較すると、控訴人が嘱託教諭であった期間の賃金等の合計額は同期間に控訴人が専任教諭であったとした場合に想定される賃金等の合計額の約63％に相当すること、退職前年度と退職年度の職務との内容の差異をも考慮すれば、本件労働条件の相違が直ちに不合理であるとはいえず、また、嘱託教諭の基本給等を退職前の約6割に相当する額とする旨定めた本件定年規程は、控訴人も構成員であった本件組合と被控訴人との合意により本件組合の組合員にも適用されるようになったものであり、賃金は労働条件の中核たる要素の一つであり、この点に関して労使間の交渉及び合意を経て本件組合の組合員にも適用されるようになったことは労使間の利害調整を経た結果としてその内容の合理性を相当程度裏付けるべきものとして考慮するのが相当である。」

日本ビューホテル事件（東京地判平成30・11・21） ［均衡違反否定］

(労経速2365号3頁)

［問題となった待遇差］
・定年退職時の年俸の月額と定年退職後の有期労働契約（嘱託社員及び臨時社員時）の基本給及び時間給の月額との相違

［判旨］

「正社員に係る賃金制度が長期雇用を前提として年功的性格を含みながら各役職に就くことなどに対応したものであるのに対し、嘱託社員及び臨時社員の賃金制度は長期雇用を前提とせず年功的性格を含まず、役職に就くことも予定されず、かつ高年齢者雇用継続基本給付金が支給されることを組み込んでいるものであることなどからすれば、定年退職時の年俸と定年退職後に再雇用される嘱託社員及び臨時社員の基本給及び時間給とでその額に差があることをもって直ちに不合理

と認めることはできないというべきである。」

「原告の定年退職時と嘱託社員及び臨時社員時の業務の内容及び当該業務に伴う責任の程度（職務の内容）は大きく異なる上…、職務の内容及び配置の変更の範囲…にも差異があるから、嘱託社員及び臨時社員の基本給ないし時間給と正社員の年俸の趣旨に照らし、原告の嘱託社員及び臨時社員時の基本給及び時間給が定年退職時の年俸よりも低額であること自体不合理ということはできない。」

「原告の定年退職時の年俸の月額とこれに対応する嘱託社員及び臨時社員時の賃金とを比較するとその違いは小さいものとはいえないが、それらの賃金額は職務内容が近似する一般職の正社員のそれとの比較においては不合理に低いとまではいえないこと…も併せ考慮すれば、被告における嘱託社員及び臨時社員の賃金額の決定過程に労使協議が行われていないとの原告の指摘を踏まえてもなお、原告の定年退職時の年俸の月額と嘱託社員及び臨時社員時の基本給及び時間給の月額との相違が不合理であると認めることはできず、これをもって労働契約法20条に違反するということはできない。」

北日本放送事件（富山地判平成30・12・19）　均衡違反否定
（労経速2374号18頁）

［問題となった待遇差］
・正社員時の基本給と再雇用時の基本給との間の約27％の相違／再雇用社員の
　時給は一律1570円

［判旨］
「正社員は部門の責任者として担当業務のみならず部門全体の調整を図るスタッフとしての業務を担当しているのに対し、再雇用社員は再雇用社員労働契約書において定められた業務のみを担当しているという点で業務の内容は異なっており、このことは被告の単なる主観的認識にとどまらず、人事考課にも反映された客観的なものであるといえる。」

「正社員は、自己の担当する業務のほか、部門のスタッフとして、高度の知識、技能及び判断を要する部門業務を実質的な責任者として遂行すること等が求められているといえるから、担当する業務に伴う責任の程度は大きいということができる。…再雇用社員は、再雇用社員労働契約書において定められた従事すべき業務について一定の責任を負うことはあっても、部門業務の実質的な責任者となることは予定されておらず、担当する業務に伴う責任の程度は正社員のように大きくはないことが認められる。」

「再雇用社員と正社員とでは、職務の内容及び配置の変更の範囲は、いずれも異なるものといえる。」

「再雇用社員と正社員の職務の内容、当該職務の内容及び配置の変更の範囲はいずれも異なることが認められるから、その相違に応じた範囲で、再雇用社員の基本給の額を正社員よりも低くすることが不合理であるとはいえない。」

「定年制は、その雇用する労働者の長期雇用や年功的処遇を前提としながら、

人事の刷新等により組織運営の適正化を図るとともに、賃金コストを一定限度に抑制するための制度ということができるところ、定年制の下における無期契約労働者の賃金体系は、当該労働者を定年退職するまで長期間雇用することを前提に定められたものであることが少なくないと解される。これに対し、使用者が定年退職者を有期労働契約により再雇用する場合、当該者を長期間雇用することは通常予定されていない。また、定年退職後に再雇用される有期契約労働者は、定年退職するまでの間、無期契約労働者として賃金の支給を受けてきた者であり、一定の要件を満たせば老齢厚生年金の支給を受けることも予定されている。そして、このような事情は、定年退職後に再雇用される有期契約労働者の賃金体系の在り方を検討するに当たって、その基礎になるものであるということができる。そうすると、原告が定年退職後の再雇用社員であることは、労働契約法20条にいう『その他の事情』として考慮されることとなる事情に当たると解するのが相当である（長澤運輸事件最高裁判決）。」

「雇用保険法が、定年を迎えた者が再就職した場合のある月の賃金額が、同人が60歳に到達したときの賃金月額（原則として、60歳に到達する前6か月間の平均賃金）の61パーセント未満にまで下がることを想定していること…を踏まえれば、原告が定年退職後の再雇用社員であることをもって、原告の基本給を正社員よりも相当程度低くすることが不合理であるとはいえない。」

「労働者の賃金に関する労働条件は、労働者の職務内容及び変更範囲により一義的に定まるものではなく、使用者は、雇用及び人事に関する経営判断の観点から、労働者の職務内容及び変更範囲にとどまらない様々な事情を考慮して、労働者の賃金に関する労働条件を検討するものということができる。また、労働者の賃金に関する労働条件の在り方については、基本的には、団体交渉等による労使自治に委ねられるべき部分が大きいということができる。したがって、当該労働条件に関する労使交渉の経過も、労働契約法20条にいう『その他の事情』として考慮されることとなる事情に当たると解するのが相当である。…組合は、65歳までの高年齢者雇用確保措置の義務化を内容とする高年齢者雇用安定法の改正法（平成16年法律第103号）が施行される平成18年4月1日より前の同年1月頃から、高年齢者雇用確保措置に関する勉強会を開催していた。組合は、組合員に対し、同業他社の高齢者継続雇用制度の状況として、新潟放送では賃金月額25万円で手当、賞与及び退職金の支給がないこと、テレビ信州では年収300万円であることを紹介するなどした。組合は、被告との間で、平成18年3月14日と同月24日の2度にわたり協議を行った上で、同月31日、高年齢者継続雇用の選定基準について被告と協定を締結するとともに、再雇用者就業規則を新設する際の意見聴取において意見なしと述べ、組合員に対し、再雇用者就業規則のポイントとして、フルタイムの場合の賃金は月額25万円程度が目安となること、賞与、退職金は支給しないこと、契約期間は再雇用時より1年間とすることなどを報告した。以上によれば、原告を含む再雇用社員の基本給に関する労働条件は、被告と組合の間で十分に行われた労使協議を踏まえて定められたものであるということができるのであって、これを十分に尊重する必要があるといえる。」

「原告は、組合は機能しておらず、再雇用社員の労働条件につき実質的な労使協議はなかった旨主張する。しかし、…組合は、これまで最低賃金や夏季及び年末の一時金につき被告と協議を繰り返し、労働条件に関して臨時組合大会での協議や被告への再協議の申入れを行い、拡大闘争委員会を開催するなどの活動を行っていることが認められるから、労働組合として十分に機能していたということができるし、再雇用社員の労働条件を定めるに当たり十分な労使協議が行われたことは上記認定のとおりである。」

「原告は、給付金として年間約48万4282円、企業年金として年間136万3313円の給付を受けており、両給付の合計額を一月当たりの金額に換算すると、毎月平均15万3966円の給付を受けていることが認められ…原告の平均月額賃金と合計すれば、原告の再雇用社員時の一月当たりの収入額は41万0399円となり、…正社員時の基本給を上回ることが認められる。」

「原告は、基本給の比較において給付金の存在を考慮すべきではない旨主張するが、同制度が、原告の主張するように会社の経営状態が良くない場合の補完的なものであるとする根拠はない。給付金及び企業年金は、いずれも原告の生活を支える趣旨で支給されるものであり、被告はその存在を基礎として再雇用社員を含めた賃金体系の在り方を検討するものであるから、上記各給付の存在も、労働契約法20条にいう『その他の事情』として考慮されることとなる事情に当たると解するのが相当である。」

「以上によれば、再雇用社員と正社員の職務の内容、当該職務の内容及び配置の変更の範囲はいずれも異なり、原告が定年退職後の再雇用社員であるという原告の基本給を正社員のそれと比べて相当程度低くすることも不合理であるとはいえない事情が存在する上、原告の基本給の水準は被告と組合の十分な労使協議を経たものでありこれを尊重する必要があり、原告の再雇用社員時の月収は給付金及び企業年金を加えると正社員時の基本給を上回ることが認められる。これらの事情に照らせば、原告について正社員時の基本給と再雇用社員時の基本給との間に約27パーセントの差が生じていることを不合理と評価することはできず、この相違が労働契約法20条にいう『不合理と認められるもの』に当たるということはできない。」

「原告は、被告には、同一労働同一賃金推進法に基づき、再雇用社員に定年退職前と同水準の待遇を維持すべき義務がある旨主張する。しかし、…同法に基づき、被告に原告の主張するような義務が課されるものではない。」

「原告は、被告の当期純利益の額等からすれば、再雇用社員の賃金を削減することは不合理である旨主張する。しかし、企業が利益をどのように用いるかは正に経営判断の問題であって、これを必ずしも従業員の賃金に還元しなければならないというものではないから、原告主張の事情は前記認定判断を左右するものではない。」

名古屋自動車学校事件（名古屋地判令和2・10・28）

均衡違反認定

（労経速2434号3頁）

［問題となった待遇差］
・正職員定年退職時と嘱託職員（再雇用）時の基本給の差異（50％以下に減額）

［判旨］

　「原告らは、正職員定年退職時と嘱託職員時でその職務内容及び変更範囲には相違がなかったにもかかわらず、原告らの嘱託職員としての基本給は、正職員定年退職時と比較して、50％以下に減額されており、その結果、原告らに比べて職務上の経験に劣り、基本給に年功的性格があることから将来の増額に備えて金額が抑制される傾向にある若年正職員の基本給をも下回っている。また、そもそも、原告らの正職員定年退職時の賃金は、同年代の賃金センサスを下回るものであったところ、原告らの嘱託職員として勤務した期間の賃金額は、上記のような基本給の減額を大きな要因として、正職員定年退職時の労働条件で就労した場合の60％をやや上回るかそれ以下にとどまることとなっている。」

　「このことは、原告らが嘱託職員となる前後を通じて、被告とその従業員との間で、嘱託職員の賃金に係る労働条件一般について合意がされたとか、その交渉結果が制度に反映されたという事情も見受けられないから、労使自治が反映された結果であるともいえない。」

　「基本給は、一般に労働契約に基づく労働の対償の中核であるとされているところ、現に、原告らの正職員定年退職時の毎月の賃金に基本給が占める割合は相応に大きく、これが賞与額にも大きく影響していたことからすれば、被告においても、基本給をそのように位置付けているものと認められる。被告における基本給のこのような位置付けを踏まえると、上記の事実は、原告らの正職員定年退職時と嘱託職員時の各基本給に係る相違が労働契約法20条にいう不合理と認められるものに当たることを基礎付ける事実であるといえる。」

　「正職員の基本給は、長期雇用を前提とし、年功的性格を含むものであり、正職員が今後役職に就くこと、あるいはさらに高位の役職に就くことも想定して定められているものである一方、嘱託職員の基本給は、長期雇用を前提とせず、年功的性格を含まないものであり、嘱託職員が今後役職に就くことも予定されていないことが指摘できる。また、嘱託職員は、正職員を60歳で定年となった際に退職金の支払を受け、それ以降、要件を満たせば、高年齢雇用継続基本給付金及び老齢厚生年金（比例報酬分）の支給を受けることが予定され、現に、原告らはこれらを受給していたことも、基本給に係る相違が不合理であるとの評価を妨げる事実であるといえる。…これら事実は、定年後再雇用の労働者の多くに当てはまる事情であり、…原告らの職務内容及び変更範囲に変更がないにもかかわらず、原告らの嘱託職員時の基本給が、それ自体賃金センサス上の平均賃金に満たない正職員定年退職時の賃金の基本給を大きく下回ることや、その結果、若年正職員の基本給も下回ることを正当化するには足りないというほかない。」

　「原告らは、被告を正職員として定年退職した後に嘱託職員として有期労働契

約により再雇用された者であるが、正職員定年退職時と嘱託職員時でその内容及び変更範囲には相違がなく、原告らの正職員定年退職時の賃金は、賃金センサス上の平均賃金を下回る水準であった中で、原告らの嘱託職員時の基本給は、それが労働契約に基づく労働の対償の中核であるにもかかわらず、正職員定年退職時の基本給を大きく下回るものとされており、そのため、原告らに比べて職務上の経験に劣り、基本給に年功的性格があることから将来の増額に備えて金額が抑制される傾向にある若年正職員の基本給をも下回るばかりか、賃金の総額が正職員定年退職時の労働条件を適用した場合の60％をやや上回るかそれ以下にとどまる帰結をもたらしているものであって、このような帰結は、労使自治が反映された結果でもない以上、嘱託職員の基本給が年功的性格を含まないこと、原告らが退職金を受給しており、要件を満たせば高年齢雇用継続基本給付金及び老齢厚生年金（比例報酬分）の支給を受けることができたことといった事清を踏まえたとしても、労働者の生活保障の観点からも看過し難い水準に達しているというべきである。」

「原告らの正職員定年退職時と嘱託職員時の各基本給に係る金額という労働条件の相違は、労働者の生活保障という観点も踏まえ、嘱託職員時の基本給が正職員定年退職時の基本給の60％を下回る限度で、労働契約法20条にいう不合理と認められるものに当たると解するのが相当である。」

(5) 無期転換社員

井関松山ファクトリー事件（高松高判令和元・7・8） **支払義務認定**

（労働判例1208号38頁）

［問題となった待遇差］
・有期契約労働者に物価手当を不支給とした点が労働契約法20条違反と判断
・無期転換後の物価手当相当の損害金の支払義務が争点

［判旨］
「本件手当等の不支給を定めた本件無期転換就業規則は、一審原告らが無期転換する前に定められていることを考慮しても、当該定めについて合理的なものであることを要するところ（労働契約法7条参照）、①同規則は、前記説示のとおり、本件手当等の支給に関する限り、同規則制定前の有期契約労働者の労働条件と同一である上、仮に現在、一審被告が規程等の明文の規定がないままに有期契約労働者に支給している『賞与』の廃止まで想定しているのであれば、不利益な労働条件を定めたものといわざるを得ないこと、②一審被告が同規則の制定に当たって本件労働組合と交渉したことを認めるに足りる適切な証拠はなく、一審原告らが同規則に定める労働条件を受け入れたことを認めるに足りる証拠もないこと、そして、③一審被告は、これらの事情にもかかわらず、上記不支給を定めた同規則の合理性について特段の立証をしないことからすると、同規則の制定のみをもって、一審被告が上記支払義務を負わないと解するべき根拠は認め難い。」

井関松山製造所事件（高松高判令和元・7・8） 支払義務認定

（労働判例1208号25頁）

［問題となった待遇差］
- 有期契約労働者に家族手当・住宅手当・精勤手当を不支給とした点が労働契約法20条違反と判断
- 無期転換後の上記手当相当の損害金の支払義務が争点

〈上記「井関松山ファクトリー事件」と同様の判示をして、無期転換後の損害賠償義務を認めた〉

Ⅲ. 職務内容に関連する手当・待遇

(1) 無事故手当

ハマキョウレックス事件（最二小判平成30・6・1） 均衡違反認定

（労経速2346号3頁）

［問題となった待遇差］
- 正社員である乗務員に対してのみ無事故手当を支給

［判旨］
　「無事故手当は、優良ドライバーの育成や安全な輸送による顧客の信頼の獲得を目的として支給されるものであると解されるところ、上告人の乗務員については、契約社員と正社員の職務の内容は異ならないから、安全運転及び事故防止の必要性については、職務の内容によって両者の間に差異が生ずるものではない。また、上記の必要性は、当該労働者が将来転勤や出向をする可能性や、上告人の中核を担う人材として登用される可能性の有無といった事情により異なるものではない。加えて、無事故手当に相違を設けることが不合理であるとの評価を妨げるその他の事情もうかがわれない。」
　「上告人の乗務員のうち正社員に対して上記の無事故手当を支給する一方で、契約社員に対してこれを支給しないという労働条件の相違は、不合理であると評価することができるものであるから、労働契約法20条にいう不合理と認められるものに当たると解するのが相当である。」

(2) 作業手当

ハマキョウレックス事件（最二小判平成30・6・1） 均衡違反認定

（労経速2346号3頁）

［問題となった待遇差］
- 特殊作業に携わる正社員には作業手当（月額1万～2万円）を支給／契約社員には不支給

［判旨］
　「作業手当は、特定の作業を行った対価として支給されるものであり、作業そのものを金銭的に評価して支給される性質の賃金であると解される。」
　「乗務員については、契約社員と正社員の職務の内容は異ならない。また、職

務の内容及び配置の変更の範囲が異なることによって、行った作業に対する金銭的評価が異なることになるものではない。加えて、作業手当に相違を設けることが不合理であるとの評価を妨げるその他の事情もうかがわれない。」

「乗務員のうち正社員に対して上記の作業手当を一律に支給する一方で、契約社員に対してこれを支給しないという労働条件の相違は、不合理であると評価することができるものであるから、労働契約法20条にいう不合理と認められるものに当たると解するのが相当である。」

(3) 役付手当

長澤運輸事件（最二小判平成30・6・1）	均衡違反否定
	（労経速2346号10頁）

［問題となった待遇差］
・正社員の中から指定された役付員（班長・組長）には役付手当を支給

［判旨］
　「役付手当は、その支給要件及び内容に照らせば、正社員の中から指定された役付者であることに対して支給されるものであるということができ、上告人らの主張するような性格*のものということはできない。」

＊上告人らは役付手当を年功給・勤続給的性格のものと主張

　「正社員に対して役付手当を支給する一方で、嘱託乗務員に対してこれを支給しないという労働条件の相違は、労働契約法20条にいう不合理と認められるものに当たるということはできない。」

(4) 外務業務手当

①日本郵便（佐賀）事件（福岡高判平成30・5・24【確定】）	均衡違反否定
	（労経速2352号3頁）
②日本郵便（東京）事件（東京高判平成30・12・13【確定】）	均衡違反否定
	（労経速2369号3頁）
③日本郵便（大阪）事件（大阪高判平成31・1・24【確定】）	均衡違反否定
	（労経速2371号3頁）

［問題となった待遇差］
・時給制契約社員には、正社員の外務業務手当（外務業務に従事した場合の手当）が不支給

［①の判旨］
　「正社員において内務業務と外務業務の業務内容の相違に鑑みて外務業務の従事者に給与を加算する趣旨の手当は外務業務手当のみということになる。…他方、時給制契約社員の基本給の下限は、地域別最低賃金に相当する額20円を加えた額であるが、支店において外務業務に従事する同社員については、A地域で130円、B地域で80円が加算されることになっている。」

　「時給制契約社員についても内務業務に従事する者との比較において、外務業

務に従事する者については、<u>外務業務に従事していることを理由として給与の加</u>算が行われているのだから、正社員における外務業務手当と同趣旨の手当ないし給与の加算がないとはいえない。」

「額に相違があることについては、両者の賃金体系に相違があること…や、正社員と時給制契約社員との間では職務内容や、職務の内容及び配置の変更の範囲に相違があることなどを考慮すると、不合理な相違があるとまではいえない。」

(5) 能率手当・業務精通手当

①日本郵便（佐賀）事件（福岡高判平成30・5・24【確定】）	均衡違反否定
	（労経速2352号3頁）
②日本郵便（東京）事件（東京高判平成30・12・13【確定】）	均衡違反否定
	（労経速2369号3頁）
③日本郵便（大阪）事件（大阪高判平成31・1・24【確定】）	均衡違反否定
	（労経速2371号3頁）

［問題となった待遇差］
・正社員には能率手当・業務精通手当*を支給／時給制契約社員には不支給
　　＊①では作業能率評価手当、②では郵便外務・内務業務精通手当、
　　　③では郵便外務業務精通手当が問題

［①の判旨］
「正社員の手当に相当する支給は、時給制契約社員に対しても名称を異にする手当及び基本給の一部として支給されている。」

「外務業務に限った習熟度に対してされる給付について、業務の内容及び配置の変更が予定される正社員については専ら手当として考慮し、当該業務のみに当たることを前提に採用される期間雇用社員についてはその一部を基本給の中に取り込んで考慮する給与体系を設けること自体は、正社員と時給制契約社員との間では職務内容や、職務の内容及び配置の変更の範囲に相違があることなどを考慮すると不合理な相違であるとはいえない。」

「正社員と時給制契約社員の業務の内容等の相違に加え、そもそも<u>賃金体系等の制度設計を異にし、新たな手当として時給制契約社員のために設けられた手当と、正社員に対して従前の手当を組み替えて支給される手当とではその給付開始の経緯や趣旨が異なる</u>ことも考慮すると、単純な各手当の支給額の相違や一部の手当について対象者の範囲に相違があることのみから、それらが不合理な相違であるということはできない。」

Ⅳ. 勤務時間・勤務日に関連する手当・待遇

(1) 時間外割増

長澤運輸事件（最二小判平成30・6・1）

均衡違反認定

(労経速2346号10頁)

［問題となった待遇差］

・嘱託乗務員の時間外手当の計算基礎には精勤手当が含まれない

    ＊嘱託乗務員に精勤手当が支給されない点はⅣ(6)「皆勤手当・精勤手当」における長澤運輸事件の判旨参照

［判旨］

「正社員の超勤手当及び嘱託乗務員の時間外手当は、いずれも従業員の時間外労働等に対して労働基準法所定の割増賃金を支払う趣旨で支給されるものであるといえる。」

「正社員と嘱託乗務員の賃金体系を区別して定めているところ、割増賃金の算定に当たり、割増率その他の計算方法を両者で区別していることはうかがわれない。」

「嘱託乗務員に精勤手当を支給しないことは、不合理であると評価することができるものに当たり、正社員の超勤手当の計算の基礎に精勤手当が含まれるにもかかわらず、嘱託乗務員の時間外手当の計算の基礎には精勤手当が含まれないという労働条件の相違は、不合理であると評価することができるものであるから、労働契約法20条にいう不合理と認められるものに当たると解するのが相当である。」

メトロコマース事件（東京高判平成31・2・20【確定】）

均衡違反認定

(労経速2373号3頁)

［問題となった待遇差］

・正社員には所定労働時間を超える勤務について、始めの2時間までは1時間につき2割7分増、2時間を超える時間は3割5分増の早出残業手当（労基法の割増率以上の割増賃金）が支給

・契約社員Bには、所定労働時間を超える勤務について、1時間につき2割5分増の早出残業手当（労基法の割増率の賃金）が支給

［判旨］

「時間外労働の抑制という観点から有期契約労働者と無期契約労働者とで割増率に相違を設けるべき理由はなく、そのことは使用者が法定の割増率を上回る割増率による割増賃金を支払う場合にも同様というべきである（政府が発表した『同一労働同一賃金ガイドライン案（平成28年12月20日）』…や、口頭弁論終結後に告示されたものではあるが、平成30年厚生労働省告示第430号『短時間・有期雇用労働者及び派遣労働者に対する不合理な待遇の禁止等に関する指針』においても、同一の使用者から雇用されている無期契約労働者と有期契約労働者とで時間外労働手当の割増率は同一とすべきである旨がうたわれている。）ところ、第1審被告において、割増賃金の算定に当たっては、…売店業務に従事する正社員と契約社員Bとでは基礎となる賃金において前者が後者より高いという相違があ

るのであって、これに加えて割増率においても同様の事情をもって正社員の方が契約社員Bより高いという相違を設けるべき積極的理由があるということはできない」

(2) 休日数（割増賃金）

ニヤクコーポレーション事件（大分地判平成25・12・10）	均等違反認定
	（労経速2202号3頁）

［問題となった待遇差］
・準社員である原告（準社員の所定労働時間は7時間、正社員は8時間）は、期間1年の雇用契約を反復更新／準社員は正社員と同じ業務に従事
・準社員は正社員と比べて休日が30日以上少ない

　　　　　　　　＊旧パート労働法8条1項（均等待遇・差別的取扱いの禁止）の事案

［判旨］
　「差の日数について、準社員が勤務した場合は通常の賃金しか得られないのに対し、正社員が勤務すれば時間外の割増賃金を得ることができるから、この点において、準社員は、賃金の決定について、正社員と比較して差別的取扱いを受けているものと認められる。」
　「週休日の日数について正社員と準社員に差を設けることについて合理的な理由があるとは認められず、このような差別的取扱いは、短時間労働者であることを理由として行われているものと認められる。」

(3) 早出勤務等手当

①日本郵便（佐賀）事件（福岡高判平成30・5・24【確定】）	均衡違反否定
	（労経速2352号3頁）

②日本郵便（東京）事件（東京高判平成30・12・13【確定】）	均衡違反否定
	（労経速2369号3頁）

③日本郵便（大阪）事件（大阪高判平成31・1・24【確定】）	均衡違反否定
	（労経速2371号3頁）

［問題となった待遇差］
・正規の勤務時間外の時間帯勤務があった場合の1回当たりの支給額の相違

［①の判旨］
　「当該時間帯に1時間勤務すれば基本賃金と併せて支給が受けられるとされる時給制契約社員と、勤務時間の関係で当該時間帯を含んで4時間以上の勤務に従事しなければ支給を受けられないとされる正社員とでは支給要件が異なる。正社員が4時間勤務して加算される金額という意味では、勤務1回当たりの支給額を時給換算した場合の加算額は、正社員の方が時給制契約社員を下回る場合も出てくることになる。」
　「その上、早出勤務等手当の支給が問題になる時給制契約社員は、そもそも採用の際に同手当の支給対象となる時間帯を勤務時間とすることを前提にして労働

契約を締結している者がある」

「そうすると、勤務体制も基本給を含めた給与体系も異なる両者について、勤務した際に従事する業務の内容が同一で、勤務1回当たりの支給額が異なるという事実のみをもって、その相違が不合理であるということはできないというべきである。」

「夜間特別勤務手当」（均衡違反否定）について
［②の判旨］
「正社員については、シフト制勤務により早朝、夜間の勤務をさせているのに対し、時給制契約社員については、募集や採用の段階で勤務時間帯を特定した上で雇用契約を締結し、その特定された時間の勤務を求めているという意味で職務内容等に違いがあり、その違いに基づき、正社員についてのみ社員間の公平を図るために夜間特別勤務手当を支給することは、時給制契約社員には正社員の夜勤手当（100分の25）よりも高い割合（100分の30）の深夜割増賃金が支給されること…も考慮すると、夜間特別勤務手当における正社員と契約社員間の相違は、不合理なものと認めることはできない。」

(4) 年末年始勤務手当

| ①日本郵便（東京）事件（最一小判令和2・10・15） | **均衡違反認定**（労経速2429号5頁） |
| ②日本郵便（大阪）事件（最一小判令和2・10・15） | **均衡違反認定**（労経速2429号10頁） |

［問題となった待遇差］
・年末年始に勤務した正社員には年末年始勤務手当を支給／契約社員には不支給
［①の判旨］
「年末年始勤務手当は、郵便の業務を担当する正社員の給与を構成する特殊勤務手当の一つであり、12月29日から翌年1月3日までの間において実際に勤務したときに支給されるものであることからすると、同業務についての最繁忙期であり、多くの労働者が休日として過ごしている上記の期間において、同業務に従事したことに対し、その勤務の特殊性から基本給に加えて支給される対価としての性質を有するものであるといえる。また、年末年始勤務手当は、正社員が従事した業務の内容やその難度等に関わらず、所定の期間において実際に勤務したこと自体を支給要件とするものであり、その支給金額も、実際に勤務した時期と時間に応じて一律である。」

「年末年始勤務手当の性質や支給要件及び支給金額に照らせば、これを支給することとした趣旨は、郵便の業務を担当する時給制契約社員にも妥当するものである。そうすると…郵便の業務を担当する正社員と上記時給制契約社員との間に労働契約法20条所定の職務の内容や当該職務の内容及び配置の変更の範囲その他の事情につき相応の相違があること等を考慮しても、両者の間に年末年始勤務手当に係る労働条件の相違があることは、不合理であると評価することができるものといえる。」

「郵便の業務を担当する正社員に対して年末年始勤務手当を支給する一方で、同業務を担当する時給制契約社員に対してこれを支給しないという労働条件の相違は、労働契約法20条にいう不合理と認められるものに当たると解するのが相当である。」

(5)-1　祝日給（祝日の勤務）

①日本郵便（佐賀）事件（福岡高判平成30・5・24【確定】）	均衡違反否定
	（労経速2352号3頁）

②日本郵便（東京）事件（東京高判平成30・12・13【確定】）	均衡違反否定
	（労経速2369号3頁）

[問題となった待遇差]
・正社員は祝日勤務の場合に手当支給／時給制契約社員にはかかる手当なし

[①の判旨]
「正社員の基本給は、祝日も勤務することを前提に定められているにもかかわらず、祝日に勤務を要しないとされた者は当該日数分の減給があるわけではないから、祝日に勤務することを命じられた者との間に不均衡があるということができる。」

「時給制契約社員は、週休日の定めは正社員と同様であるものの、正規の勤務時間を割り振られた日及び週休日以外はそもそも非番日となっており、祝日を含め、週休日以外の日に出勤することが当然の前提となっていない。祝日に勤務時間が割り振られれば、出勤日となり、就労に応じた基本賃金及び割増賃金を得られるが、そうでない場合はそれを得られない。」

「祝日給が支給されている趣旨は、正社員の勤務体制を前提にした正社員間の処遇の均衡を図ってきた歴史的な経緯によるものである。」

「時給制契約社員との間に相違が生じているのは、祝日が本来的には勤務日であることとされ、それを前提に基本給等が定まっている正社員と、そもそも祝日は当然に勤務日ではなく、就労した時間数に応じて賃金を支払うこととされている時給制契約社員の勤務体制の相違によるものであるといえる。」

「上に述べた事情を総合考慮するならば、この点に関する相違を不合理であるとまで認めることはできない。」

(5)-2　祝日給（年始期間の勤務）

日本郵便（大阪）事件（最一小判令和2・10・15）	均衡違反認定
	（労経速2429号10頁）

[問題となった待遇差]
・年始期間に勤務した正社員には祝日給を支給／契約社員には祝日割増賃金を不支給

[判旨]
「祝日給は、祝日のほか、年始期間の勤務に対しても支給されるものである。

年始期間については、郵便の業務を担当する正社員に対して特別休暇が与えられており、これは、多くの労働者にとって年始期間が休日とされているという慣行に沿った休暇を設けるという目的によるものであると解される。これに対し、本件契約社員に対しては、年始期間についての特別休暇は与えられず、年始期間の勤務に対しても、正社員に支給される祝日給に対応する祝日割増賃金は支給されない。そうすると、年始期間の勤務に対する祝日給は、特別休暇が与えられることとされているにもかかわらず最繁忙期であるために年始期間に勤務したことについて、その代償として、通常の勤務に対する賃金に所定の割増しをしたものを支給することとされたものと解され、郵便の業務を担当する正社員と本件契約社員との間の祝日給及びこれに対応する祝日割増賃金に係る上記の労働条件の相違は、上記特別休暇に係る労働条件の相違を反映したものと考えられる。」

「本件契約社員は、契約期間が6か月以内又は1年以内とされており、第1審原告らのように有期労働契約の更新を繰り返して勤務する者も存するなど、繁忙期に限定された短期間の勤務ではなく、業務の繁閑に関わらない勤務が見込まれている。そうすると、最繁忙期における労働力の確保の観点から、本件契約社員に対して上記特別休暇を付与しないこと自体には理由があるということはできるものの、年始期間における勤務の代償として祝日給を支給する趣旨は、本件契約社員にも妥当するというべきである。」

「郵便の業務を担当する正社員と本件契約社員との間に労働契約法20条所定の職務の内容や当該職務の内容及び配置の変更の範囲その他の事情につき相応の相違があること等を考慮しても、上記祝日給を正社員に支給する一方で本件契約社員にはこれに対応する祝日割増賃金を支給しないという労働条件の相違があることは、不合理であると評価することができるものといえる。」

「郵便の業務を担当する正社員に対して年始期間の勤務に対する祝日給を支給する一方で、本件契約社員に対してこれに対応する祝日割増賃金を支給しないという労働条件の相違は、労働契約法20条にいう不合理と認められるものに当たると解するのが相当である。」

(6) 皆勤手当・精勤手当

ハマキョウレックス事件（最二小判平成30・6・1） 均衡違反認定
（労経速2346号3頁）

[問題となった待遇差]
・正社員である乗務員にのみ皆勤手当を支給

[判旨]
「皆勤手当は、上告人が運送業務を円滑に進めるには実際に出勤するトラック運転手を一定数確保する必要があることから、皆勤を奨励する趣旨で支給されるものであると解されるところ、上告人の乗務員については、契約社員と正社員の職務の内容は異ならないから、出勤する者を確保することの必要性については、

職務の内容によって両者の間に差異が生ずるものではない。」

「上記の必要性は、当該労働者が将来転勤や出向をする可能性や、上告人の中核を担う人材として登用される可能性の有無といった事情により異なるとはいえない。」

「本件労働契約及び本件契約社員就業規則によれば、契約社員については、上告人の業績と本人の勤務成績を考慮して昇給することがあるとされているが、昇給しないことが原則である上、皆勤の事実を考慮して昇給が行われたとの事情もうかがわれない。」*

「上告人の乗務員のうち正社員に対して上記の皆勤手当を支給する一方で、契約社員に対してこれを支給しないという労働条件の相違は、不合理であると評価することができるものであるから、労働契約法20条にいう不合理と認められるものに当たると解するのが相当である。」

> ＊ハマキョウレックス事件の上記最高裁判決の差戻審（大阪高判平成30・12・21労経速2369号18頁）は、「時間給の増加が、…『ある賃金項目の有無及び内容が、他の賃金項目の有無及び内容を踏まえて決定される場合』という事情、すなわち、契約社員である乗務員への皆勤手当不支給に対する合理的な代償措置と評価できるのであれば、かかる代償措置を踏まえて皆勤手当不支給が決定されているということができる」としつつ、同事件の事案では、①時給の増額は、皆勤の評価が直ちに賃金に反映されるのか不確実な制度であること、②皆勤手当（月額1万円、年額12万円）と比べると、増額がわずか（最大でも月額504円、年額6048円程度）であることを指摘し、「契約社員である乗務員について、皆勤を奨励する趣旨で翌年の時給の増額がなされ得る部分があることをもって、皆勤手当を不支給とする合理的な代償措置と位置づけることはできない。」とした。

長澤運輸事件（最二小判平成30・6・1）　　均衡違反認定
（労経速2346号10頁）

［問題となった待遇差］
・正社員には精勤手当を支給／嘱託乗務員には不支給

［判旨］
「精勤手当は、その支給要件及び内容に照らせば、従業員に対して休日以外は1日も欠かさずに出勤することを奨励する趣旨で支給されるものであるということができる。」

「嘱託乗務員と正社員との職務の内容が同一である以上、両者の間で、その皆勤を奨励する必要性に相違はないというべきである。なお、嘱託乗務員の歩合給に係る係数が正社員の能率給に係る係数よりも有利に設定されていることには、被上告人が嘱託乗務員に対して労務の成果である稼働額を増やすことを奨励する趣旨が含まれているとみることもできるが、精勤手当は、従業員の皆勤という事実に基づいて支給されるものであるから、歩合給及び能率給に係る係数が異なることをもって、嘱託乗務員に精勤手当を支給しないことが不合理でないということはできない。」

「正社員に対して精勤手当を支給する一方で、嘱託乗務員に対してこれを支給しな

いという労働条件の相違は、不合理であると評価することができるものであるから、労働契約法20条にいう不合理と認められるものに当たると解するのが相当である。」

井関松山製造所事件（高松高判令和元・7・8） 均衡違反認定
（労働判例1208号25頁）

［問題となった待遇差］
・無期契約労働者には①月給者（連続1か月未満の欠勤には基本給控除を行わない者）と②月給日給者（欠勤1日につき月額基本給から欠勤控除する者）がいる
・月給日給者（②）かつ当月皆勤者に限り精勤手当を支給（①には不支給）
・有期契約労働者（時給制／欠勤控除あり）には精勤手当を不支給

［判旨］
「一審被告において、精勤手当等を設けた趣旨は明らかではないものの、前記認定したこれらの手当の支給額及び支給実態等、殊に正社員（無期契約労働者）、有期契約労働者のいかんを問わず、勤務日数、扶養家族の有無及びその人数、賃貸住宅への居住の有無といった明確に定められた支給基準により一定額が支給されるものとされており、職務の内容の差異等に基づくものとは解し難いこと、また、一審被告には、賞与と異なり、精勤手当等の支給の有無及び支給額の多寡について格段の裁量もないことに照らすと、精勤手当等の支給条件の差違について、所論の人事政策上の配慮等の必要性を認めるに足りないというべきである。」

「一審被告は、当審においても、原審と同旨の主張をするが、家族手当、住宅手当及び精勤手当について、その支給の定め等に照らして所論のような人事政策上の考慮に基づくものとまでは認め難いし、殊に精勤手当については、補正の上で引用する原判決が認定説示するとおり、月給日給者かつ当該月皆勤者のみに所定の額が支給され、月給者には支給されていないことからすると、月給者に比較して収入が不安定になりがちな月給日給者に対する配慮に出たことがうかがわれるのであって、少なくとも所論のようなライン工への配慮によるものとはにわかに認め難いし、また、精勤手当の支給につき、無期契約労働者がより難易度の高い定常業務に従事していることによる見返り等であることを認めるに足りる証拠もないことを指摘することができる。」

〈参考〉
原審（松山地判平成30・4・24労経速2346号18頁）の判旨
「精勤手当の趣旨としては、少なくとも、月給者に比べて月給日給者の方が欠勤日数の影響で基本給が変動して収入が不安定であるため、かかる状態を軽減する趣旨が含まれると認められる。」
「有期契約労働者は、時給制であり、欠勤等の時間については、1時間当たりの賃金額に欠勤等の合計時間数を乗じた額を差し引くものとされ…欠勤日数の影響で基本給が変動し収入が不安定となる点は月給日給者と変わりはない。」
「無期契約労働者の月給日給者には精勤手当を支給し、有期契約労働者には精勤手当を支給しないことは、不合理であると認められる。」

名古屋自動車学校事件（名古屋地判令和2・10・28）

均衡違反認定
（労経速2434号3頁）

[問題となった待遇差]
・嘱託職員（再雇用）時には、正職員定年退職前より減額された皆精勤手当及び敢闘賞（精励手当）が支給

[判旨]
　「原告らは、嘱託職員として、正職員定年退職時より減額された皆精勤手当及び敢闘賞（精励手当）を支給されていたところ、これら賃金項目の支給の趣旨は、<u>所定労働時間を欠略なく出勤すること及び多くの指導業務に就くことを奨励することであって、その必要性は、正職員と嘱託職員で相違はないから、両者で待遇を異にするのは不合理である旨主張する。…原告らの主張は正当として是認できるから、皆精勤手当及び敢闘賞（精励手当）について、正職員定年退職時に比べ嘱託職員時に減額して支給する</u>という労働条件の相違は、労働契約法20条にいう<u>不合理と認められるものに当たる</u>と解するのが相当である。」

(7) 大学夜間担当手当

学校法人Ｘ事件（京都地判平成31・2・28）

均衡違反否定
（労経速2376号3頁）

[問題となった待遇差]
・大学の嘱託講師は夜間授業を担当しても「大学夜間担当手当」は不支給／専任教員には支給

＊労働契約法20条及びパートタイム労働法8条が問題

[判旨]
＊判旨中の本件手当は「大学夜間担当手当」
　「有期雇用者又はパートタイム雇用者ではあるが講義担当予定時間が比較的長く、かつ、講義以外の学内行政への関与が予定されている客員教員Ａ、Ｂ及び任期付教員も本件手当の対象となると解されることにも照らすと、<u>本件手当は、少なくとも、被告が主張するような趣旨、すなわち、専任教員が日中に多岐に亘る業務を担当しつつ、さらに夜間の授業を担当することの負担に配慮する趣旨の手当としての性格も有している</u>ことが首肯できる。」

　「夜間授業をしている大学又は短大において、本件手当と同趣旨の手当をそもそも支給していない大学又は短大の割合が一番高く、支給している大学又は短大においても専任教員のみに支給している大学も一定割合存在することも考慮すると、<u>本件手当を専任教員のみに支給し、嘱託講師のこれを支給しないとの労働条件の差異が不合理であるとまで評価することはできず</u>、嘱託講師への本件手当の不支給は、労契法20条及びパートタイム8条にいう不合理と認められるものに当たらないと解するのが相当である。」

　「専任教員の業務が多岐に亘っていることからすれば、委員や役職、授業の割り当て次第で事実上長時間の場所的時間的拘束が生じ得ることは容易に想定でき、これによる負担の対処として、その名称上その業務への従事自体に対する手

当と解される委員長手当等とは異なる趣旨の手当を支給することも不合理とは解されない」

「被告が専任教員の勤怠管理をしておらず、本件手当の支給は、夜間の授業と同日の昼間の負担の有無によらず行われていること…、訴外労組との交渉時の被告の言動や平成30年4月の減額改正等の事実を踏まえても、上記被告の主張する本件手当の趣旨が不合理であるとはいえない（例えば、本件手当が、夜間の授業と同日の昼間の負担の有無によらずに支給されているとしても、あくまで結果論に過ぎない。)。」

(8) 裁量手当

北日本放送事件（富山地判平成30・12・19）　均衡違反否定
（労経速2374号18頁）

［問題となった待遇差］
・裁量労働制の対象として指定されていない再雇用社員には裁量手当を不支給

［判旨］
「労働契約法20条にいう『期間の定めがあることにより』とは、有期契約労働者と無期契約労働者との労働条件の相違が期間の定めの有無に関連して生じたものであることをいうものと解される（ハマキョウレックス事件最高裁判決）。」

「原告が裁量手当の支給を受けていないのは、原告が裁量労働制の対象として被告から指定されていないことによるのであって、これが期間の定めがあることに関連して生じたものであるとは認められない。したがって、原告に裁量手当を支給しないことが、労働契約法20条に違反するとはいえない。」

「原告は、自身の担当する業務が定年退職前と変わらない以上、裁量手当を支給しないことに合理的な理由はない旨主張する。しかし、いかなる者を裁量労働制の対象者として指定するかについては被告の裁量に属するところ、…原告の職務の内容等に照らせば、原告を裁量労働制の対象者としないとの被告の判断がその裁量を逸脱又は濫用しているとは認められない。」

V．費用補助・福利厚生に関連する手当・待遇

(1) 住宅手当

ハマキョウレックス事件（最二小判平成30・6・1）　均衡違反否定
（労経速2346号3頁）

［問題となった待遇差］
・正社員にのみ住宅手当を支給

［判旨］
「住宅手当は、従業員の住宅に要する費用を補助する趣旨で支給されるものと解されるところ、契約社員については就業場所の変更が予定されていないのに対し、正社員については、転居を伴う配転が予定されているため、契約社員と比較

して住宅に要する費用が多額となり得る。」

「正社員に対して上記の住宅手当を支給する一方で、契約社員に対してこれを支給しないという労働条件の相違は、不合理であると評価することができるものとはいえないから、労働契約法20条にいう不合理と認められるものに当たらないと解するのが相当である。」

長澤運輸事件（最二小判平成30・6・1）　　均衡違反否定

（労経速2346号10頁）

［問題となった待遇差］
・正社員には住宅手当を支給／嘱託乗務員には不支給

＊定年後再雇用者の事案である点に注意

［判旨］
「住宅手当及び家族手当は、その支給要件及び内容に照らせば、前者は従業員の住宅費の負担に対する補助として、後者は従業員の家族を扶養するための生活費に対する補助として、それぞれ支給されるものであるということができる。」

「上記各手当は、いずれも労働者の提供する労務を金銭的に評価して支給されるものではなく、従業員に対する福利厚生及び生活保障の趣旨で支給されるものであるから、使用者がそのような賃金項目の要否や内容を検討するに当たっては、上記の趣旨に照らして、労働者の生活に関する諸事情を考慮することになるものと解される。被上告人における正社員には、嘱託乗務員と異なり、幅広い世代の労働者が存在し得るところ、そのような正社員について住宅費及び家族を扶養するための生活費を補助することには相応の理由があるということができる。他方において、嘱託乗務員は、正社員として勤続した後に定年退職した者であり、老齢厚生年金の支給を受けることが予定され、その報酬比例部分の支給が開始されるまでは被上告人から調整給を支給されることとなっているものである。」

「これらの事情を総合考慮すると、嘱託乗務員と正社員との職務内容及び変更範囲が同一であるといった事情を踏まえても、正社員に対して住宅手当及び家族手当を支給する一方で、嘱託乗務員に対してこれらを支給しないという労働条件の相違は、不合理であると評価することができるものとはいえないから、労働契約法20条にいう不合理と認められるものに当たらないと解するのが相当である。」

メトロコマース事件（東京高判平成31・2・20【確定】）　　均衡違反認定

（労経速2373号3頁）

［問題となった待遇差］
・正社員には住宅手当が一律支給（扶養家族の有無で金額が異なる）
・契約社員Bには扶養家族の有無にかかわらず住宅手当は不支給

［判旨］
「住宅手当は、従業員が実際に住宅費を負担しているか否かを問わずに支給されることからすれば、職務内容等を離れて従業員に対する福利厚生及び生活保障

の趣旨で支給されるものであり、その手当の名称や扶養家族の有無によって異なる額が支給されることに照らせば、主として従業員の住宅費を中心とした生活費を補助する趣旨で支給されるものと解するのが相当であるところ、上記のような生活費補助の必要性は職務の内容等によって差異が生ずるものではないし、第1審被告においては、正社員であっても転居を必然的に伴う配置転換は想定されていない…というのであるから、勤務場所の変更によっても転居を伴うことが想定されていない契約社員Bと比較して正社員の住宅費が多額となり得るといった事情もない。」

「第1審被告は、人事施策として、正社員採用の条件として住宅手当が支給されることを提示することによって採用募集への訴求を図り、有為な人材を確保し、採用後に現に支給することによって有為な人材の定着を図る趣旨であると主張する。しかしながら、第1審被告においてそのような効果を図る意図があるとしても、住宅手当の主たる趣旨は上記のとおりに解されるのであって、そうである以上、比較対象とされる正社員との関係で上記のような理由のみで契約社員Bに住宅手当を支給しないことが正当化されるものとはいえないから、上記主張は採用することができない。」

---

①日本郵便（東京）事件（東京高判平成30・12・13【確定】）	**均衡違反認定**
	（労経速2369号 3 頁）
②日本郵便（大阪）事件（大阪高判平成31・1・24【確定】）	**均衡違反認定**
	（労経速2371号 3 頁）

［問題となった待遇差］
・正社員には住居手当支給／時給制契約社員には不支給

［①の判旨］

「第1審被告は、住居手当支給の趣旨として、正社員は配置転換等により勤務地が変更される可能性があることを主張するところ、旧人事制度では、第1審被告の正社員のうちの旧一般職は、転居を伴う可能性のある配置転換等が予定されていたが…、時給制契約社員は転居を伴う配置転換等は予定されていない…から、旧一般職は時給制契約社員と比較して住宅に要する費用が多額となり得る。したがって、旧一般職に対して上記の住居手当を支給する一方で、契約社員に対してこれを支給しないという労働条件の相違は、不合理であると評価することができるものとはいえないから、労契法20条にいう不合理と認められるものに当らないと解するのが相当である。」

「新人事制度では、新一般職は、転居を伴う配置転換等は予定されない…したがって、新一般職も時給制契約社員も住宅に要する費用は同程度とみることができるから、新一般職に対して上記の住居手当を支給する一方で、時給制契約社員に対してこれを支給しないという労働条件の相違は、不合理であると評価することができるものであるから、労契法20条にいう不合理と認められるものに当たると解するのが相当である。」

井関松山製造所事件（高松高判令和元・7・8）　　均衡違反認定

［問題となった待遇差］
- 無期契約労働者には、民営借家、公営住宅又は持家に居住する者に支給（一律支給ではない）／住宅手当の金額は民営借家の場合は高額
- 有期契約労働者には住宅手当を不支給

［判旨］

　「一審被告において、精勤手当等＊を設けた趣旨は明らかではないものの、前記認定したこれらの手当の支給額及び支給実態等、殊に正社員（無期契約労働者）、有期契約労働者のいかんを問わず、勤務日数、扶養家族の有無及びその人数、賃貸住宅への居住の有無といった明確に定められた支給基準により一定額が支給されるものとされており、職務の内容の差異等に基づくものとは解し難いこと、また、一審被告には、賞与と異なり、精勤手当等の支給の有無及び支給額の多寡について格段の裁量もないことに照らすと、精勤手当等の支給条件の差違について、所論の人事政策上の配慮等の必要性を認めるに足りないというべきである。」

＊家族手当・精勤手当・住宅手当

　「一審被告は、当審においても、原審と同旨の主張をするが、家族手当、住宅手当及び精勤手当について、その支給の定め等に照らして所論のような人事政策上の考慮に基づくものとまでは認め難い」

> 〈参考〉原審（松山地判平成30・4・24労経速2346号18頁）の判旨
>
> 　「住宅手当は、住宅費用の負担の度合いに応じて対象者を類型化してその者の費用負担を補助する趣旨であると認められ、住宅手当が無期契約労働者の職務内容等に対応して設定された手当と認めることは困難であり、有期契約労働者であっても、住宅費用を負担する場合があることに変わりはない。したがって、無期契約労働者には住宅手当を支給し、有期契約労働者には住宅手当を支給しないことは、不合理であると認められる。」
>
> 　「被告は、配置の変更の範囲が広い無期契約労働者は、潜在的に住宅に要する費用が有期契約労働者よりも高くなるから、無期契約労働者のみに住宅手当を支給することは不合理ではないと主張する。しかし、被告の従業員は、勤務地の変更を伴う異動は想定されていないから…無期契約労働者が有期契約労働者に比して、潜在的に住宅費用が高くなると認めることは困難である。」

北日本放送事件（富山地判平成30・12・19）　　均衡違反否定

（労経速2374号18頁）

［問題となった待遇差］
- 正社員のうち社宅入居者以外には住宅手当を支給／再雇用社員には住宅手当を不支給

［判旨］

　「正社員のうち社宅入居者以外の者には、採用地等の基準に応じて3万円から4万1000円の住宅手当が支給されるのに対し、再雇用社員には、住宅手当が支給

されないことが認められる。上記労働条件の相違は、再雇用社員と正社員一般の間におけるものであるから、住宅手当に関する相違の検討においては、再雇用社員と正社員を検討の対象とする。」

「住宅手当は、その支給要件及び内容に照らし、実際に支出した住宅費用の補助としての意味合いのみならず、正社員に対する福利厚生としての意味合いを有するものであることが認められる。社員に対する福利厚生の要否及び内容を検討するに当たっては、その趣旨に照らして、労働者の生活に関する諸事情を考慮することになるものと解される。そして、正社員は、幅広い世代の労働者が存在し得るから、住宅費を補助することには相応の理由があるということができる。他方で、再雇用社員は、正社員として勤続した後に定年退職した者であり、原告のように既に持ち家を所有している者も相当程度存在することが推測されるから、住宅費を補助する必要性が高いとは必ずしもいえない。また、…職務の内容、特に、正社員は転勤及び関連会社への出向が予定されているのに対し、再雇用社員は今まで配置転換及び転勤することとなった者がいないことを踏まえれば、正社員は、再雇用社員と比較して住宅に要する費用が多額になり得るといえる。」

「以上の事情を踏まえれば、正社員に対して住宅手当を支給する一方で、再雇用社員に対してこれを支給しないことを不合理であると評価することはできず、この相違が労働契約法20条に定める『不合理と認められるもの』に当たるということはできない。」

学校法人中央学院(非常勤講師)事件 (東京地判令和元・5・30)　均衡違反否定
（労働判例1211号59頁）

[問題となった待遇差]
・専任教員には住宅手当を支給／非常勤講師には不支給

[判旨]
「支給要件及び内容（本件給与規則第11条及び第12条）に照らせば、家族手当は教職員が家族を扶養するための生活費に対する補助として、住宅手当は教職員の住宅費の負担に対する補助として、それぞれ支給されるものであるということができるものであり、いずれも、労働者の提供する労務を金銭的に評価して支給されるものではなく、従業員に対する福利厚生及び生活保障の趣旨で支給されるものであるということができるところ、上記ウ*において指摘した各事情に加え、授業を担当するのみならず、大学運営に関する幅広い業務を行い、これらの業務に伴う責任を負う立場にある本件大学の専任教員として相応しい人材を安定的に確保する（大学設置基準第13条）ために、専任教員について福利厚生の面で手厚い処遇をすることに合理性がないとはいえないことや、本件大学の専任教員が、その職務の内容故に、被告との間の労働契約上、職務専念義務を負い、原則として兼業が禁止され、その収入を被告から受ける賃金に依存せざるを得ないことからすると、被告において、本件大学の専任教員のみに対して家族手当及び住居手当を支給することが不合理であると評価することはできない。」

＊Ⅱ(2)「基本給」（算定方法・水準・調整手当）における判旨参照

「原告は、大学の非常勤講師を職業とし、被告から受ける賃金がその収入の大半を占めていたものであるが、被告以外のどの大学といかなるコマ数の授業を担当するかに制限はなく、被告との間の労働契約上、その収入を被告から受ける賃金に依存せざるを得ない専任教員とは事情が異なるものであるから、被告において、専任教員の義務コマ数である５コマ以上のコマ数を担当する非常勤講師については家族手当及び住宅手当の支給の対象とするといった賃金制度を採用しなかったことが不合理であるなどということもできない。」

(2) 給食手当

ハマキョウレックス事件（最二小判平成30・6・1） 均衡違反認定
（労経速2346号３頁）

[問題となった待遇差]
・正社員にのみ給食手当を支給

[判旨]
「給食手当は、従業員の食事に係る補助として支給されるものであるから、勤務時間中に食事を取ることを要する労働者に対して支給することがその趣旨にかなうものである。」

「乗務員については、契約社員と正社員の職務の内容は異ならない上、勤務形態に違いがあるなどといった事情はうかがわれない。また、職務の内容及び配置の変更の範囲が異なることは、勤務時間中に食事を取ることの必要性やその程度とは関係がない。」

「給食手当に相違を設けることが不合理であるとの評価を妨げるその他の事情もうかがわれない。」

「上告人の乗務員のうち正社員に対して上記の給食手当を支給する一方で、契約社員に対してこれを支給しないという労働条件の相違は、不合理であると評価することができるものであるから、労働契約法20条にいう不合理と認められるものに当たると解するのが相当である。」

(3) 通勤手当

ハマキョウレックス事件（最二小判平成30・6・1） 均衡違反認定
（労経速2346号３頁）

[問題となった待遇差]
・契約社員には月額3000円の通勤手当を支給／契約社員と交通手段及び通勤距離が同じ正社員には月額5000円の通勤手当を支給

[判旨]
「通勤手当は、通勤に要する交通費を補填する趣旨で支給されるものであるところ、労働契約に期間の定めがあるか否かによって通勤に要する費用が異なるものではない。」

「職務の内容及び配置の変更の範囲が異なることは、通勤に要する費用の多寡とは直接関連するものではない。」

「加えて、通勤手当に差違を設けることが不合理であるとの評価を妨げるその他の事情もうかがわれない。」

「正社員と契約社員である被上告人との間で上記の通勤手当の金額が異なるという労働条件の相違は、不合理であると評価することができるものであるから、労働契約法20条にいう不合理と認められるものに当たると解するのが相当である。」

九水運輸商事事件（福岡高判平成30・9・20） 均衡違反認定
(労経速2378号3頁)

［問題となった待遇差］
・通勤手当を正社員には1万円／パート社員には5000円の一律定額支給
　　　　　＊「パート社員」は有期雇用であり、本件では労働契約法20条が問題となった。

［判旨］
「1審原告らの雇入通知書には、皆勤手当とは別に通勤手当が記載されていた上、1審被告のパート社員が通勤に最も多く利用する交通手段は自家用車であったから、本件改定前に1審原告らに支給されていた通勤手当は、通勤に要する交通費を補填する趣旨で支給されていたものというべきである。」

「正社員とパート社員の業務は、いずれも北九州市中央卸売市場での作業を中核とするものであり、1審被告が主張する上記相違は、いずれも通勤に要する費用の多寡と直接関連するものではない。」

「旧給与規程により正社員に支給されていた通勤手当は、1か月に出勤日の半分を超える欠勤があった場合に1万円よりも少ない金額が支給される可能性があるものであるにすぎない一方、パート社員である1審原告らの通勤手当は、欠勤2日以内の場合にのみ支給されるものであって、通勤手当の金額の多寡と出勤率の向上との関連は薄いといわざるを得ない」

「労働契約に期間の定めがあるか否かによって通勤に要する費用が異なるものではないこと、正社員とパート社員とで通勤に利用する交通手段に相違は認められず、パート社員の通勤時間や通勤経路が正社員のそれに比して短いといった事情がうかがわれないことを総合考慮すると、本件相違は労働契約法20条にいう不合理な労働条件に当たると解するのが相当である。」

〈参考〉
旧給与規程を改定して、正社員の通勤手当を5000円減額すると同時に職能給を1万円増額した点については以下のように判示して労働契約法20条違反を否定
「正社員に支給されている職能給と通勤手当とは、別個の賃金であるといえるから、上記減額及び増額が同時にされたことやその変動額が対応していることをもって、直ちに職能給の一部が通勤手当に当たると認めることはできない。」
「労働契約法20条は、労働条件の相違が不合理と評価されるか否かを問題とするものであり、その解消のために無期契約労働者の通勤手当が減額されたとしても、そのことが同条に違反すると解することもできない。」

248

(4) 家族手当・扶養手当

長澤運輸事件（最二小判平成30・6・1）

均衡違反否定

（労経速2346号10頁）

［問題となった待遇差］

・正社員には家族手当を支給／嘱託乗務員には不支給

＊定年後再雇用者の事案である点に注意

〈V(1)「住宅手当」における長澤運輸事件の判旨参照〉

日本郵便（大阪）事件（最一小判令和2・10・15）

均衡違反認定

（労経速2429号10頁）

［問題となった待遇差］

・正社員には扶養親族の状況に応じて扶養手当を支給／契約社員には不支給

［判旨］

　「郵便の業務を担当する正社員に対して扶養手当が支給されているのは、上記正社員が長期にわたり継続して勤務することが期待されることから、その生活保障や福利厚生を図り、扶養親族のある者の生活設計等を容易にさせることを通じて、その継続的な雇用を確保するという目的によるものと考えられる。このように、継続的な勤務が見込まれる労働者に扶養手当を支給するものとすることは、使用者の経営判断として尊重し得るものと解される。」

　「本件契約社員についても、扶養親族があり、かつ、相応に継続的な勤務が見込まれるのであれば、扶養手当を支給することとした趣旨は妥当するというべきである。そして、第1審被告においては、本件契約社員は、契約期間が6か月以内又は1年以内とされており、第1審原告らのように有期労働契約の更新を繰り返して勤務する者が存するなど、相応に継続的な勤務が見込まれているといえる。」

　「正社員と本件契約社員との間に労働契約法20条所定の職務の内容や当該職務の内容及び配置の変更の範囲その他の事情につき相応の相違があること等を考慮しても、両者の間に扶養手当に係る労働条件の相違があることは、不合理であると評価することができるものというべきである。」

　「したがって、郵便の業務を担当する正社員に対して扶養手当を支給する一方で、本件契約社員に対してこれを支給しないという労働条件の相違は、労働契約法20条にいう不合理と認められるものに当たると解するのが相当である。」

井関松山製造所事件（高松高判令和元・7・8）

均衡違反認定

（労働判例1208号25頁）

［問題となった待遇差］

・無期契約労働者には家族手当を支給／有期契約労働者には不支給

［判旨］

　「一審被告において、精勤手当等＊を設けた趣旨は明らかではないものの、前

記認定したこれらの手当の支給額及び支給実態等、殊に正社員（無期契約労働者）、有期契約労働者のいかんを問わず、勤務日数、扶養家族の有無及びその人数、賃貸住宅への居住の有無といった明確に定められた支給基準により一定額が支給されるものとされており、職務の内容の差異等に基づくものとは解し難いこと、また、一審被告には、賞与と異なり、精勤手当等の支給の有無及び支給額の多寡について格段の裁量もないことに照らすと、精勤手当等の支給条件の差違について、所論の人事政策上の配慮等の必要性を認めるに足りないというべきである。」

＊家族手当・精勤手当・住宅手当

　「一審被告は、当審においても、原審と同旨の主張をするが、家族手当、住宅手当及び精勤手当について、その支給の定め等に照らして所論のような人事政策上の考慮に基づくものとまでは認め難い」

> 〈参考〉原審（松山地判平成30・4・24労経速2346号18頁）の判旨
> 　「家族手当は、生活補助的な性質を有しており、労働者の職務内容等とは無関係に、扶養家族の有無、属性及び人数に着目して支給されている」
> 　「家族手当が無期契約労働者の職務内容等に対応して設定された手当と認めることは困難である。そして、配偶者及び扶養家族がいることにより生活費が増加することは有期契約労働者であっても変わりがないから、無期契約労働者に家族手当を支給するにもかかわらず、有期契約労働者に家族手当を支給しないことは不合理である。」

学校法人中央学院(非常勤講師)事件（東京地判令和元・5・30）　均衡違反否定

（労働判例1211号59頁）

［問題となった待遇差］
・専任教員には家族手当を支給／非常勤講師には不支給

〈Ⅴ(1)「住宅手当」における学校法人中央学院（非常勤講師）事件の判旨参照〉

名古屋自動車学校事件（名古屋地判令和2・10・28）　均衡違反否定

（労経速2434号3頁）

［問題となった待遇差］
・正職員には扶養家族の人数に応じて家族手当を支給／嘱託職員（再雇用）には不支給

［判旨］

　「被告は、労務の提供を金銭的に評価した結果としてではなく、従業員に対する福利厚生及び生活保障の趣旨で家族手当を支給しているのであり、使用者がそのような賃金項目の要否や内容を検討するに当たっては、従業員の生活に関する諸事情を考慮することになると解される。そして、被告の正職員は、嘱託職員と異なり、幅広い世代の者が存在し得るところ、そのような正職員について家族を扶養するための生活費を補助することには相応の理由があるということができる。他方、嘱託職員は、正職員として勤続した後に定年退職した者であり、老齢厚生年金の支給を受けることにもなる。」

「これらの事情を総合考慮すると、正職員に対して家族手当を支給する一方、嘱託職員に対してこれを支給しないという労働条件の相違は、不合理であると評価することはできず、労働契約法20条にいう不合理と認められるものに当たるということはできない。」

(5)　物価手当

井関松山ファクトリー事件（高松高判令和元・7・8）　　均衡違反認定
（労働判例1208号38頁）

[問題となった待遇差]
・無期契約労働者には物価手当を支給／有期契約労働者には不支給

[判旨]
　「物価手当の支給の趣旨は、年齢に応じて増加する生活費の補助にあって、年齢に応じた支給基準により一定額が支給されるものとされており、職務の内容の差異等に基づくものとは解し難いこと、また、一審被告には、賞与と異なり、物価手当の支給の有無及び支給額の多寡について格段の裁量もないことに照らすと、物価手当の支給条件の差違について、所論の人事政策上の配慮等の必要性を認めるに足りないというべきである。」

〈参考〉原審（松山地判平成30・4・24労経速2346号33頁）の判旨
　「物価手当が年齢に応じて増大する生活費を補助する趣旨を含むことについては、当事者間に争いはなく、被告では労働者の職務内容等とは無関係に、労働者の年齢に応じて支給されている」
　「物価手当の支給条件からすれば、同手当が無期契約労働者の職務内容等に対応して設定された手当と認めることは困難であり、年齢上昇に応じた生活費の増大は有期契約労働者であっても無期契約労働者であっても変わりはないから、有期契約労働者に物価手当を一切支給しないことは不合理である。

(6)　地域手当

トーカロ事件（東京地判令和2・5・20）　　均衡違反否定
（労経速2429号26頁）

[問題となった待遇差]
・Aコース正社員（関東地区に在住）には地域手当（月額1万円）が支給／嘱託社員には不支給

[判旨]
　「関東地区に在住するAコース正社員に支給されていた地域手当は、平成元年頃、労働者の需要が高まり、かつ、関東地区の家賃相場が他の地区より高額であったにもかかわらず、正社員の初任給の額を全国一律としていたことなどから、関東地区に勤務する正社員を確保することが困難であったため、将来に向けて安定的に正社員を確保する目的で導入されたものである。そうすると、地域手当は、初任給の額が全国一律であるという正社員固有の賃金制度に由来する問題を解消

するための手当ということができる。これに対し、嘱託社員の賃金は、採用の目的等を勘案して個別決定され、家賃の高さその他の各嘱託社員の居住地域固有の事情を考慮して、採用した地区ごとに賃金額を決定することも可能である上、転勤も予定されていないことに照らせば、嘱託社員には、初任給額が全国一律であることから生じた関東地区における正社員の安定的確保という地域手当の支給に係る事情は妥当しない。」

「被告は、平成14年頃には、関東地区と他の地区との間に生活費の格差はほぼ存在せず、関東地区における正社員の確保困難という状況が解消されたとの認識を有しており、同年頃以降、地域手当の廃止に向けて企業内労働組合と協議を行い、同労働組合と妥結の上で当初月額3万円であった地域手当を段階的に月額1万円まで引き下げ、最終的には同労働組合と妥結して平成30年10月支給分から地域手当を廃止するに至ったものであり、このように労使交渉を経て地域手当が廃止されたことを踏まえると、被告の上記認識を前提としても、請求対象期間である平成27年2月から平成30年1月までの間に正社員に対してのみ地域手当を支給していたことには一定の合理性が認められる。」

「地域手当導入の趣旨や労使交渉を経て同手当が廃止された経緯を総合すると、Aコース正社員と嘱託社員との間における地域手当の相違は、不合理であると評価することはできない。」

Ⅵ. 賞与・退職金・褒賞

(1)-1　賞与（支給・不支給の相違）

長澤運輸事件（最二小判平成30・6・1）	均衡違反否定
	（労経速2346号10頁）

［問題となった待遇差］
・正社員には賞与を支給／嘱託乗務員には不支給
　　　　　　　　　　　　　　　＊定年後再雇用者の事案である点に注意

［判旨］
　「賞与は、月例賃金とは別に支給される一時金であり、労務の対価の後払い、功労報償、生活費の補助、労働者の意欲向上等といった多様な趣旨を含み得るものである。」

　「嘱託乗務員は、定年退職後に再雇用された者であり、定年退職に当たり退職金の支給を受けるほか、老齢厚生年金の支給を受けることが予定され、その報酬比例部分の支給が開始されるまでの間は被上告人から調整給の支給を受けることも予定されている。また、本件再雇用者採用条件によれば、嘱託乗務員の賃金（年収）は定年退職前の79％程度となることが想定されるものであり、嘱託乗務員の賃金体系は、…嘱託乗務員の収入の安定に配慮しながら、労務の成果が賃金に反映されやすくなるように工夫した内容になっている。」

　「これらの事情を総合考慮すると、嘱託乗務員と正社員との間の職務内容及び変更

範囲が同一であり、正社員に対する賞与が基本給の5か月分とされているとの事情を踏まえても、正社員に対して賞与を支給する一方で、嘱託乗務員に対してこれを支給しないという労働条件の相違は、不合理であると評価することができるものとはいえないから、労働契約法20条にいう不合理と認められるものに当たらないと解するのが相当」

学校法人大阪医科薬科大学事件（最三小判令和2・10・13）　均衡違反否定

［問題となった待遇差］
・正社員には賞与支給／アルバイト職員には不支給

［判旨］
「第1審被告の正職員に対する賞与は、正職員給与規則において必要と認めたときに支給すると定められているのみであり、基本給とは別に支給される一時金として、その算定期間における財務状況等を踏まえつつ、その都度、第1審被告により支給の有無や支給基準が決定されるものである。また、上記賞与は、通年で基本給の4.6か月分が一応の支給基準となっており、その支給実績に照らすと、第1審被告の業績に連動するものではなく、算定期間における労務の対価の後払いや一律の功労報償、将来の労働意欲の向上等の趣旨を含むものと認められる。そして、正職員の基本給については、勤務成績を踏まえ勤務年数に応じて昇給するものとされており、勤続年数に伴う職務遂行能力の向上に応じた職能給の性格を有するものといえる上、おおむね、業務の内容の難度や責任の程度が高く、人材の育成や活用を目的とした人事異動が行われていたものである。このような正職員の賃金体系や求められる職務遂行能力及び責任の程度等に照らせば、第1審被告は、正職員としての職務を遂行し得る人材の確保やその定着を図るなどの目的から、正職員に対して賞与を支給することとしたものといえる。」

「第1審原告により比較の対象とされた教室事務員である正職員とアルバイト職員である第1審原告の労働契約法20条所定の『業務の内容及び当該業務に伴う責任の程度』（以下『職務の内容』という。）をみると、両者の業務の内容は共通する部分はあるものの、第1審原告の業務は、その具体的な内容や、第1審原告が欠勤した後の人員の配置に関する事情からすると、相当に軽易であることがうかがわれるのに対し、教室事務員である正職員は、これに加えて、学内の英文学術誌の編集事務等、病理解剖に関する遺族等への対応や部門間の連携を要する業務又は毒劇物等の試薬の管理業務等にも従事する必要があったのであり、両者の職務の内容に一定の相違があったことは否定できない。また、教室事務員である正職員については、正職員就業規則上人事異動を命ぜられる可能性があったのに対し、アルバイト職員については、原則として業務命令によって配置転換されることはなく、人事異動は例外的かつ個別的な事情により行われていたものであり、両者の職務の内容及び配置の変更の範囲（以下『変更の範囲』という。）に一定の相違があったことも否定できない。」

「第1審被告においては、全ての正職員が同一の雇用管理の区分に属するものとして同一の就業規則等の適用を受けており、その労働条件はこれらの正職員の職務の内容や変更の範囲等を踏まえて設定されたものといえるところ、第1審被告は、教室事務員の業務の内容の過半が定型的で簡便な作業等であったため、平成13年頃から、一定の業務等が存在する教室を除いてアルバイト職員に置き換えてきたものである。その結果、第1審原告が勤務していた当時、教室事務員である正職員は、僅か4名にまで減少することとなり、業務の内容の難度や責任の程度が高く、人事異動も行われていた他の大多数の正職員と比較して極めて少数となっていたものである。このように、教室事務員である正職員が他の大多数の正職員と職務の内容及び変更の範囲を異にするに至ったことについては、教室事務員の業務の内容や第1審被告が行ってきた人員配置の見直し等に起因する事情が存在したものといえる。また、アルバイト職員については、契約職員及び正職員へ段階的に職種を変更するための試験による登用制度が設けられていたものである。これらの事情については、教室事務員である正職員と第1審原告との労働条件の相違が不合理と認められるものであるか否かを判断するに当たり、労働契約法20条所定の『その他の事情』（以下、職務の内容及び変更の範囲と併せて『職務の内容等』という。）として考慮するのが相当である。」

　「第1審被告の正職員に対する賞与の性質やこれを支給する目的を踏まえて、教室事務員である正職員とアルバイト職員の職務の内容等を考慮すれば、正職員に対する賞与の支給額がおおむね通年で基本給の4.6か月分であり、そこに労務の対価の後払いや一律の功労報償の趣旨が含まれることや、正職員に準ずるものとされる契約職員に対して正職員の約80％に相当する賞与が支給されていたこと、アルバイト職員である第1審原告に対する年間の支給額が平成25年4月に新規採用された正職員の基本給及び賞与の合計額と比較して55％程度の水準にとどまることをしんしゃくしても、教室事務員である正職員と第1審原告との間に賞与に係る労働条件の相違があることは、不合理であるとまで評価することができるものとはいえない。」

学校法人中央学院（非常勤講師）事件（東京地判令和元・5・30）　均衡違反否定
（労働判例1211号59頁）

[問題となった待遇差]
・専任教員のみに賞与・年度末手当を支給／非常勤講師には不支給

[判旨]
　「被告は、本件大学の専任教員のみに対して賞与及び年度末手当を支給していたものである。しかしながら、これらは、被告の財政状態及び教職員の勤務成績に応じて支給されるものである（本件給与規則第22条及び第23条）ところ、上記ウ＊において指摘した各事情に加え、本件大学の専任教員が、授業を担当するのみならず、被告（本件大学）の財政状況に直結する学生募集や入学試験に関する業務を含む大学運営に関する幅広い業務を行い、これらの業務に伴う責任を負う

立場にあること（それ故に、本件大学の専任教員は、被告との間の労働契約上、職務専念義務を負い（本件就業規則第3条）、原則として兼職が禁止されている（本件就業規則第5条）。また、大学において一定数以上の専任教員を確保しなければならないとされていること（大学設置基準第13条）も、専任教員がその他の教員と異なる重要な職責を負うことの現れであるということができる。）からすると、被告において、本件大学の専任教員のみに対して賞与及び年度末手当を支給することが不合理であると評価することはできないというべきである。」

＊Ⅱ(2)「基本給」（算定方法・水準・調整手当）における判旨参照

(1)-2　賞与（金額・算定方法の相違）

メトロコマース事件（東京高判平成31・2・20【確定】）	均衡違反否定
	（労経速2373号3頁）

［問題となった待遇差］
・正社員には夏季と冬季に月額給与2か月分に一定額を加算した賞与が支給（平成25年度から平成29年度までの平均支給実績）
・契約社員Bには夏季と冬季に各12万円が支給

［判旨］
　「一般に、賞与は、月例賃金とは別に支給される一時金であり、対象期間中の労務の対価の後払い、功労報償、生活補償、従業員の意欲向上など様々な趣旨を含み得るものであり、いかなる趣旨で賞与を支給するかは使用者の経営及び人事施策上の裁量判断によるところ、このような賞与の性格を踏まえ、長期雇用を前提とする正社員に対し賞与の支給を手厚くすることにより有為な人材の獲得・定着を図るという第1審被告の主張する人事施策上の目的にも一定の合理性が認められることは否定することができない。」

　「従業員の年間賃金のうち賞与として支払う部分を設けるか、いかなる割合を賞与とするかは使用者にその経営判断に基づく一定の裁量が認められるものというべきところ、契約社員Bは、1年ごとに契約が更新される有期契約労働者であり、時間給を原則としていることからすれば、年間賃金のうちの賞与部分に大幅な労務の対価の後払いを予定すべきであるということはできないし、賞与は第1審被告の業績等を踏まえて労使の団体交渉により支給内容が決定されるものであり、支給可能な賃金総額の配分という制約もある」

　「契約社員Bに対する賞与の支給額が正社員に対する上記平均支給実績と比較して相当低額に抑えられていることは否定することができないものの、その相違が直ちに不合理であると評価することはできない。」

①日本郵便（佐賀）事件（福岡高判平成30・5・24【確定】）	均衡違反否定
	（労経速2352号3頁）
②日本郵便（東京）事件（東京高判平成30・12・13【確定】）	均衡違反否定
	（労経速2369号3頁）
③日本郵便（大阪）事件（大阪高判平成31・1・24【確定】）	均衡違反否定
	（労経速2371号3頁）

［問題となった待遇差］
・正社員には夏期・年末手当が支給／時給制契約社員には臨時手当が支給
・夏期・年末手当と臨時手当では算定方式が異なる

［①の判旨］

「夏期、年末手当と臨時手当とで算定の基礎となる賃金の性質を異にしていることについては、正社員と時給制契約社員との間で職務の内容並びに職務の内容及び配置の変更の範囲に相違があることや、賞与の功労報償的な性格や将来の労働への意欲向上としての性格、有為な人材の獲得・定着を図る必要性があることなどを考慮すると、不合理な差であるとは認め難く、そもそも算定の基礎となる賃金の考え方が異なっており、単純に支給の対象となる期間における会社への貢献度のみを勘案して正社員の夏期及び年末手当が支給されているわけではないことを踏まえると、一部の係数が相違していることを取り出して、算定方式に不合理な相違があると認めることはできない。」

井関松山ファクトリー事件（高松高判令和元・7・8）	均衡違反否定
	（労働判例1208号38頁）

［問題となった待遇差］
・無期契約労働者には賞与が支給
・原告ら（有期契約労働者）には賞与不支給／夏季・冬季に各10万円程度の寸志支給

［判旨］

「賞与は、月例賃金とは別に支給される一時金であって、労務の対価の後払い、功労報酬、生活費の補助、労働者の意欲向上等といった多様な趣旨を含み得るものであるところ、一審被告における賞与も同様の趣旨を含むものと推認され、これを覆すに足りる証拠はない。」

「賞与は、就業規則や労働契約において支給の定めを置かない限り、当然に支給されるものではないから、賞与を支給するか否かは使用者の経営及び人事施策上の裁量判断によるところ、このような賞与の性格を踏まえ、長期雇用を前提とする正社員（無期契約労働者）に対し賞与の支給を手厚くすることにより有為な人材の獲得・定着を図るという一審被告の主張する人事施策上の目的にも相応の合理性が認められることは否定し得ないというべきである。

殊に、①一審被告における正社員（無期契約労働者）に適用される賃金規程（証

拠略）を参照する限り、賞与の配分には一定の制約がある一方で（上記賃金規程35条ただし書は、賞与の支払について、一審被告の業績不良の場合には『この限りでない。』と定める。）、賞与の配分原資としてどの程度を充てるかについては一審被告に広範な裁量があることを前提としていること、②一審被告における平成25年、平成26年の各夏季、冬季の賞与支給実績からもうかがわれるとおり、賞与の支給に当たっては、当該労働者の基本給を基準としつつ、一律額及び成績加算額等を付加する扱いであって、平均賞与額が約35万円から約37万5000円の範囲で推移していること…からすると、賞与の額につき少なくとも正社員個人（無期契約労働者）の業績（一審被告の業績に対する貢献）を中心として支給するものとまではいい難く、労務の対価の後払いの性格や上記のような人事施策上の目的を踏まえた従業員の意欲向上策等の性格を有していることがうかがわれるものといえる。」

「これらの事情は、いずれも労働契約法20条所定の『その他の事情』として考慮されるべき事柄であることはいうまでもなく、加えて補正の上で引用する原判決が説示するとおり、<u>無期契約労働者と有期契約労働者とでは職務内容等の相違もみられること、また、有期契約労働者についても、規程はないものの、相当額の賞与（上記の支給実績によれば、無期契約労働者の賞与の約4分の1程度の額）を支給することとしていること、一審被告の無期契約労働者は基本的に中途採用制度により採用されており、無期契約労働者と有期契約労働者の地位は常に固定しているものではなく、一定の流動性が認められるなど、有期契約労働者に対する人事政策上の配慮をしていることも認められることからすると、有期契約労働者に対しては、無期契約労働者と同額の賞与を支給するものとはしないとした一審被告の経営判断には相応の合理性を認めることができる。</u>」

「平成30年12月に、働き方改革を推進するための関係法律の整備に関する法律（平成30年法律第71号）による改正後の短時間労働者及び有期雇用労働者の雇用管理の改善等に関する法律（平成5年法律第76号。なお、法律の題名は上記改正後のもの）15条1項等に基づき定められた平成30年厚生労働省告示第430号『短時間・有期雇用労働者及び派遣労働者に対する不合理な待遇の禁止等に関する指針』において、現行の労働契約法20条の趣旨を採り入れた同法8条及び9条（ただし、これらの条文は当審口頭弁論終結時において未施行である。）の解釈に関係して、賞与の取扱いについて、『賞与であって、会社の業績等への労働者の貢献に応じて支給するものについて、通常の労働者と同一の貢献である短時間・有期雇用労働者には、貢献に応じた部分につき、通常の労働者と同一の賞与を支給しなければならない。また、貢献に一定の相違がある場合においては、その相違に応じた賞与を支給しなければならない。』との指針を定めていることが認められる（公知の事実）。

しかしながら、上記認定説示のとおり、一審被告における人事政策上の配慮が労働契約法20条所定の『その他の事情』として考慮され得る事柄であることに加え、上記指針においても、無期契約労働者と有期契約労働者との間で、業務上の目標値の達成、不達成に係る不利益の有無などに応じて賞与の支給に差違を設け

ることは許されるものとされており（同指針における『問題とならない例』参照）、本件においては、上記のとおり、無期契約労働者と有期契約労働者の職務の内容等には相応の差違があることや、賞与の支給が必ずしも当該労働者の業績、一審被告への貢献のみに着目したものとはいえないこと、その他、規程にはないものの、無期契約労働者の約４分の１程度の『賞与』の支給や有期契約労働者からの無期労働契約者への採用など有期契約労働者に対する人事上の施策等が採られていることなどに照らせば、前記改正法の施行前である現時点において、一審被告が有期労働契約者に対して無期契約労働者と同様の賞与を支給しないとの取扱いにつき、上記指針の定めを考慮しても、労働契約法20条に反するものとまではいえない。」

井関松山製造所事件（高松高判令和元・7・8） 均衡違反否定
(労働判例1208号25頁)

［問題となった待遇差］
・無期契約労働者には賞与が支給
・原告ら（有期契約労働者）には賞与不支給／夏季・冬季に各５万円の寸志支給

〈上記「井関松山ファクトリー事件」と同様の判示をして、賞与の相違は不合理な待遇差とはいえないと判断〉

ヤマト運輸（賞与）事件（仙台地判平成29・3・30） 均衡違反否定
(労働判例1158号18頁)

［問題となった待遇差］
・マネージ社員（期間の定めのない雇用契約を締結している社員）とキャリア社員（１年以内の期間の定めのある雇用契約を締結している社員）との間の賞与の算定方法（支給月数と成果査定の仕方）の差異
　　　　＊マネージ社員とキャリア社員は、格付・等級・号俸・業務区分が同じ場合は、基本給（時間単価）、業務インセンティブ、各種手当は同一。キャリア社員のほうが月間労働時間数が長い。

［判旨］
　「マネージ社員とキャリア社員の賞与の支給方法の違いは、支給月数と成果査定の仕方にあるところ、支給月数の差はマネージ社員より基本給が高いキャリア社員の所定労働時間比率を乗じることによって、格付、等級、号俸、業務区分が同じ場合のマネージ社員とキャリア社員の基本給と支給月数を乗じた賞与算定の基礎金額を同一にしようとしたものであり、またその支給月数の差も格別大きいとはいえないことからすれば、そのことだけで不合理な差異であるということはできない。」
　「査定方法のマネージ社員とキャリア社員の職務の内容及び配置の変更の範囲、具体的には転勤、昇進の有無や期待される役割の違いに鑑みれば、長期的に見て、今後現在のエリアにとどまらず組織の必要性に応じ、役職に任命され、職

務内容の変更があり得るマネージ社員の一般社員について成果加算（参事、業務役職は成果査定）をすることで、賞与に将来に向けての動機づけや奨励（インセンティブ）の意味合いを持たせることとしていると考えられるのに対し、与えられた役割（支店等）において個人の能力を最大限に発揮することを期待されているキャリア社員については、絶対査定としその査定の裁量の幅を40％から120％と広いものとすることによって、その個人の成果に応じてより評価をし易くすることができるようにした査定の方法の違いが不合理であるともいえない。」

「各期の賞与は、その支給方式も含め、ヤマト運輸労働組合との協議のうえ定められ…平成26年度12月賞与については、原告が加入する労働組合からも意見を聞き、支給月数及び配分率について合意している」

「以上によれば、被告におけるマネージ社員とキャリア社員の賞与の支給方法の差異は、労働契約法20条に反する不合理な労働条件の相違であるとは認められない。」

医療法人Ａ会事件（新潟地判平成30・3・15）　均衡違反否定
（労経速2347号36頁）

［問題となった待遇差］
・正規（無期雇用契約）職員には冬期賞与として基本給2か月分が支給
・非正規（有期雇用契約）職員には冬期賞与として基本給1か月分が支給

［判旨］
「賞与には、一般に労働の対価としての意味だけでなく、功労報償的意味及び将来の労働への意欲向上策としての意味があるとされ、勤怠査定に基づいて算定される控訴人における正規職員の賞与についても同様の意味合いが認められる。期間の定めがなく長期雇用を前提とし、将来にわたる勤務の継続が期待される正規職員に対し、労働に対するモチベーションや業績に対する貢献度の向上を期待してインセンティブ要素を付与することには、一定の人事施策上の合理性が認められるから、期間の定めがあり、将来にわたる勤務の継続が期待される雇用形態となっていない非正規職員との間で相違を設けること自体が不合理であるということはできない。」

「正規職員には、賞与を基本配分と成績配分に区分し、成績配分の額により支給総額が増減する仕組みとする一方、非正規職員には、個別労働契約によって支給額を定額化し、成績配分の額により支給総額が増減することのない仕組みとしているところ、かかる取扱いが不合理ということはできない。」

「正規職員と非正規職員に対して支給された冬期賞与の差額は基本給1か月分程度にすぎず、仮に被控訴人が正規職員として採用された場合と比較しても、年間支給額に占める差は約8.25パーセントというのであるから、前記賞与の目的に沿った相違として合理的に認められる限度を著しく超過しているとはいえない。かえって、非正規職員については、控訴人の業績いかんにかかわらず、契約により一定額が夏期賞与及び冬期賞与として支給されるのであるから、不合理性は相

応に減殺されるというべきである。」

トーカロ事件（東京地判令和2・5・20）

均衡違反否定
（労経速2429号26頁）

［問題となった待遇差］
・Aコース正社員の賞与（年2回）には年間平均で基本給の約6.2か月分を支給
・嘱託社員には個別決定（原告は基本給の3か月分）した額を支給

［判旨］
「賞与は、月例賃金とは別に支給される一時金であり、労務の対価の後払い、功労報償、生活費の補助、労働者の意欲向上等の多様な趣旨を含み得るものである上、労使交渉において基本給を増額する代わりに賞与額を増額することもままみられるなど、基本給と密接に関連する位置付けのものである。」

「Aコース正社員と嘱託社員との間には、職務内容及び配置の変更の範囲に一定の相違があること、長期間の雇用が制度上予定され、雇用期間を通じた能力及び役割の向上が期待されているAコース正社員に対し、賞与額を手厚くして優秀な人材の獲得や定着を図ることは、人事上の施策として一定の合理性があること、Aコース正社員は、年度中に被告の業績が悪化した場合、賞与を不支給とされ又は嘱託社員よりも低額とされる可能性があり、嘱託社員の賞与に係る労働条件がAコース正社員に比して一方的に劣位にあるとは必ずしもいえないこと、嘱託社員には正社員への登用制度により正社員との相違を解消する機会が与えられていることなどの事情を総合すれば、Aコース正社員と原告を含む嘱託社員との間における賞与の相違は、不合理であると評価することはできない。」

北日本放送事件（富山地判平成30・12・19）

均衡違反否定
（労経速2374号18頁）

［問題となった待遇差］
・正社員には賞与を支給
・再雇用社員には賞与の代わりに寸志支給

［判旨］
「正社員は、被告と組合が協定により妥結した基準に基づき、賞与の支給を受けることとされているのに対し、再雇用社員は、賞与の支給がなく、その代わりに寸志の支給を受けることとされていることが認められる。上記労働条件の相違は、再雇用社員と正社員一般の間におけるものであるから、賞与に関する相違の検討においては、再雇用社員と正社員を検討の対象とする。」

「原告が正社員であった平成27年度の賞与額は225万2180円…であると認められ、賞与の不支給による原告と正社員の間の年収の差違は相当程度大きなものといえる。しかし、賞与は、月例賃金とは別に支給される一時金であり、労務の対価の後払い、功労報償、生活費の補助、労働者の意欲向上等といった多様な趣旨を含み得るものであるところ、被告においてもおおむねこれと同じ趣旨で賞与の

支給がされていることが認められる」

「職務の内容等を考慮すれば、功労報償、生活費の補助及び労働者の意欲向上等も趣旨とする賞与について、再雇用社員と正社員とで異なる扱いをすることも不合理であるとはいえない事情が存在するといえるし、被告と組合の十分な労使協議の結果を尊重する必要性があるといえる。また、原告は、被告を定年退職する際、退職金として2138万5804円の支給を受けているという事情も認められる。」

「被告は、再雇用社員の生活を保障するため、給与と給付金及び企業年金を合わせて年収500万円程度とすることを想定したものと認められるのであって、再雇用社員の収入の安定に対する配慮は相応に行われていたといえる。」

「以上の諸事情を総合すれば、前記のとおり賞与の不支給による差異が相当程度大きいことを踏まえても、正社員に対して賞与を支給する一方で、再雇用社員に対して賞与を支給しないことを不合理であると評価することはできず、この相違が労働契約法20条に定める『不合理と認められるもの』に当たるということはできない。」

名古屋自動車学校事件（名古屋地判令和2・10・28） 均衡違反認定
（労経速2434号3頁）

[問題となった待遇差]
・正職員には賞与支給
・嘱託職員（再雇用）には嘱託職員一時金を支給

[判旨]
「原告らは、被告を正職員として定年退職した後に嘱託職員として有期労働契約により再雇用された者であるが、正職員定年退職時と嘱託職員時でその職務内容及び変更範囲には相違がなかった一方、原告らの嘱託職員一時金は、正職員定年退職時の賞与を大幅に下回る結果、原告らに比べて職務上の経験に劣り、基本給に年功的性格があることから将来の増額に備えて金額が抑制される傾向にある若年正職員の賞与をも下回るばかりか、賃金の総額が正職員定年退職時の労働条件を適用した場合の60%をやや上回るかそれ以下にとどまる帰結をもたらしているものであって、このような帰結は、労使自治が反映された結果でもない以上、賞与が多様な趣旨を含みうるものであること、嘱託職員の賞与が年功的性格を含まないこと、原告らが退職金を受給しており、要件を満たせば高年齢雇用継続基本給付金及び老齢厚生年金（比例報酬分）の支給を受けることができたといった事情を踏まえたとしても、労働者の生活保障という観点からも看過し難い水準に達しているというべきである。」

「原告らの正職員定年退職時の賞与と嘱託職員時の嘱託職員一時金に係る金額という労働条件の相違は、労働者の生活保障という観点も踏まえ、原告らの基本給を正職員定年退職時の60%の金額…であるとして、各季の正職員の賞与の調整率…を乗じた結果を下回る限度で、労働契約法20条にいう不合理と認められるものに当たると解するのが相当である。」

ニヤクコーポレーション事件（大分地判平成25・12・10）　均等違反認定
(労経速2202号 3 頁)

［問題となった待遇差］
- 準社員である原告（準社員の所定労働時間は 7 時間、正社員は 8 時間）は、期間 1 年の雇用契約を反復更新／準社員は正社員と同じ業務に従事
- 準社員は正社員と比べて賞与額が年間40万円以上の差あり

＊旧パート労働法 8 条 1 項（均等待遇・差別的取扱いの禁止）の事案

［判旨］
　「原告は、通常の労働者と同視すべき短時間労働者に該当すると認められ、年間賞与額について正社員と準社員に40万円を超える差を設けることについて合理的な理由があるとは認められず、このような差別的取扱いは、短時間労働者であることを理由として行われていると認められる。」

(2) 退職金

メトロコマース事件（最三小判令和 2 ・10・13）　均衡違反否定
(労経速2430号 9 頁)

［問題となった待遇差］
- 正社員には退職金制度があり、勤続年数等に応じた金額が支給
- 契約社員Bには退職金制度なし

［判旨］
　「第 1 審被告は、退職する正社員に対し、一時金として退職金を支給する制度を設けており、退職金規程により、その支給対象者の範囲や支給基準、方法等を定めていたものである。そして、上記退職金は、本給に勤続年数に応じた支給月数を乗じた金額を支給するものとされているところ、その支給対象となる正社員は、第 1 審被告の本社の各部署や事業本部が所管する事業所等に配置され、業務の必要により配置転換等を命ぜられることもあり、また、退職金の算定基礎となる本給は、年齢によって定められる部分と職務遂行能力に応じた資格及び号俸により定められる職能給の性質を有する部分から成るものとされていたものである。このような第 1 審被告における退職金の支給要件や支給内容等に照らせば、上記退職金は、上記の職務遂行能力や責任の程度等を踏まえた労務の対価の後払いや継続的な勤務等に対する功労報償等の複合的な性質を有するものであり、第 1 審被告は、正社員としての職務を遂行し得る人材の確保やその定着を図るなどの目的から、様々な部署等で継続的に就労することが期待される正社員に対し退職金を支給することとしたものといえる。」

　「第 1 審原告らにより比較の対象とされた売店業務に従事する正社員と契約社員Bである第 1 審原告らの労働契約法20条所定の『業務の内容及び当該業務に伴う責任の程度』（以下『職務の内容』という。）をみると、両者の業務の内容はおおむね共通するものの、正社員は、販売員が固定されている売店において休暇や欠勤で不在の販売員に代わって早番や遅番の業務を行う代務業務を担当していた

ほか、複数の売店を統括し、売上向上のための指導、改善業務等の売店業務のサポートやトラブル処理、商品補充に関する業務等を行うエリアマネージャー業務に従事することがあったのに対し、契約社員Bは、売店業務に専従していたものであり、両者の職務の内容に一定の相違があったことは否定できない。また、売店業務に従事する正社員については、業務の必要により配置転換等を命ぜられる現実の可能性があり、正当な理由なく、これを拒否することはできなかったのに対し、契約社員Bは、業務の場所の変更を命ぜられることはあっても、業務の内容に変更はなく、配置転換等を命ぜられることはなかったものであり、両者の職務の内容及び配置の変更の範囲（以下『変更の範囲』という。）にも一定の相違があったことが否定できない。」

「売店業務に従事する正社員が他の多数の正社員と職務の内容及び変更の範囲を異にしていたことについては、第1審被告の組織再編等に起因する事情が存在したものといえる。また、第1審被告は、契約社員A及び正社員へ段階的に職種を変更するための開かれた試験による登用制度を設け、相当数の契約社員Bや契約社員Aをそれぞれ契約社員Aや正社員に登用していたものである。これらの事情については、第1審原告らと売店業務に従事する正社員との労働条件の相違が不合理と認められるものであるか否かを判断するに当たり、労働契約法20条所定の『その他の事情』（以下、職務の内容及び変更の範囲と併せて『職務の内容等』という。）として考慮するのが相当である。」

「第1審被告の正社員に対する退職金が有する複合的な性質やこれを支給する目的を踏まえて、売店業務に従事する正社員と契約社員Bの職務の内容等を考慮すれば、契約社員Bの有期労働契約が原則として更新するものとされ、定年が65歳と定められるなど、必ずしも短期雇用を前提としていたものとはいえず、第1審原告らがいずれも10年前後の勤続期間を有していることをしんしゃくしても、両者の間に退職金の支給の有無に係る労働条件の相違があることは、不合理であるとまで評価することができるものとはいえない。」

「契約社員Aは平成28年4月に職種限定社員に改められ、その契約が無期労働契約に変更されて退職金制度が設けられたものの、このことがその前に退職した契約社員Bである第1審原告らと正社員との間の退職金に関する労働条件の相違が不合理であるとの評価を基礎付けるものとはいい難い。また、契約社員Bと職種限定社員との間には職務の内容及び変更の範囲に一定の相違があることや、契約社員Bから契約社員Aに職種を変更することができる前記の登用制度が存在したこと等からすれば、無期契約労働者である職種限定社員に退職金制度が設けられたからといって、上記の判断を左右するものでもない。」

「売店業務に従事する正社員に対して退職金を支給する一方で、契約社員Bである第1審原告らに対してこれを支給しないという労働条件の相違は、労働契約法20条にいう不合理と認められるものに当たらないと解するのが相当である。」

［補足意見］
「有期契約労働者がある程度長期間雇用されることを想定して採用されており、有期契約労働者と比較の対象とされた無期契約労働者との職務の内容等が実質的に異

ならないような場合には、両者の間に退職金の支給に係る労働条件の相違を設けることが不合理と認められるものに当たると判断されることはあり得るものの、上記に述べたとおり、その判断に当たっては、企業等において退職金が有する複合的な性質やこれを支給する目的をも十分に踏まえて検討する必要がある。退職金は、その支給の有無や支給方法等につき、労使交渉等を踏まえて、賃金体系全体を見据えた制度設計がされるのが通例であると考えられるところ、退職金制度を持続的に運用していくためには、その原資を長期間にわたって積み立てるなどして用意する必要があるから、退職金制度の在り方は、社会経済情勢や使用者の経営状況の動向等にも左右されるものといえる。そうすると、退職金制度の構築に関し、これら諸般の事情を踏まえて行われる使用者の裁量判断を尊重する余地は、比較的大きいものと解されよう。」

「退職金には、継続的な勤務等に対する功労報償の性格を有する部分が存することが一般的であることに照らせば、企業等が、労使交渉を経るなどして、有期契約労働者と無期契約労働者との間における職務の内容等の相違の程度に応じて均衡のとれた処遇を図っていくことは、同条やこれを引き継いだ短時間労働者及び有期雇用労働者の雇用管理の改善等に関する法律8条の理念に沿うものといえる。現に、同条が適用されるに際して、有期契約労働者に対し退職金に相当する企業型確定拠出年金を導入したり、有期契約労働者が自ら掛け金を拠出する個人型確定拠出年金への加入に協力したりする企業等も出始めていることがうかがわれるところであり、その他にも、有期契約労働者に対し在職期間に応じて一定額の退職慰労金を支給することなども考えられよう。」

[反対意見]

「第1審被告の正社員に対する退職金の性質の一部は契約社員Bにも当てはまり、売店業務に従事する正社員と契約社員Bの職務の内容や変更の範囲に大きな相違はないことからすれば、両者の間に退職金の支給の有無に係る労働条件の相違があることは、不合理であると評価することができるものといえる。

他方、多数意見も指摘するとおり、第1審被告の正社員に対する退職金は、職務遂行能力や責任の程度等を踏まえた労務の対価の後払いの性質も有するものであるし、一般論として、有為な人材の確保やその定着を図るなどの目的から、継続的な就労が期待される者に対して退職金を支給する必要があることは理解することができる。そして、売店業務に従事する正社員と契約社員Bの職務の内容や変更の範囲に一定の相違があることは否定できず、当該正社員が他の多数の正社員と職務の内容及び変更の範囲を異にしていたことについて、第1審被告の組織再編等に起因する事情が存在したものといえること等も考慮すると、売店業務に従事する正社員と契約社員Bとの間で退職金に係る労働条件に相違があること自体は、不合理なことではない。退職金制度の構築に関する使用者の裁量判断を尊重する余地があることにも鑑みると、契約社員Bに対し、正社員と同一の基準に基づいて算定した額の4分の1に相当する額を超えて退職金を支給しなくとも、不合理であるとまで評価することができるものとはいえないとした原審の判断をあえて破棄するには及ばないものと考える。」

ニヤクコーポレーション事件（大分地判平成25・12・10） 均等違反認定
（労経速2202号3頁）

［問題となった待遇差］
・準社員である原告（準社員の所定労働時間は7時間、正社員は8時間）は、期間1年の雇用契約を反復更新／準社員は正社員と同じ業務に従事
・正社員には退職金が支給されるが、準社員には不支給
＊旧パート労働法8条1項（均等待遇・差別的取扱いの禁止）の事案

［判旨］
　「原告は、通常の労働者と同視すべき短時間労働者に該当すると認められ、退職金を正社員に支給し、準社員に支給しないことについて合理的な理由があるとは認められず、このような差別的取扱いは、短時間労働者であることを理由として行われているものと認められる。」

＊上記裁判において、原告側は退職を主張せず、労働契約が存在するものとみなされたことから退職金不支給による損害は認められなかった。

京都市立浴場運営財団ほか事件（京都地判平成29・9・20） 均等違反認定
（労働判例1167号34頁）

［問題となった待遇差］
・正規職員には退職金規程あり／パート・有期雇用の嘱託職員には同規程はなく、退職金不支給
＊旧パート労働法8条1項（均等待遇・差別的取扱いの禁止）の事案

［判旨］
　「嘱託職員であっても主任になる者もいたこと、嘱託職員には他浴場への異動が予定されていないにもかかわらず正規職員にはそれが予定されていた等といった事情も認められず、正規職員と嘱託職員との間での人材活用の仕組み、運用が異なっていたわけでもないことからすると、原告嘱託職員らは、旧パート法8条1項所定の『その全期間において、正規職員と職務の内容及び配置の変更の範囲が同一の範囲で変更されると見込まれるもの』に該当すると認めるのが相当である。」
　「嘱託職員らが、正規職員には退職金が支給されるのに対し、何ら退職金を支給されないことについての合理的理由は見当たらない。」
　「嘱託職員らに退職金を支給しないことは、旧パート法8条1項が禁ずる短時間労働者であることを理由とした賃金の決定に関する差別的取扱いであり、違法といわなければならない。」

(3) 褒賞

メトロコマース事件（東京高判平成31・2・20【確定】）

均衡違反認定

（労経速2373号3頁）

［問題となった待遇差］
・正社員には勤続10年に表彰状と3万円／定年退職時に感謝状と5万円相当の
　記念品が贈られる
・契約社員Bには上記褒賞なし

［判旨］

「褒賞取扱要領…によれば、褒賞は、『業務上特に顕著な功績があった社員に対
して褒賞を行う』と定められていることが認められるが、実際には勤続10年に達
した正社員には一律に表彰状と3万円が贈られており…、上記要件は形骸化して
いるということができる。」

「そうであるとすれば、業務の内容にかかわらず一定期間勤続した従業員に対
する褒賞ということになり、その限りでは正社員と契約社員Bとで変わりはない。
そして、契約社員Bについても、その有期労働契約は原則として更新され、定年
が65歳と定められており、長期間勤続することが少なくない」

「労働条件の相違は、不合理であると評価することができるから、労働契約法
20条にいう不合理と認められるものに当たると解するのが相当である。」

VII. 休暇・福利厚生等

(1) 年休の日数（算定方法）

学校法人大阪医科薬科大学事件（大阪高判平成31・2・15【確定】）

均衡違反否定

（労経速2374号3頁）

［問題となった待遇差］
・正職員とアルバイト職員で年休の算定方法が相違（採用日が同一だと正社員
　が1日多い）

［判旨］

「当裁判所も、年休の日数に1日の相違が生ずるとしても、これを労契法20条
に違反する不合理な待遇差であるということはできないと判断する。その理由は、
原判決『事実及び理由』の第5の4(4)に記載のとおりであるから、これを引用す
る。」

原審（大阪地判平成30・1・24労経速2347号18頁）の判旨

「正職員について、当初の2年内において年休付与日数を調整し、採用から2年以
内に到来する最後の年始以降、年休付与日を毎年1月1日として、一律に扱うとい
う手続を採用している理由は、被告の正職員が、被告において長期にわたり継続し
て就労することが想定されていることに照らし、年休手続の省力化や事務の簡便化
を図るという点にある」

「アルバイト職員については、雇用期間が一定しておらず、また、更新の有無につ

いても画一的とはいえない上、必ずしも長期間継続した就労が想定されているとは限らず、年休付与日を特定の日に調整する必然性に乏しいことから、個別に年休の日数を計算するものとしたと考えられる。」

「正職員とアルバイト職員との間における年休日数の算定方法の相違については、一定の根拠がある上、その結果として付与される年休の相違の日数は、原告の計算においても1日であるという点をも併せ鑑みると、同相違が労契法20条に違反する不合理な労働条件の相違であるとまでいうことはできない」

(2) 特別休暇（夏期・冬期）

①日本郵便（佐賀）事件（最一小判令和2・10・15）	**均衡違反認定** （労経速2429号3頁）
②日本郵便（東京）事件（最一小判令和2・10・15）	**均衡違反認定** （労経速2429号5頁）
③日本郵便（大阪）事件（最一小判令和2．10・15）	**均衡違反認定** （労経速2429号10頁）

［問題となった待遇差］
・正社員には夏期休暇及び冬期休暇あり／時給制契約社員にはなし

［①の判旨］
「郵便の業務を担当する正社員に対して夏期冬期休暇が与えられているのは、年次有給休暇や病気休暇等とは別に、労働から離れる機会を与えることにより、心身の回復を図るという目的によるものであると解され、夏期冬期休暇の取得の可否や取得し得る日数は上記正社員の勤続期間の長さに応じて定まるものとはされていない。そして、郵便の業務を担当する時給制契約社員は、契約期間が6か月以内とされるなど、繁忙期に限定された短期間の勤務ではなく、業務の繁閑に関わらない勤務が見込まれているのであって、夏期冬期休暇を与える趣旨は、上記時給制契約社員にも妥当するというべきである。」

「郵便の業務を担当する正社員と同業務を担当する時給制契約社員との間に労働契約法20条所定の職務の内容や当該職務の内容及び配置の変更の範囲その他の事情につき相応の相違があること等を考慮しても、両者の間に夏期冬期休暇に係る労働条件の相違があることは、不合理であると評価することができるものといえる。」

［②の判旨］
「第1審被告における夏期冬期休暇は、有給休暇として所定の期間内に所定の日数を取得することができるものであるところ、郵便の業務を担当する時給制契約社員である第1審原告らは、夏期冬期休暇を与えられなかったことにより、当該所定の日数につき、本来する必要のなかった勤務をせざるを得なかったものといえるから、上記勤務をしたことによる財産的損害を受けたものということができる。当該時給制契約社員が無給の休暇を取得したか否かなどは、上記損害の有無の判断を左右するものではない。」

「郵便の業務を担当する時給制契約社員である第1審原告らについて、無給の休暇を取得したなどの事実の主張立証がないとして、夏期冬期休暇を与えられないことによる損害が生じたとはいえないとした原審の判断には、不法行為に関する法令の解釈適用を誤った違法がある。」

学校法人大阪医科薬科大学事件（大阪高判平成31・2・15【確定】）均衡違反認定
(労経速2374号3頁)

［問題となった待遇差］
・正職員には5日間の夏期特別有給休暇あり／アルバイト職員にはなし

［判旨］
「わが国の蒸し暑い夏においては、その時期に職務に従事することは体力的に負担が大きく、休暇を付与し、心身のリフレッシュを図らせることには十分な必要性及び合理性が認められる。また、いわゆる旧盆の時期には、お盆の行事等で多くの国民が帰省し、子供が夏休みであることから家族旅行に出かけることも多いことは、公知の事実といえる。このため、官公署や企業が夏期の特別休暇制度を設けていることも、公知の事実である。」

「被控訴人における夏期特別有給休暇が、このような一般的な夏期特別休暇とその趣旨を異にするとうかがわせる事情はない。」

「アルバイト職員であってもフルタイムで勤務している者は、職務の違いや多少の労働時間（時間外勤務を含む。）の相違はあるにせよ、夏期に相当程度の疲労を感ずるに至ることは想像に難くない。そうであれば、少なくとも、控訴人のように年間を通してフルタイムで勤務しているアルバイト職員に対し、正職員と同様の夏期特別有給休暇を付与しないことは不合理であるというほかない。」

(3) 病気休暇

①日本郵便（東京）事件（最一小判令和2・10・15）均衡違反認定
(労経速2429号5頁)

②日本郵便（大阪）事件（大阪高判平成31・1・24【確定】）均衡違反認定
(労経速2371号3頁)

［問題となった待遇差］
・正社員の病気休暇は有給／時給制契約社員は無給

［①の判旨］
「私傷病により勤務することができなくなった郵便の業務を担当する正社員に対して有給の病気休暇が与えられているのは、上記正社員が長期にわたり継続して勤務することが期待されることから、その生活保障を図り、私傷病の療養に専念させることを通じて、その継続的な雇用を確保するという目的によるものと考えられる。このように、継続的な勤務が見込まれる労働者に私傷病による有給の病気休暇を与えるものとすることは、使用者の経営判断として尊重し得るものと解される。」

「上記目的に照らせば、郵便の業務を担当する時給制契約社員についても、相応に継続的な勤務が見込まれるのであれば、私傷病による有給の病気休暇を与えることとした趣旨は妥当するというべきである。」

「時給制契約社員は、契約期間が6か月以内とされており、第1審原告らのように有期労働契約の更新を繰り返して勤務する者が存するなど、相応に継続的な勤務が見込まれているといえる。そうすると…上記正社員と上記時給制契約社員との間に労働契約法20条所定の職務の内容や当該職務の内容及び配置の変更の範囲その他の事情につき相応の相違があること等を考慮しても、私傷病による病気休暇の日数につき相違を設けることはともかく、これを有給とするか無給とするかにつき労働条件の相違があることは、不合理であると評価することができるものといえる。」

「私傷病による病気休暇として、郵便の業務を担当する正社員に対して有給休暇を与えるものとする一方で、同業務を担当する時給制契約社員に対して無給の休暇のみを与えるものとするという労働条件の相違は、労働契約法20条にいう不合理と認められるものに当たると解するのが相当である。」

> 〈参考〉②日本郵便（大阪）事件・大阪高裁判決
> 「長期雇用を前提とする正社員と原則として短期雇用を前提とする本件契約社員との間で、病気休暇について異なる制度や運用を採用すること自体は、相応の合理性があるというべきであり、一審被告における本件契約社員と本件比較対象正社員との間で病気休暇の期間やその間有給とするか否かについての相違が存在することは、直ちに不合理であると評価することはできない。」としたうえで、原告らの病気休暇について、通算契約期間が5年を超えた以降も病気休暇についての相違（期間及びその間の有給・無休の相違）を設けることは不合理とした。

日本郵便（休職）事件（東京高判平成30・10・25） 均衡違反否定
（労経速2386号3頁）

[問題となった待遇差]
・正社員には勤続年数に従って90日又は180日の有給の病気休暇が付与
・時給制契約社員は無給の病気休暇が10日

[判旨]
「病気休暇は、労働者の健康保持のため、私傷病によって勤務することができない場合に療養に専念させるための制度であり、正社員の病気休暇に関し、これを有給のものとしている趣旨は、正社員として継続して就労をしてきたことに対する評価の観点、今後も長期にわたって就労を続けることによる貢献を期待し、有為な人材の確保、定着を図るという観点、正社員の生活保障を図るという観点によるものと解することができ、一般職の職務の内容等について、前記(5)*において説示したところに照らしても、一定の合理的な理由があるものと認められる。」

「時給制契約社員については、期間を6か月以内と定めて雇用し、長期間継続した雇用が当然に想定されるものではなく、上記の継続して就労をしてきたこと

に対する評価の観点、有為な人材の確保、定着を図るという観点が直ちに当てはまるものとはいえない。また、社員の生活保障を図るという観点について、上記(5)*認定の事情から判断することは難しいものの、被控訴人においては、期間雇用社員の私傷病による欠務について、私傷病による欠務の届出があり、かつ診断書が提出された場合には、承認欠勤として処理されており、欠勤ではあるものの無断欠勤ではなく、問責の対象としない取扱いがされており、控訴人についても、これに従って手続がされている（証拠略）。そして、このような場合に、社会保険に加入している期間雇用社員については、一定の要件の下で傷病手当金を受給することができるため、著しい欠務状況でない限り、事実上は、ある程度の金銭的補てんのある療養が相当な期間にわたって可能な状態にあるという事情があるものと認められる。」

「以上によれば、被控訴人において、正社員について90日又は180日までの有給の病気休暇を付与し、時給制契約社員については10日の無休の病気休暇を認めるのみであることについて、その相違が、職務の内容、当該職務の内容及び配置の変更の範囲その他の事情に照らして、不合理であると評価することができるとまではいえないというべきである。」

「控訴人は、被控訴人の期間雇用社員（時給制契約社員）と正社員との間の待遇格差の不合理性について、別件東京地裁判決の示した病気休暇に関する正社員と時給制契約社員との間の相違は不合理なものであるとする考え方は相当であるところ、この考え方に則れば、期間雇用社員（時給制契約社員）にも正社員休職制度が適用又は準用されて当然である旨主張する。

しかしながら、正社員のうちの一般職と時給制契約社員とを比較すると、その職務の内容、当該職務の内容及び配置の変更の範囲その他の事情については、一定の相違があるものと認められ、正社員について有給の病気休暇を付与し、休職制度を設けることには有為な人材の確保、定着を図る等の観点から、一定の合理的な理由があり、被控訴人において、正社員について90日又は180日までの有給の病気休暇及び休職制度を認め、時間給制契約社員については10日の無給休暇を認めるのみで、休職を認める扱いとしていないことについて、その相違が、職務の内容、当該職務の内容及び配置の変更の範囲その他の事情に照らして、不合理であると評価することができるとまではいえない」

---

*(5)の判旨（抜粋）
「正社員のうちの一般職と時給制契約社員との間には、その業務の内容自体については、前者について郵便内務等の標準的な業務に従事するとされ、後者について特定の定型業務に従事するとされ、大きな違いはないが、期待される習熟度やスキルは異なり、一般職は勤務年数を重ねた後には応用的な能力、後輩への助言の能力等が求められるという違いがあり、業務に伴う責任の程度についても相応の違いがあるものと認められる。」
「職務の内容及び配置の変更の範囲についてみると、一般職については、前記ア認定のとおり人事ローテーションの観点からの業務の変更があり、異動についても、『配属エリアを中心とした「原則、転居を伴う転勤のない範囲」』…とされているのであり、

職場及び職務内容を特定して採用された時給制契約社員とは相違がある。」

「被控訴人においては、正社員についてコース転換制度があり、一般職についても、勤続期間や勤務成績等の一定の要件を満たす者は選考プロセスにより地域基幹職にコース転換をすることが可能であり、現に、地域基幹職の新規補充人員の約3分の1程度は、一般職からのコース転換により確保されている…。これに対し、時給制契約社員についても、勤続年数や勤務成績の要件を満たし、被控訴人による選考に合格した場合には、月給制契約社員や正社員となる制度があり、実際に、平成26年度と平成27年度に正社員登用試験に合格した時給制契約社員の合計は、応募者数1万5494人の約3割に当たる4301人であった…が、他方、時給制契約社員の大半は採用後短期間で退職しており、平成28年度には、勤続3年以内で退職した時給制契約社員は全体の7割以上、勤続1年以内で退職した時給制契約社員は全体の5割以上であった」。

「以上のとおり、正社員のうちの一般職と時給制契約社員とを比較すると、その職務の内容、当該職務の内容及び配置の変更の範囲その他の事情については、一定の相違があるものと認められる。」

(4) 出産休暇・出産手当金

社会福祉法人青い鳥事件（東京地判令和2・2・13）　均衡違反否定

（労働判例1222号38頁）

［問題となった待遇差］
・出産休暇と出産手当金の相違

［判旨］
「有期契約職員は管理職への登用や組織運営面への関与が予定されておらず、業務内容及びその変更の範囲について、無期契約職員とは職務上の違いがあるということができる。」

「被告において、将来グレード6以上の職位に就き、運営面において中核になる可能性のある女性のソーシャルワーカー正社員が、出産を機に仕事を辞めることを防止し、その人材を確保することは、組織運営上の課題であったと認められる。…本件出産休暇は、無期契約職員に対し、労働基準法65条1項及び同2項が定める産前6週、産後8週の出産休暇に加え、さらに産前2週の出産休暇を付与するものであり、本件出産手当金は、通常の給与を全額支給するものである。この場合、健康保険法108条2項により、本件出産手当金の支給を受ける職員には、健康保険法102条1項、同2項、同法99条2項及び同3項に基づいて支給される標準報酬月額の3分の2に相当する金額の出産手当金は支給されないこととなるから、結局、上記制度は、使用者である被告の出捐により、無期契約職員の範囲において、出産時の経済的支援等を一部（標準報酬月額の3分の1に相当する金額分）手厚くする内容となっている。」

「無期契約職員の職務内容…に加え、被告における女性職員の比率の多さや、本件出産休暇及び本件出産手当金の内容…に照らすと、これらの制度が設けられた目的には、被告の組織運営の担い手となる職員の離職を防止し、人材を確保す

るとの趣旨が含まれるものと認められる。」

「本件出産休暇及び本件出産手当金の制度は、有期契約職員を、無期契約職員に比して不利益に取り扱うことを意図するものということはできず、その趣旨が合理性を欠くとは認められない。これに加え、無期契約職員と有期契約職員との実質的な相違が、基本的には、2週間の産前休暇期間及び通常の給与額と健康保険法に基づく出産手当金との差額部分に留まること…を併せ考えると、本件出産休暇及び本件出産手当金に係る労働条件の相違は、無期契約職員及び有期契約職員の処遇として均衡を欠くとまではいえない。」

「ソーシャルワーカー正社員を含む無期契約職員の離職防止を図りつつ、有期契約職員との労働条件の相違を生じさせないために、有期契約職員を含む全職員に対し、本件出産休暇及び本件出産手当金の付与を行うことも合理的な一方策であるということはできるが、上記のとおり、本件出産休暇及び本件出産手当金の支給は、被告の相応の経済的負担を伴うものであって、本件出産休暇及び本件出産手当金の目的に照らし、これをいかなる範囲において行うかは被告の経営判断にも関わる事項である。本件出産休暇及び本件出産手当金の制度を、有期契約職員を含む全職員に対し適用しない限り違法であるとすることは、被告に対し、無期契約職員を含め全職員に対しこれらの制度を提供しないとの選択を強いることにもなりかねず、かえって、女性の社会参画や男性との間での格差の是正のための施策を後退させる不合理な事態を生じさせるというべきである。」

「本件出産休暇及び本件出産手当金に係る労働条件の相違は、これが不合理であると評価することができるものということはできず、労働契約法20条に違反するものではない。」

(5) 休職

日本郵便（休職）事件（東京高判平成30・10・25）	均衡違反否定
	（労経速2386号3頁）

［問題となった待遇差］
・正社員には、3年以内で必要な期間の休職（平成29年4月1日以降は無期転換社員にも1年以内の休職）／時給制契約社員には、休職制度の規定なし

［判旨］
「休職制度の有無についても、正社員に関しては、前記ア＊に説示したところと同様の理由により、有為な人材の確保、定着を図るという観点から制度を設けているものであり、合理性を有するものと解されるところ、時給制契約社員については、6か月の契約期間を定めて雇用され、長期間継続した雇用が当然に想定されるものではないのであり、休職制度を設けないことについては、不合理なこととはいえない。したがって、この点に関しても、この相違は、職務の内容、当該職務の内容及び配置の変更の範囲その他の事情に照らして、不合理であると評価することができるとまではいえないというべきである。」

＊Ⅶ(3)「病気休暇」における判旨参照

⑹ 私傷病欠勤（欠勤中の賃金・休職給）

学校法人大阪医科薬科大学事件（最三小判令和2・10・13）　均衡違反否定

（労経速2430号3頁）

［問題となった待遇差］
・正職員は私傷病欠勤で6か月は賃金全額が支給、6か月経過後も賃金の2割の休職給が支給
・アルバイト職員には、私傷病休職中の賃金支給なし

［判旨］

　「第1審被告が、正職員休職規程において、私傷病により労務を提供することができない状態にある正職員に対し給料（6か月間）及び休職給（休職期間中において標準給与の2割）を支給することとしたのは、正職員が長期にわたり継続して就労し、又は将来にわたって継続して就労することが期待されることに照らし、正職員の生活保障を図るとともに、その雇用を維持し確保するという目的によるものと解される。このような第1審被告における私傷病による欠勤中の賃金の性質及びこれを支給する目的に照らすと、同賃金は、このような職員の雇用を維持し確保することを前提とした制度であるといえる。」

　「正職員が配置されていた教室では病理解剖に関する遺族等への対応や部門間の連携を要する業務等が存在し、正職員は正職員就業規則上人事異動を命ぜられる可能性があるなど、教室事務員である正職員とアルバイト職員との間には職務の内容及び変更の範囲に一定の相違があったことは否定できない。さらに、教室事務員である正職員が、極めて少数にとどまり、他の大多数の正職員と職務の内容及び変更の範囲を異にするに至っていたことについては、教室事務員の業務の内容や人員配置の見直し等に起因する事情が存在したほか、職種を変更するための試験による登用制度が設けられていたという事情が存在するものである。」

　「このような職務の内容等に係る事情に加えて、アルバイト職員は、契約期間を1年以内とし、更新される場合はあるものの、長期雇用を前提とした勤務を予定しているものとはいい難いことにも照らせば、教室事務員であるアルバイト職員は、上記のように雇用を維持し確保することを前提とする制度の趣旨が直ちに妥当するものとはいえない。また、第1審原告は、勤務開始後2年余りで欠勤扱いとなり、欠勤期間を含む在籍期間も3年余りにとどまり、その勤続期間が相当の長期間に及んでいたとはいい難く、第1審原告の有期労働契約が当然に更新され契約期間が継続する状況にあったことをうかがわせる事情も見当たらない。したがって、教室事務員である正職員と第1審原告との間に私傷病による欠勤中の賃金に係る労働条件の相違があることは、不合理であると評価することができるものとはいえない。」

　「本件大学の教室事務員である正職員に対して私傷病による欠勤中の賃金を支給する　方で、アルバイト職員である第1審原告に対してこれを支給しないという労働条件の相違は、労働契約法20条にいう不合理と認められるものに当たらないと解するのが相当である。」

(7)　医療費補助

学校法人大阪医科薬科大学事件（大阪高判平成31・2・15【確定】）　均衡違反否定
（労経速2374号3頁）

［問題となった待遇差］
・附属病院の医療費補助措置の対象者にアルバイト職員を含めずに運用

［判旨］
　「附属病院受診の際の医療費補助措置は、恩恵的な措置というべきであって、労働条件に含まれるとはいえず、正職員とアルバイト職員との間の相違は労契法20条に違反する不合理な労働条件の相違とはいえない」

　「同制度は、被控訴人との一定の関係を有する者に恩恵的に施されるものであって、労働契約の一部として何らかの対価として支出されるものではないというべきである。」

　「医療費補助措置の対象者が必ずしも労働契約の当事者のみに限られず、被控訴人の学生等広範な者が対象となっていることからすれば、これを労働契約の内容とみることは困難といわざるを得ない。」

(8)　祝金

北日本放送事件（富山地判平成30・12・19）　均衡違反否定
（労経速2374号18頁）

［問題となった待遇差］
・定年退職後の祝金の金額が定年退職前よりも低額

［判旨］
　「被告の賃金規定及び再雇用者就業規則上、祝金に関する定めはなく、被告における記念年度等において、被告の決算状況等に鑑み、従業員に対する祝儀の趣旨で祝金を支給することがあるというものであることが認められる。」

　「そうすると、祝金は、専ら被告の裁量に基づき支給されるものであって、これが労働契約法20条にいう『労働契約の内容である労働条件』に当たるとはいえず、祝金の支給に関する有期契約労働者と無期契約労働者の相違について同条の適用は問題とならない。」

　「労働契約の内容である労働条件とはいえない会社の従業員に対する給付であっても、それが同条の趣旨の潜脱に当たると評価し得るような特段の事情があるような場合には、当該給付の当否につき問題とする余地はあるものと考えられる。しかし、…原告が正社員であった平成24年度から平成27年度までは毎年20万円が、再雇用社員となった後の平成29年3月には3万円が、平成30年3月にも一定額が祝金として支給されたという事情を踏まえても、…職務の内容等に照らせば、祝金の支給に関して労働契約法20条の趣旨の潜脱に当たると評価し得るような特段の事情があるとは認められない。」

高仲幸雄（たかなか・ゆきお）
早稲田大学法学部卒業。2003年弁護士登録（第一東京弁護士会）、中山慈夫法律事務所（現中山・男澤法律事務所）入所。13年パートナー就任。09年より国士舘大学21世紀アジア学部非常勤講師。著書『働き方改革関連法対応 Q&A 改正労働時間法制のポイント』『異動・出向・組織再編 適正な対応と実務』（共著）『改訂版 有期労働契約 締結・更新・雇止めの実務と就業規則』『優秀な社員を確保できる人事労務制度使いこなしマニュアル』『実務家のための労働判例読みこなし術』ほか

どういつろうどうどういつちんぎん
同一労働同一賃金 Q&A［第3版］
－ガイドライン・判例から読み解く

著者◆
高仲幸雄

発行◆2019年 5 月20日　第 1 版第 1 刷
　　　2020年 3 月10日　第 2 版第 1 刷
　　　2020年12月10日　第 3 版第 1 刷

発行者◆
輪島　忍

発行所◆
経団連出版
〒100-8187 東京都千代田区大手町1-3-2
経団連事業サービス
電話◆［編集］03-6741-0045［販売］03-6741-0043

印刷所◆精文堂印刷